公司法律风险防范实务指引

宋玉霞　胡庆治　著

石油工业出版社

内 容 提 要

本书以公司发展过程中可能面临的主要法律风险及其防范为研究内容，包括公司设立的风险和实务、公司章程制定的风险和实务、公司治理的风险和实务、公司资本的风险和实务、公司股权转让的风险和实务、公司法人人格否认的风险和实务、公司终止的风险和实务等法律问题，并结合各阶段典型案例展开深入研究。

本书可作为高等院校法律专业本科生和法学专业研究生的教材，也可作为实习律师、兼职律师、公司法务人员，以及投资机构和投资银行机构业务人员的参考用书。

图书在版编目（CIP）数据

公司法律风险防范实务指引/宋玉霞，胡庆治著.
—北京：石油工业出版社，2023.12
ISBN 978-7-5183-6489-3

Ⅰ.①公… Ⅱ.①宋… ②胡… Ⅲ.①公司法—研究—中国 Ⅳ.①D922.291.914

中国国家版本馆CIP数据核字（2023）第257382号

出版发行：石油工业出版社
（北京市朝阳区安华里二区1号楼 100011）
网　　址：www.petropub.com
编 辑 部：(010) 64523697
图书营销中心：(010) 64523633
经　　销：全国新华书店
排　　版：北京嘉美和数字传媒科技有限公司
印　　刷：北京中石油彩色印刷有限责任公司

2023年12月第1版　　2023年12月第1次印刷
710毫米×1000毫米　开本：1/16　印张：15.75
字数：240千字

定价：56.00元
（如发现印装质量问题，我社图书营销中心负责调换）
版权所有，翻印必究

前 言

本书是一本实用技能书，内容包括公司整个生命周期中的公司设立、公司章程制定、公司治理、公司资本、公司股权转让、公司法人人格否认、公司终止等法律问题，使读者能够按图索骥直接对照书本处理公司法律实务问题，培养读者操作公司业务的基本技能。与以往较重于理论研究的书籍不同，本书在编写过程中紧密结合律师事务所和企业的实际工作，关注相关司法实践，以实务中公司法律风险为基本导向，全面培养读者的理论素养和实务能力。

本书共计八章：第一章对公司制度进行了概述；第二章、第三章和第四章介绍公司设立、公司章程制定、公司治理中的风险和实务；第五章探讨了公司资本制度运行中的风险和实务；第六章、第七章介绍公司股权转让和公司法人人格否认的风险和实务；第八章是关于公司终止的法律问题。为行文方便，无特别说明，本书所列法律名称均为简称，如《中华人民共和国公司法》简称《公司法》、《中华人民共和国民法典》简称《民法典》等。

本书由西南石油大学法学院宋玉霞和北京中银（成都）律师事务所高级合伙人胡庆治合著。第一章至第五章由宋玉霞撰写（13万字）；第六章至第八章为胡庆治撰写（10万字）。研究生涂晏艇、易小敏、唐鹏等对书稿进行了校对，在此一并感谢。

由于水平有限，书中难免出现疏漏或错误之处，恳请读者批评指正。

著者

2023年9月

目 录

第一章　公司概述 ·· 1
 第一节　公司的基本概念 ··· 1
 第二节　公司的具体特征 ··· 8
 第三节　公司的基本分类 ·· 13
 第四节　公司的主要能力 ·· 15

第二章　公司设立的风险和实务 ·· 20
 第一节　公司设立的概念 ·· 20
 第二节　设立中的公司 ··· 29
 第三节　公司的分支机构 ·· 39

第三章　公司章程制定的风险和实务 ······································ 54
 第一节　公司章程的概述 ·· 54
 第二节　公司章程的记载 ·· 57
 第三节　公司章程的修改 ·· 64
 第四节　公司章程的效力 ·· 65
 第五节　法律风险案例及评析 ·· 68

第四章　公司治理的风险和实务 ·· 72
 第一节　公司治理的概述 ·· 72
 第二节　股东会 ··· 75
 第三节　董事会 ··· 79
 第四节　监事会 ··· 81

第五节　公司法定代表人 ·· 84
  第六节　董监高人员资格 ·· 87
  第七节　法律风险案例及评析 ·· 91

第五章　公司资本的风险和实务 ·· 95
  第一节　公司资本概述 ·· 95
  第二节　资本三原则 ·· 97
  第三节　出资法律制度 ··· 100
  第四节　出资风险 ··· 104
  第五节　出资瑕疵识别 ··· 112
  第六节　股东资格确认 ··· 114
  第七节　法律风险案例及评析 ··· 119

第六章　公司股权转让的风险和实务 ··· 136
  第一节　股权转让概述 ··· 136
  第二节　股权转让合同的效力 ··· 139
  第三节　股权变动的效力 ··· 150
  第四节　有限责任公司股权的内部转让 ····································· 155
  第五节　有限责任公司股权的外部转让 ····································· 159
  第六节　股权转让合同的撤销 ··· 164
  第七节　股东资格的继承 ··· 171
  第八节　法律风险案例及评析 ··· 172

第七章　公司法人人格否认的风险和实务 ······································· 181
  第一节　公司法人人格否认的法律含义 ····································· 181
  第二节　发达国家公司法人人格否认的理论和实践 ··························· 188
  第三节　公司法人人格否认制度的适用 ····································· 193
  第四节　法律风险案例及分析 ··· 201

第八章　公司终止的风险和实务 ·· 209
　　第一节　公司解散概述 ··· 209
　　第二节　公司清算 ·· 217
　　第三节　公司的破产清算、和解和重整 ································ 222

参考文献 ··· 242

第一章　公司概述

第一节　公司的基本概念

一、公司的起源与发展

（一）公司的起源

现代意义的"公司"这一术语，并非中国本土语言。❶ 由于欧洲贸易发展早于亚洲地区，因此关于公司的起源地在欧洲这一说法是学界普遍认可的。对于公司起源的具体说法现在流行的有两种。

第一种说法认为，公司最早可以追溯至古罗马时期。古罗马文化是西方社会发展史中的一块里程碑，尤其它以繁荣的经济为基础，最终成为大陆法系的始祖。古罗马的主要经济组织是家庭和家庭子企业。与今天的家庭相比，古罗马的家庭要大得多，因为它是从男系家族中最年长的男主人（the pater familias）往下，包括他的儿子、孙子、重孙子、儿媳妇、孙媳妇、重孙媳妇等，还有奴隶。不难想象，在四世同堂的情况下，一个家庭的人数很容易达到数十人。一个富足的罗马家庭的财产足够支撑一个普通的商事企业，不需要与别人合伙。男主人对家庭其

---

❶ 武忆舟：《公司法论》，我国台湾三民书局1998年版，第11页。目前认为"公司"一词为我国本土语言的学者，主要引用庄子关于公司的该言论，但是庄子此言论原文已无从考究。据笔者查阅，此语出自《庄子》《则阳》一文，原文为："……是故丘山积卑而为高，江河合水而为大，大人合并而为公……"即使庄子曾提及过公司一词，也只能说明辞源上的继承关系，庄子认为的"公司"，至多接近于"商"的概念，而与"公司"一词所承载的现代意义相差甚远。

他成员有生杀予夺的权力,并拥有家庭的全部财产,不管这些财产是他获得的还是其他家庭成员获得的。❶在当时的古罗马,国家、地方自治团体、寺院等宗教团体、养老院等公益慈善团体都取得了法人地位。到了中世纪,有一些贸易团体取得了法人资格,尤其是其中从事海外贸易的组织。

第二种说法认为,公司最早起源于中世纪的欧洲。14、15世纪时期,地中海沿岸的一些城市萌芽了资本主义。1492年,哥伦布发现新大陆,欧洲各国迫不及待地对外进行殖民与贸易扩张,由此产生了两种资助模式:一种是葡萄牙和西班牙模式,由政府支持跨洋贸易;另一种是荷兰和英国模式,学习热那亚❷的榜样由私人投资,由国家特许垄断经营权。❸总的来说,中世纪英国的经济还远远落后于意大利,因此贸易还不是很发达,当时英国的国际贸易主要集中于出口羊毛等原材料。由于哥伦布发现新大陆以后,欧洲的经济中心从意大利开始北移,直到17世纪末英国才成为经济中心,经济开始不断发展,最后成为欧洲商事活动的领头羊。并且由于英国率先完成了第一次工业革命,因此极大地促进了英国经济的发展。1600年,在得到国王特许状后,英国成立了著名的东印度公司。东印度公司具有法人资格,并且公司的业务与股东已经发生分离,股东股份可以转让,股东对公司的债务以其投资额为限承担有限责任。虽然东印度公司在开展商务之外,还被作为政府的海外分支机构,具备一些政府权力,但其作为最早的股份有限公司之一,对现代公司制度的产生与发展具有承上启下的重要作用。

其实这两种说法并非截然不同,都是对于公司的追溯,只是出现的时间有些差异。古罗马时期出现的公共团体,其实已经是公司的雏形,而中世纪在威尼斯、佛罗伦萨等地出现的康孟达(Commenda)等组织,则使资本的结合更加紧密,工业革命的兴起和发展最终确立并完善了公司制度。

---

❶ 朱锦清:《公司法前沿问题研究》,浙江大学出版社2014年版,第7页。
❷ 14世纪,意大利的热那亚人为了开发盐矿,从事各种商业冒险活动,创立了联合股份公司,但是规模比较小,而且其股份的转让必须得到每一位股东的同意。
❸ 朱锦清:《公司法前沿问题研究》,浙江大学出版社2014年版,第11页。

（二）公司的发展

公司这种企业组织形式，早在 100 多年以前就已经在世界上广泛发展，其萌芽与起源就更为久远。公司萌芽于古罗马时期、产生于中世纪的欧洲、普遍发展于 19 世纪末。

大量史实与资料表明，公司早在古罗马时期就已经萌芽。在古罗马时期，就已经有"包税商"❶以及"船夫行会"❷等组织形式的出现，而这些组织形式与公司的组织形式非常类似。由于古罗马帝国是通过战争发迹而建立起来的，战争的胜利扩大了罗马帝国的疆域，罗马商人大量敛财。但是由于疆域的扩大，因此财政支出成本也在增加。为了节约财政成本，因此出现了大商人联合在一起的组织形式，其目的是为政府解决一部分的财政问题，而政府也允许该类组织的存在。但是由于日耳曼人的入侵以及罗马帝国的灭亡，公司存在与发展的条件遭到了破坏。直至 10 世纪以后，贸易才得到重新的发展与繁荣。

到了中世纪时期，随着城市与贸易的发展，特别是海上贸易的发展，公司这一组织形式也得到了新的萌生与发展。由于海上贸易遭到海盗的拦截，并且海上贸易还面临着不确定的自然灾害的破坏，因此商人为了避免人财两空的情况发生，一种既方便集资又能分散风险的公司形式就应运而生。该时期与海上贸易有关的公司形式主要有康孟达（Commenda）、索塞特（Societas）以及海上协会。到了 15 世纪，康孟达的组织形式进化成了一种称为阿康孟地塔（Accomandita）的组织，这是一种更为常见的路上有限合伙的组织形式。❸ 除此之外，由于城邦政府的军事以及行政活动需要大量的资金支持，因此商人们以为政府提供资金支持为条件，得到了成立公司的特权，公司由此产生。

从 14 至 15 世纪资本主义在地中海沿岸一些城市稀疏地出现，到 18 世纪中期资本主义生产方式正式确立，这是为资本主义奠基的序幕时期，也称为资本的原

---

❶ "包税商"：为减少财政支出，政府许可某些大商人联合起来成为一个组织，承包过去由政府控制的贸易、工程以及税收，其组织内部设立有一定的组织机构。
❷ "船夫行会"：一种类似于股份公司的组织形式，行会与政府签订合同，为支持战争而为政府提供资金。该组织在筹措资金时会向社会公众出售股票。
❸ 朱锦清：《公司法学》，清华大学出版社 2019 年版，第 8 页。

始积累阶段。因此，真正意义上的公司在这时出现。随着新大陆的发现以及新的航海路线的开辟，欧洲商人的贸易活动从地中海沿岸扩大到了大西洋。随着远洋贸易的迅速发展以及欧洲各国重商主义的盛行，在政府的支持下，这一时期一批特许的贸易公司出现了。但是此时的特许贸易公司并没有长期性的特点，而都是属于临时性的公司。❶ 在 17 世纪末期，英国成为欧洲国家商事活动的中心，并且在 18 世纪，英国率先完成了工业革命。随着经济的发展，英国在 19 世纪出现了以联合股份公司为主要形式的组织。❷

直至 19 世纪下半叶，随着科学技术的新发展以及第二次工业革命的发生，新技术运用于工业发展，一些新兴的工业部门开始崛起，比如电力、汽车、钢铁等行业的出现。个人资本以及小资本便不能负担起这些行业的发展。为满足经济发展的需求，整合已经存在的公司组织成为当时公司发展的趋势。随着德国颁布"联合所有制"实施办法，自 1851 年以后，德国公司发展迅速。世界上第一个卡特尔组织就产生于德国——德意志钢铁联合组织。此外，在卡特尔组织之后，还出现了另一种联合组织——辛迪加。史料表明，19 世纪也是美国公司发展最快的时期。在该时期，特别是由于修建铁路需要大量的资金，而个人资本又不能满足，因此各种筹资形式就产生了，比如证券市场。并且由于资金需求量的增加，大量的金融大亨以及证券家也随之出现。❸ 除此之外，随着公司规模的日益扩大，美国公司除了采用卡特尔以及辛迪加等联合组织形式以外，一种将许多公司兼并而产生的组织形式——托拉斯首先出现在了美国，并且该组织形式也很快地成为美国垄断组织的形式。大量资料表明，19 世纪后半期是公司迅速并广泛发展的时期。

---

❶ 临时性的公司：指以一次或者几次航行为限而解散的公司。比如英国当时的"东印度公司"，该公司最初设立是以 12 次航行为限。
❷ 朱锦清：《公司法学》，清华大学出版社 2019 年版，第 9 页。
❸ 朱锦清：《公司法学》，清华大学出版社 2019 年版，第 12 页。

二、公司与企业

生活中经常有人会把公司与企业混用。事实上，公司并不等于企业，严格说来，公司实际上只是企业的一种形式。企业泛指一切从事生产、流通或者服务活动，以谋取经济利益的经济组织。一般来说，企业有以下三种法律形式。

（1）独资企业，即由单个主体出资兴办、经营、管理、收益和承担风险的企业。独资企业的主体对企业事务有完全的控制支配权，完全依自己的意志从事商业活动，所赚取的利润也完全归自己所有。同时，业主对企业债务承担无限责任，即投资人不仅要以投资企业中的财产为企业清偿债务，而且还要以个人所有财产为企业债务承担清偿责任。

（2）合伙企业，即由两个或者两个以上的出资人共同出资兴办、共同经营、管理并且共享收益、共担风险的企业。随着社会的进步，合伙企业形式也不断发展，目前主要包含普通合伙企业（enterprise of partnership）、特殊的普通合伙企业（limited liability partnership）与有限合伙企业（limited partnership）三种。我国在2006年修订的《合伙企业法》中，对三种合伙企业进行了明确的规定。普通合伙企业由普通合伙人组成，合伙人对合伙企业债务承担无限连带责任。特殊的普通合伙企业一般是以专业知识和专门技能为客户提供有偿服务的专业服务机构，合伙人在执业活动中因故意或者重大过失造成合伙企业债务的，应当承担无限责任或者无限连带责任，其他合伙人以其在合伙企业中的财产份额为限承担责任；合伙人在执业活动中非因故意或者重大过失造成的合伙企业债务以及合伙企业的其他债务，由全体合伙人承担无限连带责任。有限合伙企业由普通合伙人和有限合伙人组成，普通合伙人对合伙企业债务承担无限连带责任，有限合伙人以其认缴的出资额为限对合伙企业债务承担责任。

（3）公司，在现代企业形式中是最常见、占有资产最多、经营规模最大的一种企业形式，也是一种从事商业活动的经济组织。公司的主要特征是通过与前述两种企业形式的比较而体现出来的。公司企业与前两种企业形式的根本区别就在于其所有权与经营权的分离。公司的所有权是指对公司股份的占有，即对公司的控制权。公司的经营权是指对公司进行经营管理的权利。我国《民法典》第二百四十条规定:"所有权人对自己的不动产或者动产,依法享有占有、使用、收益和处分的权利"。从该条文可以看出,在民法上,有所有权即享有经营管理权。而公司这一经济组织的特殊性就在于分散了这两种权利,即公司企业的投资者是通过持有公司的股份来获得公司的所有权,通过行使股东权利选出利益代表,招聘专业的管理团队负责公司的日常运作。比如我国《公司法》就对公司股东的权利做了具体的规定。❶

三、公司的概念

公司是资本主义社会发展的产物,是世界性的经济组织形式。不同的国家对于"公司"一词有着不同的表达。比如美国使用"corporation";英国使用"company";德国使用"gesellschaft";葡萄牙使用"empresas";法国使用"compagnie"。中文"公司"一词在成为广泛商事组织的专用词之前就有自己的独特含义。根据方流芳教授考证,"公司"最初是19世纪末以前东南亚的中国移民对其联合体的称谓。从18世纪40年代开始,这些移民就组织了无数"公司",它们具有商业合伙、联合自卫、同乡联谊、帮会等混合功能。它们与中国内地的秘密会社十分相似。在中、英通商之后,"公司"逐渐被中国海关官员、广州行商和英国东印度公司大班用于指称英国东印度公司。当时的人们认为,唯有英国东印度公司是"公司"。因为,它是从英王那里取得对华贸易垄断特权的商业组织,而其他欧洲商人只能叫"私商"。只是到19世纪60年代洋务运动前后,中国的精英人物在鼓吹"求富""强国"之时,"公司"一词才从专指英国东印度公司转而泛指商业性企业组织。但这时人们对公司的理解已经打上英国东印度公司的烙印。人们普遍以为,凡公司必须有国家赋予的垄断特权("专利")或者专门的保护,否则无由发展。这种认识或许正是清末"官督商办""官商合办"企业以及后来各种形态官办企业实践的观念基础。❷

---

❶ 《公司法》(2018年修正)第三十六条至第五十条。

❷ 王军:《中国公司法》,高等教育出版社2017年第2版,第2页。

第一章 公司概述

在英美法系国家，公司是指一定数量的人为了共同目的，往往是以营利为目的进行经营而结成的社团，也指适合于因规模太大以致无法以合伙运作而采用的一种组织形式。❶英美法系国家对公司的概念，强调公司与合伙企业的区别。

在大陆法系国家，传统的公司法理论认为公司是一种依法设立的营利性社团法人。❷但是现在更多的国家开始放弃公司的社团性，也不再坚持公司的营利性。比如《日本商法典》第五十二条规定："本法所谓公司，指以经营商行为为目的而设立的社团。依本编规定设立的以营利为目的的社团，虽不以经营商行为为业，也视为公司。"

在学界，对于公司概念存在诸多争议，以下列举了几位代表性学者对于公司概念的观点。赵旭东认为："公司是指股东依照公司法规定，以出资方式设立，股东以其认缴的出资额或认购的股份为限对公司承担责任，公司以其全部独立法人财产对公司债务承担责任的企业法人。"❸甘培忠认为："公司是依照法定程序设立，以营利为目的，股东以其认缴的出资额或认购的股份为限对公司负责，公司以其全部财产对外承担民事责任的具有法人资格的经济组织。"❹我国《公司法》第三条第一款规定："公司是企业法人，有独立的法人财产，享有法人财产权。公司以其全部财产对公司的债务承担责任。"

事实上，要想从法律上对公司下一个精确的定义，并非易事。正如英国著名公司法学家高维尔指出："尽管公司法在法律领域已是公认的法律部分，有关这方面的著述也是汗牛充栋，但却依然无法准确把握其范畴，因为'公司'一词并没有严格的法律涵义。"❺对于公司概念的界定，注意把握和体现公司的特征即可。我们无须过分执着于对公司精准概念的追求，因为这并不会对公司制度的发展起着举足轻重的作用。

---

❶ 沃克：《牛津法律大辞典》，李双元等译，法律出版社2003年版，第236页。
❷ 《韩国商法典》第一百六十九条：本法中的公司，是指以商行为及其他营利为目的而设立的社团。
❸ 赵旭东：《公司法学》，高等教育出版社2004年版，第2页。
❹ 甘培忠：《企业与公司法学》，北京大学出版社2014年第7版，第141页。
❺ Paul L.Davies: Gower's Principles of Modern Company Law (6th ed.)，Sweet & Maxwell (1997)，P3.

第二节　公司的具体特征

市场经济要求平等的市场主体通过公平竞争,从市场取得商品并向市场提供商品,以促进整个市场合理流动,实现结构架置优化以及市场资源的合理配置。市场经济的要求决定了市场主体必须拥有清晰明确界定的财产权,而且必须是独立的、平等的,同时控制风险。公司作为现代社会最主要的经济组织,其特征应当符合市场经济的要求。

一、以营利为目的

众所周知,市场主体进行交易是为了获得所需要的收益,而股东对公司进行投资也属于市场交易的形式,因此,这就要求公司需要通过经营取得利润并向股东分配利润,这就是公司必须具备的一项特征,即以营利为目的,具有营利性。虽然现在已有一些国家不再坚持公司的营利性,但是营利性仍然是当前绝大多数公司存在的主要目的,此特征仍是现代公司的主要特征之一。营利是指通过经营获取利润,以较少的经营投入获取较大的经营收益。营利是绝大多数企业组织存在和活动的基本动机和目的,是经营活动的出发点和归属。公司的营利性是其与生俱来的属性,股东设立公司或向公司进行投资,就是为了获得投资的收益与回报,这也势必要求公司最大限度地追求经营利润。就此而言,公司不过是股东实现投资收益的法律工具。

公司的营利性并非仅指其自身简单的营利,而是包括其向成员分配营利的特殊内容。我国《民法典》对法人有营利法人与非营利法人之分。《民法典》第七十六条规定:"以取得利润并分配给股东等出资人为目的成立的法人,为营利法人。营利法人包括有限责任公司、股份有限公司和其他企业法人等。"而某些公益社团法人,甚至包括财团法人,也进行经济活动并能取得一定的盈利,但此盈利不是为了分配给其成员,而是为了从事某种社会公益事业或满足法人的宗旨。而公司这种营利性组织的盈利则完全是为了成员的投资利益,这正是营利性法人与公益法人的根本区别。我国《民法典》第八十七条规定："为公益目的或其他非营利目的成立，不向出资人、设立人或者会员分配所取得利润的法人，为非营利法人。非营利法人包括事业单位、社会团体、基金会、社会服务机构等。"

公司的营利也并非指简单的赚钱，而是通过经营或者营业性的商事行为取得利润。所谓营业，首先是以营利为目的。其次，营业必须具有内容的确定性并保持其经营的连续性和稳定性，因此，公司首先须具有持续经营的特点，另外，公司营业一般应有固定的场所。此外，公司的营业还应该具有行业性的特点。某些行业的经营活动虽也以营利为目的，但不是作为公司的营业活动，从事这种活动的组织一般不称为公司，如医院等医疗卫生组织、律师事务所等自由职业组织以及农场等单纯的农业组织等。

二、具有独立法人地位

法人制度的出现在于区别团体和成员之间的财产范围与责任界限，它是资本主义发展的结果，与公司的发展密切相关。在我国，"法人"一词最早是在清末被学者们从日本引进。1986年，《民法通则》对法人制度作了规定。法人是指具有民事权利能力和民事行为能力，依法独立享有民事权利和承担民事义务的组织。公司的法人特征具体体现在以下三方面。

（一）公司拥有独立的财产

独立财产既是公司赖以进行业务经营的物质条件和经营条件，也是其承担财产义务和责任的物质保证。公司的财产主要是由股东出资构成，公司的盈利积累以及其他途径的资金累积也是形成公司财产的来源。一般来说，公司是其财产的所有人，对其财产享有法律上的所有权。虽然这些财产是由股东出资构成，但一经出资，所有权即归公司享有，而股东只享有股权，即股东权或股份权。我国《公司法》第三条第一款规定："公司是企业法人，有独立的法人财产，享有法人财产权。公司以其全部财产对公司的债务承担责任。"这里的法人财产权应当包括公司对物的财产所有权与对其他财产享有的所有权，比如债权、知识产权等。

但是公司作为一个主体对公司财产享有所有权与股东只享有股权并不是完全对立的关系。实际上股东所享有的股权是股东对公司财产份额所有权的体现，即股东对公司的出资份额决定了股东对公司所享有的股权份额。因此在公司对外承担债务时，也即股东对外承担债务。我国《公司法》第三条第二款规定："有限责任公司的股东以其认缴出资额为限对公司承担责任；股份有限公司的股东以其认购的股份为限对公司承担责任。"

（二）公司设有独立的组织机构

完善、健全的组织机构既是公司进行正常经营活动的组织条件，也是公司法对每个公司提出的法定要求。与民法对一般企业法人要求的组织条件不同，公司法对公司的组织机构规定有更严格、更健全、更规范的模式。我国公司的组织机构主要包括股东大会、董事会、监事会以及经理层，我国《公司法》对以上公司组织机构的权利义务都做了相应的规定。《公司法》第三十六条规定："有限责任公司股东由全体股东组成。股东会是公司的权力机构，依照本法行使职权。"并且在后文中也具体规定了公司各组织机构的具体权利与义务，如后文第三十七条规定了股东会行使的职权；第四十六条规定了董事会行使的具体职权；第四十九条规定了经理的具体职权；第五十三条规定了监事会（不设监事会的公司的监事）的具体职权。❶

以上的公司组织机构可分为两大类：公司的管理机构和公司的业务活动机构。公司管理机构是形成公司决策，对内管理公司事务、对外代表公司进行业务活动的机构，如股东大会、董事会、监事会、经理等；我国《公司法》第四条规定"公司股东依法享有资产收益、参与重大决策和选择管理者等权利"。公司的业务活动机构包括公司的科室、会计、审计、销售机构等。

（三）公司独立承担财产责任

由于我国公司法承认公司独立法人的地位，因此公司对外活动是以自己的名

---

❶ 《公司法》（2018 修正），第三十六条至第五十六条。

义进行的，自主经营、自负盈亏。国家保护公司的合法权益，同时也要求公司以自身拥有的全部资产为自己的商业行为承担法律责任。这就符合我国《公司法》第三条第一款的规定："公司是企业法人，有独立的法人财产，享有法人财产权。公司以其全部财产对公司债务承担责任。"公司的独立责任是其独立人格的标志，是公司具有法人地位的集中表现。公司财产责任的独立性至少包括三个方面的独立。

第一，公司责任与股东责任的独立。公司只能以自己拥有的财产清偿债务，股东仅以其出资额为限对公司承担有限责任。当公司出现资不抵债时仍然不能要求股东承担出资额限度以外的责任，只能依照法定程序进行重组或者破产清算。但是，在特定的情况下，公司的独立人格可能会遭到否定，因此使股东直接对公司债务承担责任，这就是所谓的"揭开公司的面纱"。

第二，公司责任与其工作人员责任的独立。公司的民事活动虽由其董事、经理等管理人员开展，但其实施的是职务行为，不能据此要求工作人员为公司的债务承担责任。并且这一点在刑法上也有所体现，比如我国《刑法》第三十条规定："公司、企业、事业单位、机关、团体实施的危害社会的行为，法律规定为单位犯罪的，应当负刑事责任。"此外，我国对单位犯罪所采取的双罚制原则也是为了有效区分单位犯罪行为与普通职工的职务行为，以此避免损害无辜的普通职工的利益。

第三，公司责任与其他公司或法人组织责任的独立。公司与其他法人之间虽然存在千丝万缕的联系，包括存在母公司与子公司的关系，或存在主管部门与下属企业的隶属关系，但在民事法律地位上，各主体均是各自独立的法人。例如我国《公司法》第十四条第二款规定："公司可以设立子公司，子公司具有法人资格，依法独立承担民事责任。"由此可知，我国公司法承认子公司独立的法人人格，因此，对于子公司的民事责任即由子公司独立承担，母公司对此无相关的义务。

三、股东投资

传统的公司法理论认为，公司是社团法人，须有复数的社员集合而成。因此这种集合包括两方面含义。

第一，主体的集合。在公司发展的历史中，公司必须是由两个以上的股东组成，单独一人一般不能组成公司，而只能是独资企业。如此，便可以形成一个社会联合体，以与单个的自然人相区别。独资企业在我国不能称为公司，不具备法人资格。独资企业的财产与投资人的个人其他财产没有明确的法律界限，独资企业虽然可以有名称，且以该名称从事商事活动，但企业不能独立承担民事或经济责任，业主需要对企业债务承担无限责任。20世纪60年代以来，商事立法进一步完备，社会和政府监督有效地防止个人利用公司有限责任来损害债权人的利益，众多西方国家如美国、法国等为鼓励小企业发展而修订法律，允许"一人公司"存在。法学界经过短暂的讨论便达成一致，我国应允许一人公司的存在并予以立法。2005年修订的《公司法》承认了有限责任公司中的一人公司，规定了法人独资的一人公司和自然人独资的一人公司两种情况。

我国《公司法》自1993年颁行到2005年修订，经历十多年的发展历程，当初规定公司股东为复数的社会环境已经改变，外商投资企业中合法存在一人公司和内资企业中隐形存在一人公司已是普遍的社会现实。

第二，资本的集合。公司股东均需向公司认缴出资或认购股份，这是企业法人成立和存在的必要前提条件。我国法律规定，股东可以以实物资产、土地使用权、专利、商标等工业产权和非专利技术等知识产权、金钱等进行投资。此外，不允许股东以个人的劳务、个人信誉和商业社会关系作价进行投资，这与合伙企业有区别。[1]

四、公司成立依法定条件和程序

由于公司具有法定性，因此公司的设立必须按照公司法规定的条件和程序设立，否则就不能成立公司。依法成立，是对各种法人的共同要求。与一般法人不同的是，公司的设立具有特定的条件和程序。《公司法》第二条规定："本法所称

---

[1] 甘培忠：《企业与公司法学》，北京大学出版社2014年第7版，第147页。

公司是指依照本法在中国境内设立的有限责任公司和股份有限公司"。第六条规定："设立公司，应当依法向公司登记机关申请设立登记。符合本法规定的设立条件的，由公司登记机关分别登记为有限责任公司或者股份有限公司；不符合本法规定的设立条件的，不得登记为有限责任公司或者股份有限公司。法律、行政法规规定设立公司必须报经批准的，应当在公司登记前依法办理批准手续。"由此可见，公司的设立具有明确的法定性，受《公司法》的直接调整。

第三节　公司的基本分类

对于公司可以依据不同的标准，做出不同的分类。公司的分类标准不可胜举，在法理上、学理上不同的国家、不同的地区，以及同一国家、同一地区不同时期的分类标准都有所不同。了解并熟悉各种类型的公司，掌握各种类型的公司的特点，有助于我们更为深入地学习公司法。以下为几种较为常用的分类：

（1）以财产责任为标准，公司可分为有限公司、无限公司和两合公司。有限公司是指股东按照其出资额对公司债务承担责任；无限公司是指股东对公司债务承担无限责任，即在股东在其出资额不足以承担公司债务时，需继续以个人财产承担无限责任；两合公司是指在同一公司中，一部分股东对公司债务承担有限责任，一部分股东对公司债务承担无限责任，即有限与无限责任并存的公司形式。我国《公司法》第二条规定："本法所称公司是指依照本法在中国境内设立的有限责任公司和股份有限公司。"由此可知，我国公司法只承认有限责任公司以及股份有限公司。有限责任公司是指股东以其认缴出资额为限对公司债务承担责任；股份有限公司是指股东以其认购的股份为限对公司债务承担责任。由此可见，有限责任公司与股份有限公司以承担有限责任为共同点；但是这两类公司在股东人数、公司章程制定方式、设立方式、股权形式以及股权转让等方面存在差异。

（2）以出资人的不同为标准，公司可分为国有独资公司与一般有限责任公司。我国《公司法》第六十四条第二款规定："本法所称国有独资公司，是指国家单独出资、由国务院或者地方人民政府授权本级政府国有资产监督管理机构履行出资人职责的有限责任公司。"一般有限责任公司是由自然人或者法人出资成立的有限责任公司,该公司的资本中不含国有资产作为资本。我国《公司法》第六十四条第一款规定:"国有独资公司的设立和组织机构,适用本节规定;本节没有规定的,适用本章第一节、第二节的规定。"由此可知,我国国有独资公司与一般有限责任公司存在着一定的共同点,但是由于国有独资公司是一种特殊的形式,因此在公司的设立、股东会职权的行使、行业禁止、董事会及监事会等方面存在着差异。

（3）以股东数量的不同为标准,公司可分为一人有限责任公司和其他有限公司。一人有限责任公司即由一个自然人或者一个法人出资设立的公司并且公司只有一个股东。我国《公司法》第二十四条规定:"有限责任公司由五十个以下的股东出资设立。"由此可知,我国公司法对有限责任公司的出资人数并未做最低限制,所以一人有限责任公司即为有限责任公司的特殊形式。此外,我国公司法在法律上承认一人有限责任公司。我国《公司法》第五十七条规定:"一人有限责任公司的设立和组织机构,适用本节规定;本节没有规定的,适用本章第一节、第二节规定。本法所称一人有限责任公司,是指只有一个自然人股东或者一个法人股东的有限责任公司。"由上述条文可知一人有限责任公司的特殊性,并且可知一人有限责任公司仍然是有限责任公司,在法律适用上仍然适用公司法上关于有限责任公司的通常规定。其他有限责任公司主要包括非一人有限责任公司和股份有限公司。我国《公司法》第七十八条规定:"设立股份有限公司,应当有二人以上两百人以下为发起人……"由此可知,股份有限公司的出资人不能只为一人。

（4）以公司内部管理权限为标准,公司可分为总公司与分公司。国家经济的发展离不开各行各业公司的发展,而公司的发展离不开公司业务的拓展以及公司规模的扩大;公司业务不断拓展以后,公司则需要在业务拓展点设立分支机构,降低公司跨区域经营的成本、增加公司利润、方便处理跨区域经营业务。我国《公司法》第十四条第一款规定:"公司可以设立分公司。设立分公司,应当向公司登记机关申请登记,领取营业执照。分公司不具有法人资格,其民事责任由公司承担。"由此可知，本条所说的公司就是指总公司，分公司作为总公司的分支机构，只是总公司的一个部分，并不是独立的法人，也没有董事会。但是分公司在当地工商局登记以后，可以以自己的名义对外订立合同。

（5）以对股份的控制不同为标准，公司可分为母公司与子公司。通常来讲，若 A 公司对 B 公司具有控股权，即 A 公司为 B 公司的母公司，B 公司则是 A 公司的子公司。控股权是指持有子公司的大多数股份，即能够控制子公司的重大决策的权利。通常认为，一个公司如果拥有另一个公司 50% 以上的股份，就能够实现对该公司的实际控制。母公司对子公司的重大事项拥有实际决定权，能够决定子公司董事会的组成，也可以直接行使权力任命董事会董事。我国《公司法》第十四条第二款规定："公司可以设立子公司，子公司具有法人资格，依法独立承担民事责任。"由此可见，我国《公司法》并未对子公司的数量进行限制，因此，一个公司可以设立多个子公司，子公司与子公司之间是姊妹关系。同时由于子公司具有独立的法人地位，则子公司可以再设立子公司，进而就会出现孙公司、重孙公司等。

除了以上公司的分类以外，还存在很多关于公司的分类。比如：国有独资公司与国有控股公司；封闭式公司与开放式公司；外国公司与本国公司；人合公司、资合公司和人合兼资合公司，等等。

第四节　公司的主要能力

能力，通常解释为法律资格或法律地位。梁慧星先生认为："法律上所谓能力，是指在法律的世界中作为法律主体进行活动，所应具备的地位或资格。"与民事能力一致，公司作为拟制的法人，从事商事行为也应当具备能力。国外公司法理论多从广义上解释公司能力的含义，认为公司能力可以分为权利能力、行为能力、侵权能力、刑事责任能力、国际法上的能力和公法上的能力等。本章仅对公司的权利能力、行为能力与责任能力进行探讨。

一、公司的权利能力

私法上的权利能力是指一种主体资格,是法律赋予私法主体从事私法活动、享有权利和承担义务的一般法律前提。公司权利能力是指公司作为法律主体依法享有权利能力和承担义务的资格。

公司权利能力的起始时间与自然人有所不同。自然人的权利能力始于出生、终于死亡,而公司的民事权利能力于公司成立时产生,到公司终止时消灭。❶公司权利能力产生和消灭的关键,自然就是公司的成立和终止。公司的成立应当依照法律、行政法规的规定进行,一般来讲,公司营业执照签发日期为公司成立日期,即取得公司的权利能力。公司终止,不仅要满足条件,还应当依法完成清算、注销登记,公司注销登记之日即公司终止之时,公司丧失权利能力。❷

公司获得权利能力后,虽然能够享有广泛的权利,如财产权、名称权、受遗赠权等,但是毕竟与自然人不一样,往往受到公司法、公司章程以及自身性质的限制。

(一)性质上的限制

公司是经依法登记而取得的法人资格,因此享有名称权和荣誉权等人格权,其中名称权是专属于法人的人格权。但是由于公司在性质上毕竟是拟制化的人格,其本身并非是具有新陈代谢功能的生命体,因此一些与自然人人身性质相关的专属权利,公司就不得享有如生命权、健康权、婚姻权、亲权、继承权、隐私权等权利。

除此之外,公司作为一个具有法人地位的独立经济组织,它也享有以下确定范围内的基本权利,主要包括:能以公司的名义起诉、应诉;订约权;为经营和管理公司事务,制定或修改与法律不相抵触的章程和内部细则;有权贷款,使用

---

❶ 《民法典》第五十九条:"法人的民事权利能力和民事行为能力,从法人成立时产生,到法人终止时消灭。"

❷ 《民法典》第六十八条:"有下列原因之一并依法完成清算、注销登记的,法人终止:(一)法人解散;(二)法人被宣告破产;(三)法律规定的其他原因。法人终止,法律、行政法规规定须经有关机关批准的,依照其规定。"

其资金进行投资，为投资而作动产或不动产抵押；资助雇员，等等。

（二）目的范围上的限制

公司作为营利性法人，其所持续经营的事业或业务记载于公司章程，并登记于公司营业执照，即公司的经营范围。对公司经营范围的限制，主要体现在以下几个方面：第一，公司的经营范围必须由公司章程作出规定，公司通过公司章程将其经营范围限定特定领域，公司章程未规定的，公司不得经营；第二，公司的经营范围必须依法登记，经依法登记的，才产生公示的效力；第三，属于法律、行政法规限制的经营项目，必须依法取得批准许可，如涉及卫生、环保、消防、海关、进出口权以及烟酒经营等行业；第四，公司应当在登记的经营范围内从事经营活动；第五，公司需要变更其经营范围的，必须依照法定程序修改公司章程，并经公司登记机关变更登记。

此外，处于特定状态下的公司的权利能力也可能受到限制。比如，清算中公司的权利能力只限于清算事务以及与清算事务相关的活动，而不能从事常规的经营活动。我国《公司法》第二百零五条规定："公司在清算期间开展与清算无关的经营活动的，由公司登记机关予以警告，没收违法所得。"由此可见，清算中公司仅为清算目的而存在，从事实上看，已经不属于完全意义上的"公司"了。

因此，公司法人的权利能力是有差异性的，不同的公司可能具有不同的主体性资格，亦具有不同的权利能力，这是由公司的经营范围所决定的。同时，我们还应当看到，法律上对公司权利能力的限制程度取决于法律的进步状况如何。法律越是进步，公司的权利能力范围越是广泛。

二、公司的行为能力

公司的行为能力是指公司能够以自己的意志和名义独立进行民事活动，实施民事法律行为，取得民事权利和承担民事义务的资格。[1]一方面，公司独立人格的重要体现便是具有独立的意志，这种意志产生于公司机关。公司机关一般由作为

---

[1] 施天涛：《公司法论》，法律出版社 2018 年第 4 版，第 26 页。

决策机关的股东会、作为执行机关的董事会和作为监督机关的监事会组成。另一方面，公司可以以自己的名义从事各种商事交易活动。公司具有自己的名称，对外开展商事交易与签订合同均应签署自己公司的名称。

公司作为法人，其行为能力与自然人的行为能力自然会有所区别，主要体现在以下两点：

第一，公司的行为能力与其权利能力具有一致性。这种一致性不仅表现在公司的行为能力与其权利能力同时产生、同时终止，而且表现在公司行为能力的范围和内容与其权利能力的范围和内容也是相一致的，公司权利能力受到的限制，也同样适用于公司行为能力。这也是公司的权利能力、行为能力制度与自然人的权利能力、行为能力制度不同的地方。自然人的权利能力都是一致的，但行为能力各有不同，主要包括完全行为能力、限制行为能力与无行为能力三种情况。公司行为能力的差异是由其权利能力的差异导致的，而不像自然人的行为能力是由年龄与智识状况共同决定的。

第二，公司具有法律上的团体人格，它在按照自己的意志实施行为时，与自然人有所不同。首先，公司的意思能力是一种社团的意思能力，这种意思的实现依赖于它的法人机关来形成和表示，即公司的法人机关就是公司的意思机关。公司的法人机关由公司的股东会或者股东大会、董事会和监事会组成，它们依照公司法规定的职权和程序相互配合又相互制衡，进行公司的意思表示。其次，尽管公司的意思是由公司的法人机关作出，但这种意思也无法自动实现，仍然依赖于自然人来实现，即公司的执行机关以及公司的普通员工的职务行为。公司的行为能力体现在公司意思对外的实施上，公司的对外行为由公司的法定代表人来实施，或者由法定代表人授权的代表来实施。一般情况下，公司的法定代表人由董事长、执行董事或者经理担任，他们按照公司的意思以公司的名义对外进行法律行为，为公司取得权利和承担义务。对此我国《公司法》第十三条规定："公司法定代表人依照公司章程的规定，由董事长、执行董事或者经理担任，并依法登记……"在公司权利能力范围内，法定代表人或其授权代表所实施的法律行为就是公司自身实施的法律行为，其后果包括权利和义务都由公司承受。

三、公司的责任能力

公司拥有权利能力和行为能力，就必然要有责任能力，只有这样，公司才能成为一个真正的法人以及真正的法律关系主体，才能确保交易对象的合法权益。可以说，公司的责任能力是其权利能力和行为能力的必然逻辑的延伸。

公司的成立必须有自己独立的财产，独立财产是其独立人格的物质保障。公司的责任能力是公司有无独立承担法律责任的资格问题，没有责任能力，公司的法律责任就失去了存在的前提和基础。《公司法》明确规定，公司以其全部财产对公司的债务承担责任。由于公司具有独立的财产，公司在对外开展商事活动或者发生违法行为时，便能独立承担相应的责任。

公司机关对外实施的职务行为是公司的行为，而行为本身又有合法与非法之别，因合法行为而产生的权利和义务归公司享有和承担，这是公司行为能力实现的结果。与此相适应，因非法行为而导致的法律责任自然也应由公司承担，因为公司机关的意志和行为就是公司的意志和行为。公司不仅要承担公司机关为其所为的合法行为所产生的法律后果，也要承担公司机关为其所为的非法行为所产生的法律后果，这便是公司具有责任能力的体现。只有确认公司的责任能力，才能完整体现公司法人的独立性，才能体现公司机关与公司的有机统一，才能使公司成为真正的法律关系的参加者，才能更好地维护债权人的合法权益。

公司的财产并非是其承担责任的唯一手段。公司除了具有民事责任能力以外，在发生特定后果时，还需要行政责任与刑事责任。比如，从事食品生产经营的公司，在违反《食品安全法》的相关规定时，可能面临警告、罚款、停产停业、吊销许可证等行政处罚，甚至要对相关负责人做出相应的处罚。构成犯罪的，还应当根据《刑法》的规定，依法追究公司的刑事责任。公司虽然不能承受人的处罚，但却可以承受财产上的处罚，而公司负责人可能承受人身上的处罚。比如我国《刑法（2020修正）》第三十一条规定：''单位犯罪的，对单位判处罚金，并对其直接负责的主管人员和其他直接责任人员判处刑罚……''

第二章 公司设立的风险和实务

第一节 公司设立的概念

公司的出现与发展为社会资本的快速流动提供了条件,极大促进了经济繁荣,公司也成为现代市场经济社会中最活跃、最重要的企业形态。公司的运行以公司的设立为开端,公司的设立类似于胎儿孕育,因此十分重要。

公司设立是指按照法律规定的条件和程序,发起人为组建公司,使其取得法律人格,必须采取和完成的一系列行为之总称。设立中的公司以有效的公司设立合同为基础,将公司发起人联系起来,并建立其相应的权利义务关系而形成的未来公司之雏形。在公司设立过程中,公司还未取得法人资格,因此设立阶段的公司与存续阶段、清算阶段的公司存在很大差别,由此形成了公司设立独有的法理基础。

一、公司设立的特征

公司设立的本质是一个社会单元从无到有的组织过程,最终使公司取得法人主体资格以从事特定的民事或商事活动。公司设立具有下列特征:

第一,公司设立是一种法律行为。在设立过程中,公司发起人为促成公司成立并取得法人资格,不仅需要遵守法律规定的条件和程序,还必须要建立各种法律关系,如公司发起人之间达成发起人协议、制定公司章程、出资人认购出资额或公司股份等。公司设立本身也必定会产生相应的法律后果,或公司成立,取得法人资格，或公司不成立，由发起人承担设立责任。

第二，公司设立的主体是公司发起人。公司发起人（company promoter）也为公司创办人，是指为设立公司而签署公司章程、向公司认购出资或者股份并履行公司设立职责的人。❶ 各国法律对发起人的资格范围、人数、权利、义务一般都有明确规定。我国对有限责任公司设立的发起人没有具体规定，但是根据《公司法》第二十四条的规定："有限责任公司由五十个以下股东出资设立"，发起人人数最多不应超过五十人。在股份有限公司的设立方面，《公司法》对发起人的人数限制和发起人义务进行了明确规定。股份有限公司的发起人为实施公司设立、制定公司章程、负责召开首次股东大会的股东，其他股东为非发起人股东。

第三，公司设立以公司成立并取得法人资格为内容。公司设立包括公司发起、筹建到成立的全过程。在这个过程中，公司发起人为公司成立而进行的各种必要活动是公司设立的内容。尽管公司设立的内容因设立公司的类型不同而有所区别，但所有公司的设立都是以取得法人资格、使设立的公司形成法律上的独立人格为宗旨。公司设立一般包括以下基本内容：公司发起人为筹建公司而达成协议，选择公司类型，确定公司名称、经营范围、注册资本，制定公司章程，申请登记等。股份有限公司的设立较有限责任公司而言稍显复杂，股份有限公司的设立分为发起设立与募集设立，公开募集的股份有限公司除前述设立内容外，还包括向政府主管机关提出募股申请、制定招股说明书以及其他募股事宜。❷

二、公司设立的原则

在不同的历史时期，法律对公司设立所采取的原则是不同的，总的趋势是设立的限制条件越来越少，公司设立从禁止主义、限制主义走向自由主义。一般认为，公司的设立原则有以下几种：

自由设立主义，也称放任主义，即公司的设立完全听凭当事人的意愿，国家

---

❶ 《最高人民法院关于适用〈中华人民共和国公司法〉若干问题的规定（三）》（2020年修正）第一条规定："为设立公司而签署公司章程、向公司认购出资或者股份并履行公司设立职责的人，应当认定为公司的发起人，包括有限责任公司设立时的股东。"

❷ 江平：《新编公司法教程》，法律出版社2003年版，第55-57页。

不加以任何干预或限制。这一原则在欧洲中世纪末商事公司刚刚兴起时盛行，由于它极易造成公司滥设，不利于社会稳定，此项原则在现代公司设立制度中已经消失。当然，也有学者认为，将自由主义看作公司设立的原则是错误的，并论证欧洲中世纪存在的商事组织形式仅仅是合伙组织，不是真正意义上的公司。❶

特许主义，是指公司的设立需要王室或议会颁发专门的法令予以特别许可。这一原则带有浓厚的政治色彩和垄断效果，曾被17世纪至19世纪的英国、荷兰等国家采用。"公司是在从自由设立到特许设立的过程中转变为法人的，而导致这种转变的原动力是对行政垄断的追求。"❷但是，由于通过特许方式设立公司的程序太慢、代价高昂，且使得公司设立成为一种特权，不利于大规模发展公司，不符合商品经济市场发展的需求，因此逐渐为各国立法所舍弃。

核准主义，也称许可主义或者审批主义，是指公司的设立除具备法定的一般要件，还需经政府行政主管机关进行审查批准。核准主义最先为法、德等国所采用。在这一原则下，公司的设立能够得到有效控制，但由于其设立程序较为严格，有碍于公司的普遍发展，因此采用此种设立原则的国家也不多，而且主要限于一些特殊类型的公司。

准则主义，又称登记主义，是指法律预先规定公司设立的要件并将这些要件作为公司设立的指导原则，任何人只要符合此种原则要求，具备法律规定的最低条件即可设立公司。这种制度使得公司设立更加灵活、简便，有利于公司与社会经济的发展需要。但是，这种原则下，仍有可能发生公司滥设的情况。因此，这一原则经历了从单纯准则主义到严格准则主义两个阶段。严格准则主义是指在公司设立时，除了具备法律规定的要件，还需符合法律规定的限制性条款，否则即应承担相应的法律责任。目前，世界各国普遍采用严格准则主义原则。

我国公司制度在《公司法》颁布之前实行严格的核准主义原则，公司设立均按照程序由政府审批。这种制度是计划经济的产物，不能适应社会主义市场经济发展的要求。《公司法》颁布以后，我国抛弃了单一的核准主义原则，实行的是准

---

❶ 张民安：《公司设立制度研究》，《商事法论集》2002年。
❷ 方流芳：《中西公司法律地位历史考察》，《中国社会科学》1992年第4期。

则主义与核准主义相结合的原则。

三、公司设立的程序

（一）有限责任公司设立的程序

绝大多数有限责任公司的设立主要采用准则主义，即除法律法规明确规定须经审批的外，只要具备有限责任公司的设立条件即可向公司登记机关直接办理注册登记。根据《公司法》规定，设立有限责任公司一般应经过如下程序：

（1）发起人发起。这是设立有限责任公司的预备阶段，由发起人明确设立公司的意向，并做出必要准备。如果发起人为多人的，发起人之间应签订发起人协议，以明确各发起人之间在公司设立阶段产生的权利与义务。

（2）制定公司章程。公司章程作为公司的内部"宪章"，应当由全体发起人共同商议起草，也可委托专业机构代理，并经全体股东共同通过方可生效。全体股东应当在公司章程上签名、盖章。

（3）认缴并及时缴纳出资。缴纳出资是股东取得股东资格及其蕴含股权的对价和前提。我国实行认缴制之后，并不要求有限责任公司的股东在设立时足额缴纳出资，只需要按照公司章程记载的出资额、出资时间、出资方式及时缴纳即可。理论上，认缴的出资额可以只有1元，但是公司运作需要资金支持，过低的注册资本会导致股东需另行对公司投入资金，并且会对交易相对方的交易意向造成不良影响。当然，认缴出资也不宜过高，以免在公司对外承担债务时，股东的有限责任过重。所以，即便是在法律未规定注册资本最低限额的情况下，公司仍应根据实际情况合理确定注册资本。

（4）聘请验资机构出具验资证明。验资证明是会计师事务所或者审计师事务所及其他具有验资资格的机构出具的证明资金真实性的文件。我国从注册资本实缴制向认缴制转变后，《公司法》删除了公司设立时强制验资的规定，但这并不意味着公司就不需要验资。股东不及时缴纳出资的，不仅应当向公司补足出资，还应当向已按期足额缴纳出资的股东承担违约责任。同时，公司的债权人还可依据瑕疵出资制度追究股东的债权清偿责任。因此，股东在实际出资后，宜委托验资机构验资并出具验资报告。

（5）申请设立登记。由全体股东指定的代表或者共同委托的代理人向公司登记机关报送公司登记申请书、公司章程等文件，申请设立登记。法律、行政法规规定需要经审批的，还需要提交批准文件。

（6）登记发照。公司登记机关对设立登记申请进行审查，对符合《公司法》规定条件的，予以登记，颁发营业执照。营业执照应载明公司的名称、住所、注册资本、实收资本、经营范围、法定代表人等事项。营业执照签发之日为有限责任公司成立之日，公司取得法人资格，开始对外开展生产经营活动。

（二）股份有限公司设立的程序

股份有限公司的设立分为发起设立与募集设立。发起设立的程序与有限责任公司的设立程序大体一致，在此不作赘述。募集设立分为公开募集与定向募集，此两种设立方式的共同点均为发起人认购公司发行股份总数的一部分，剩余股份向他人招募，故在此一并论述。

（1）签订发起人协议。股份有限公司发起人众多，签订发起协议十分必要。但因发起人众多，要想成功签署发起人协议，并非易事。

（2）起草公司章程。发起人认购的股份仅为公司股份总数的一部分，因此发起人并不享有公司章程的制定权。但是，发起人有义务备置公司章程草案，以备成立大会审议之用。

（3）制定招股说明书。招股说明书是向不特定的社会公众发出的认购股份的书面说明，该说明书在发出以前应当经国务院证券管理部门批准。

（4）向国务院递交募股申请。递交申请时，须同时报送《公司法》规定的相关文件，如公司章程、经营估算书、发起人的姓名、认购的股份数等。

（5）募股申请经国务院主管部门批准以后，发起人应公告招股说明书，并制作认股书。公告招股说明书时应该根据募集范围在相应的报纸杂志上予以公告。同时，发起人必须制作认股书，认股书应载明《公司法》所要求的内容，由认股人填写有关事项，如认购的股数、金额、认股人的住所等。

（6）发起人应当同依法设立的证券经营机构签订承销协议，并与银行签订代收股款协议。发起人募集股份，必须通过证券经营机构进行，且必须与银行签订代收股款的协议，由银行代为收取和保存认股人缴纳的股款。

（7）取得验资证明。《公司法》第八十九条规定，发行股份的股款缴足后，必须经依法设立的验资机构验资并出具证明。股份有限公司发行股份必须具备验资报告，此为法律规定的强制性义务。因此发起人在股款募足以后，必须聘请中立机构或专家出具证明文件，证明全部股份已经如数缴纳，该文件系申请公司注册的必备文件。

（8）召集由认股人组成的创立大会。股份有限公司应当在自股款缴足之日起三十日内主持召开公司创立大会。创立大会由发起人、认股人组成。创立大会的工作主要是选举董事会、监事会成员，审议发起人的募股情况，并作出设立公司与否的决定。

（9）申请设立登记。创立大会选举的董事会在创立大会结束后三十日内，应当向公司登记机关报送有关文件，申请设立登记。

（10）登记发照。以上所有程序完成之后，即可领取公司营业执照，具体内容与有限责任公司登记发照大体一致，此处不作赘述。

四、公司设立的方式

公司设立的方式基本分为两种，即发起设立和募集设立。

发起设立，又称"同时设立""单纯设立"等，是指公司的全部股份或首期发行的股份由发起人自行认购而设立公司的方式。采用发起设立方式的发行人必须认足首期发行的全部股份，不能只认购首期发行股份的一部分。有限责任公司和股份有限公司都可以采取发起设立的方式，公司资本由发起人全部认购，不向他人招募资本。发起设立方式对社会公众利益影响相对较小，成立后的公司股东也具有稳定性、封闭性等特点，比较适合中小型企业。

募集设立，又称"募股设立"或"渐次设立"，是指由发起人认购公司应发行股份的一部分，其余股份向社会公众公开募集或者向特定对象募集。因此，募集设立又可分为定向募集与社会募集两种形式。定向募集是指股份有限公司发行的股份除由发起人认购外，其余股份向其他法人发行，经过批准，也可以向公司内部职工发行部分股份。社会募集是指股份有限公司发行的股份由发起人认购外，其余股份向社会公众公开发行，本公司内部职工也可以公开认购一定比例的股份。采用募集设立的股份有限公司，公司的股份除由发起人认购外，其他法人甚至社会公众都可以参股，其股东人数比发起设立要多得多，承担的风险也相对分散。

由于募集设立的股份有限公司资本规模较大，涉及众多投资者的利益，故各国公司法均对其设立程序严格限制。为防止发起人完全凭借他人资本设立公司，损害投资者的利益，大多数国家都对发起人认购股份在公司股本总数中应占比例作出限制。根据我国《公司法》的规定，以募集设立方式成立的股份有限公司，发起人认购的股份一般不得少于公司股份总数的35%。

五、公司设立的要件

公司凭借其强大的适应能力和自我积累能力，已经成为主导市场经济的组织。公司制度的完善有利于我国社会主义市场经济的发展。我国目前实施的是准则主义与核准主义相结合的公司设立原则，且绝大部分有限责任公司的设立，都是采准则主义原则，在满足法律规定的设立条件下便可登记成立。

（一）实体条件

1. 资本

根据《公司法》第二十七条的规定，股东可以出资的形式包括货币、实物、知识产权、土地使用权等可以用货币估价并可以依法转让的非货币财产，在立法上将劳务排除在股东出资的形式之外。2014年颁布的《公司注册资本登记管理规定》第五条第二款明确规定了"股东或者发起人不得以劳务、信用、自然人姓名、商誉、特许经营权或者设定担保的财产等作价出资"，这些非货币财产均存在价值难以估量、无法有效转移的共性，不宜作为股东出资。

2015年《公司法》修订，已经取消了一般的有限责任公司与股份有限公司的法定最低注册资本金的要求。有限责任公司的注册资本为在公司登记机关登记的全体股东认缴的出资额，发起设立的股份有限公司的注册资本为在公司登记机关登记的全体发起人认购的股本总额。但是，对于特殊类型的公司，如银行、证券公司、信托公司等特殊行业，仍对注册资本最低限额作出了明确要求。❶

2. 发起人

公司的设立源于发起人的设立行为。发起人是有限公司和股份公司设立不可或缺的条件，自然人、法人、非法人组织等民商事主体均可作为公司设立时的发起人。国家也可以作为公司的发起人，具体由国有资产管理部门作为出资者代表而履行发起人职责。实务中，一般认为发起人在公司设立过程中的相互关系属于合伙性质的关系，其权利、义务、责任可以适用合伙的有关规定。发起人为设立公司以自己的名义对外签订合同，合同相对人有权请求该发起人承担合同责任，公司成立后对该合同予以确认或者已经实际享有合同权利或者履行合同义务的，合同相对人还可以要求公司承担合同责任；在公司因故未成立的情形下，债权人可以请求全体或者部分发起人对设立公司行为所产生的费用和债务承担连带清偿责任。承担清偿责任的部分发起人有权要求其他发起人按照约定的责任比例分担责任，没有约定责任承担比例的按照出资比例分担责任，没有约定出资比例的按照均等份额分担责任。

3. 公司章程

公司章程是关于公司组织与活动的基本规则，作为公司的"宪法"，在公司内部具有最高法律效力。国家对于章程的管制可以体现为两个方面：一方面是公司

---

❶《商业银行法》(2015修正)第十三条第一款："设立全国性商业银行的注册资本最低限额为十亿元人民币。设立城市商业银行的注册资本最低限额为一亿元人民币，设立农村商业银行的注册资本最低限额为五千万元人民币。注册资本应当是实缴资本。"《证券法》(2019修订)第一百二十一条第一款："证券公司经营本法第一百二十条第一款第（一）项至第（三）项业务的，注册资本最低限额为人民币五千万元；经营第（四）项至第（八）项业务之一的，注册资本最低限额为人民币一亿元；经营第（四）项至第（八）项业务中两项以上的，注册资本最低限额为人民币五亿元。证券公司的注册资本应当是实缴资本。"

章程必须在公司登记机关登记或者备案；另一方面是对章程条款的管制。公司章程记载的事项，基本都由法律加以规定。章程内容根据其地位和效力，学理上将其分为绝对必要记载事项、相对必要记载事项与任意记载事项。绝对必要记载事项缺少任何一项将导致章程无效；发起人自由选择记载于章程的相对必要记载事项，如记载，则发生章程内容的效力，如不记载，不影响章程效力；任意记载事项则在不违背法律法规和善良风俗的前提下，由当事人自行确定。

4. 公司的名称、组织机构和场所

作为自然人，在生活中通常具有代表自己身份标识的姓名和用于自己居住的场所。公司同样如此，在运作过程中也需要拥有自己的姓名、稳定的办公地点和办公机构。

首先，公司要有自己的名称。公司的名称相当于自然人的姓名，可以自由选用，但必须表明公司的种类。有限责任公司必须在公司名称中标明"有限责任公司"或"有限公司"字样，股份有限公司必须在公司名称中标明"股份有限公司"或"股份公司"。公司名称属于公司章程绝对必要记载事项，也是公司登记事项之一。

其次，公司必须具有完备的组织机构。公司作为法人并无自然实体，必须设立公司机关以决定和实施公司的意志。健全的组织机构是公司法人意志得以实现的组织保障，它包括公司的权力机构、执行机构和监督机构。我国的有限责任公司与股份有限公司在组织机构的设置上大体一致，但略有差异，主要表现为前者显具灵活性，而后者显具规范性。

最后，公司要有自己的经营场所，它是公司实现其设立目的所实施经营的地方。另外，公司还应当有自己的住所，公司的住所是公司主要办事机构所在地，一个公司只有一个住所，并应当在公司登记机关的辖区内。公司的住所不同于公司的经营场所，公司经营场所是公司开展业务活动、经营活动的场所，经营场所可以有多个，但公司住所只有一个。

（二）程序要件

公司设立作为一种法律行为，还需依据一定的程序方能完成。公司登记申请的审查制度根据各国的立法模式可以分为形式审查制、实质审查制与折衷审查制。形式审查制中，登记机关只对申请文件进行形式上的审查，对文件的真实性不作实质上的调查与核实。实质审查制中，登记机关除形式审查外，还要对登记事项的真实性进行实质审查。折衷审查制是登记机关对公司登记事项有实质审查的职权，但没有必须进行实质审查的义务。现代社会中，公司数量众多，设立情形纷繁复杂，登记机关实难调查与核实，故很多国家不采实质审查方式，我国也渐由实质审查转为折衷审查。

第二节　设立中的公司

公司成立并非一蹴而就，须经一定的设立过程。在此期间，公司展示出一种具有过渡性特征的社团状态，即设立中的公司。设立中公司是指自发起人制定公司章程时开始至公司完成设立登记之日前的公司雏形。[1] 设立中公司对公司的成立具有决定性意义，其法律问题的核心在于既要保证以设立中公司名义进行的行为不能损害拟成立公司的利益，又须保证设立中公司能够参与民事活动。故此问题的解决牵涉众多法理命题。

一、设立中公司的法律地位

设立中公司的法律地位的认定，是解决公司设立行为的性质认定和设立失败后责任承担问题的依据和基础。然而，对于设立中的公司能否作为独立的民事主体，享有相应的民事权利和民事行为能力，学界众说纷纭。

（1）无权利能力社团说。《德国股份公司法》第41条规定："在商业登记簿登记注册前以公司名义进行商业活动者，由个人承担责任；如果是几个人进行商业

---

[1] 刘俊海：《现代公司法》，法律出版社2008年版，第118页。

活动，他们作为总债务人来承担责任。"该说认为，设立中的公司连社团法人都不是，其性质应属无权利能力社团，不具有任何权利能力，无法成为任何法律关系的主体。

（2）同一体说。此说认为设立中公司与成立后的公司乃同一法律现象，两者是形成同一团体的不同发展阶段。正如腹中胎儿与产后的婴儿为同一体，设立中的公司与成立后公司也为同一体。因此，设立中公司在必要范围内为公司成立而实施的设立行为的后果应直接归属于成立后的公司。同一体说混淆了设立中公司与成立后公司间的法律界限，毕竟设立中公司仅是过渡性实体，如果将成立后公司享有的权利能力广泛地应用于设立中公司，势必造成设立前后的公司在法律上难以区分的局面。

（3）具有自身特性的非法人团体说。该说主张设立中公司未经登记而不具有法人人格，应属于非法人团体，但从民事能力理论出发，设立中公司拥有发起人或股东出资后所形成的相对独立的财产，因而能够承担一定责任的民事责任，建立相应的组织机构后，已具有行为能力和意思能力，能够以团体的意思表示实施一定行为，从而认定设立中公司是一种具有自身特性的非法人团体。

（4）合伙说。在法人与自然人之外的"其他组织"中，设立中的公司更接近于合伙企业的特点，可以将其视为"准合伙组织"，公司的全体发起人均为合伙人。但与其他合伙不同的是，设立中公司这一合伙仅是为了设立公司而存在，而非以专门从事一定民商事活动为目的。将设立中的公司视为准合伙组织，有助于在《公司法》缺乏明文规定的情况下，厘清发起人之间、发起人与设立中公司之间，以及发起人与第三人之间的权利义务关系。笔者较赞同该理论观点。即使是将设立中的公司视为合伙组织，也依然可以认为公司在设立阶段具有一定的权利能力与行为能力。从实务中关于设立中公司的责任承担问题来看，其处理结果也更接近于合伙组织责任承担的方式。

二、设立中公司的权利能力和行为能力

设立中的公司是否具备民事权利能力和民事行为能力呢？承前所述，设立中

的公司具有一定的权利能力和行为能力，具有有限的法律人格。公司权利能力的取得，取决于公司全部民事能力的状况。发起人依法订立有效的设立协议，成立设立中的公司，独立拥有出资人的财产，有拟设立公司的名称、组织机构、设立场所，在公司设立的过程中以自己的名义从事设立公司的活动，具有相对的独立性。实践中，设立中的公司确实能够从事一定范围的民事活动，如在银行开立临时账户，将出资缴入账户，对实物、工业产权、土地使用权等出资依法办理财产权的移转手续等。设立中公司的行为能力与其权利能力的范围相同，其行为的实施者是其机关，设立中公司的机关主要有发起人、董事、监事、创立大会等。

当然，对设立中公司的权利能力和行为能力的认识，还应当注意以下问题：

第一，设立中公司的权利能力受到法律的特殊限制，只能以自己的名义对外发生法律关系，不能使用法人的名称、以法人名义从事经营活动。

第二，设立中公司存在的目的是设立公司，不具有除为设立公司所必要的行为以外的行为能力，因此在设立期间所从事的活动应当与设立内容有关，如进行基础建设、招募人员、发布广告、准备相关文件材料进行核准登记申请等。

三、设立中公司的责任承担

设立中的公司虽然具有一定的民事权利，但缺乏独立的财产，无法独立地承担民事责任。关于设立中公司的责任承担问题，有两种不同的学说：第一种是"自然转移说"。该说认为设立中公司建立的权利义务自然移转给成立后的公司，而无须履行特别移转手续。第二种是"批准认可说"。美国法律规定了设立中公司的权利和义务只有经成立后公司的权力机关批准认可后才能移转给成立后的公司，如未被批准认可，则由发起人承担。法国公司法亦规定设立人为公司行事的，设立人对这些债务负有无限连带责任，除非公司在成立和注册后接管这些义务。

"自然转移说"可以维持公司成立前后法律关系的稳定性和连续性，强调保护与设立中公司从事民事活动的相对方的合法权益，但不加区分地将公司设立过程中的一切权利义务划归成立后的公司，加重了成立后公司的责任。"批准认可说"侧重对成立后公司的保护，忽略了设立中公司与成立后公司之间存在的客观联系，弱化了对相对方的权益保护，尤其加重了公司发起人的责任。

在前述两种学说之外，有学者提出了"折衷说"，即设立中公司在设立范围内进行的民事活动所产生的民事法律关系当然地、不附加任何条件地由成立后的公司承继，而对于其在设立范围外进行的民事活动所产生的民事法律关系，则只有经成立后的公司承认才发生权利义务的转移，否则相应的法律后果应由公司的设立者或设立机构承担。"折衷说"恰当地兼顾了发起人与其他民事主体的利益，为我国立法者所采用。

（一）发起人以自己的名义实施法律行为的责任承担

发起人在设立公司的过程中，可能以自己的名义对外实施法律行为，因为交易相对方往往并不信任设立中公司的主体地位，要求与发起人直接签订合同。此时，发起人的行为是否履行了公司设立的职责，便直接影响其责任的承担。

（1）当发起人所实施的行为并非为履行公司设立之职责时，此时所产生的法律后果应当由其自行承担。设立公司是发起人的重要职责，也是发起人协议的目的所在，如果发起人的行为与该职责无关，则只能认定为发起人的个人行为，应由发起人自行承担相应的法律后果。

（2）若发起人所实施的行为系以自己的名义履行公司设立之职责，则表明发起人的主观目的系促成公司之成立，此时将产生债权人对该行为所产生的法律后果的选择权。《公司法解释（三）》第二条规定："发起人为设立公司以自己名义对外签订合同，合同相对人请求该发起人承担合同责任的，人民法院应予支持。公司成立后对合同相对人请求公司承担合同责任的，人民法院应予支持。"这里债权人的选择权亦载明在《民法典》第七十五条第二款之中。❶

但债权人在行使选择权时应当注意以下两点：（1）公司成立后承担责任的前提是公司确认该合同抑或已经实际享有合同权利或者履行合同义务；（2）债权人享有的是选择合同相对人的权利，并且合同相对人一经选定，发起人或者公司承

---

❶ 《民法典》第七十五条："设立人为设立法人从事的民事活动，其法律后果由法人承受；法人未成立的，其法律后果由设立人承受，设立人为二人以上的，享有连带债权，承担连带债务。设立人为设立法人以自己的名义从事民事活动产生的民事责任，第三人有权选择请求法人或者设立人承担。"

担责任后，不得再行变更。赋予债权人选择权是对债权人的保护，债权人可以选择偿还能力较强的相对人，但是如果可以随意变更合同相对人，势必导致合同关系处于不确定状态，不符合立法目的。

（二）发起人以设立中公司的名义实施法律行为的责任承担

发起人以设立中公司的名义与其他民事主体创设债权债务关系，若公司有效成立，这种债权债务原则上由成立后的公司当然继受，与发起人无关，债权人无权要求发起人承担责任。但是，当发起人为自己的利益而以设立中公司的名义实施法律行为时，成立后的公司则不需要为发起人的私利"买单"，除非相对人是善意的。

（三）公司设立失败时的责任承担

公司设立存在成功与失败两种归宿。导致公司设立失败的原因多种多样，最常见的有因发起人过错导致未能成立、因发起人意志以外的原因导致未能成立、所有出资人协商一致不再设立公司导致未能成立。但无论何种原因导致公司设立失败，都应当妥善处理设立过程中产生的债权债务。

由于发起人之间的准合伙关系，在公司设立失败时，发起人对于债务的承担亦可参照合伙组织中合伙人承担债务的方式。就对外关系而言，公司设立失败时，全体发起人需要对设立中公司的债务承担无限连带清偿责任。就对内关系而言，发起人在对外承担债务后，可以根据发起设立协议确定的债务负担比例对其他发起人进行追偿；若未约定债务负担比例的，可以按照发起人之间约定的出资比例确定债务分担比例；没有约定出资比例的，按照均等份额承担债务。

四、法律风险案例及分析

案例一：杜某与重庆市某某美娱乐文化有限公司、文某合同纠纷案

案情介绍：2012年12月25日，重庆市渝中区某某恒音响经营部（以下简称某某恒经营部）与重庆市某某美娱乐文化有限公司（以下简称某某美公司）签

订《合同书》。合同书约定，由某某恒经营部承担某某美公司音响系统工程的设计、设备、安装、调试、售后服务等，工程合同款为62万元；付款方式为合同签字之日即付给定金20万元，货到现场付给34万元，余款8万元在某某美公司开业贰个月内分2次付给某某恒经营部及某某美公司每月付给某某恒经营部贰万元整（余款中含贰万元现金消费券）；如某某恒经营部未能履行协议约定的责任和义务，将被处以销售总额的50%违约金，如某某美公司未能履行协议约定的责任和义务，亦被处以销售总额的50%违约金。合同还约定了其他事项。该合同甲方为某某美公司，地址为重庆市九滨路，文某（某某美公司法定代表人）在甲方签字处签字。合同签订后，某某恒经营部按合同约定履行了其设计、安装等义务。某某美公司在支付了定金及货到现场付款共计40万元后，未支付剩余款项。2013年12月19日，文某向某某恒经营部出具了《重庆美美会娱乐文化会所账务明细》，载明：2012年12月25日签订的音箱设备合同总金额为62万元；已付款小计40万元；未付款明细如下：定金尚欠5万元，货到现场尚欠9万元，开业2个月内分2次应付共计8万元，未付款小计22万元。2013年12月23日，某某美公司成立，法定代表人为文某，住所地为九龙坡区九滨路3号，经营范围为歌厅（包房27个）、预包装食品零售等。其后，某某美公司一直未付清22万元欠款。某某恒经营部遂诉至法院，要求某某美公司与文某连带支付所欠货款本金22万元，违约金124000元，共计人民币344000元。

案例索引：（2015）中区法民初字第00677号

裁判要点： 根据《最高人民法院关于适用〈中华人民共和国公司法〉若干问题的规定（三）》第三条规定："发起人以设立中公司名义对外签订合同，公司成立后合同相对人请求公司承担合同责任的，人民法院应予支持。公司成立后有证据证明发起人利用设立中公司的名义为自己的利益与相对人签订合同，公司以此为由主张不承担合同责任的，人民法院应予支持，但相对人为善意的除外。"

本案《合同书》明确载明甲方为："重庆市某某美娱乐文化有限公司"。签订《合同书》时，某某美公司正在设立中，文某的签字属于发起人以设立中公司名义对外签订合同。其后某某美公司亦已成立，本案也无证据证明文某是为自己的利益与某某恒经营部签订合同,故本案应由成立后的某某美公司承担合同责任,某某美公司对此亦无异议。原告某某恒经营部对被告文某的诉请,没有事实及法律依据。

裁判结果: 法院判决重庆市某某美娱乐文化有限公司在判决生效之后立即支付原告重庆市渝中区某某恒音响经营部22万元。但是,法院驳回了了原告关于要求文某承担连带责任的诉讼请求。

笔者点评: 该案中,某某恒经营部与文某签订的《合同书》中明确载明甲方为某某美公司,但是,双方签订《合同书》时,某某美公司正在设立中,文某的签字属于发起人以设立中公司名义对外签订的合同。某某美公司成立后,合同责任应由成立后的某某美公司承担。因此,原告某某恒音响经营部请求被告文某共同承担合同责任,法院未支持。

实践中,发起人在公司设立阶段对外签订合同,一定要注意使用的主体,明确签订合同的目的。在拟设立公司正式成立后,建议由合同相对人、发起人、公司三方就之前签订的合同签署补充协议,明确约定承担责任的主体。

案例二: 上海某泰贸易有限公司与上海某某迪酒店管理有限公司、袁某等买卖合同纠纷一案

案情介绍: 2012年8月25日,被告袁某以设立中的上海某某华娱乐有限公司(以下简称某华公司)名义与原告上海某泰贸易有限公司(以下简称某泰公司)签订协议书一份,约定由某泰公司向某华公司提供酒类饮料,某华公司于每月25日结清上月货款。该协议书同时约定在合同期内:(1)某华公司向某泰公司借款人民币11.5万元,该款项从某华公司的销售奖励中逐步归还,如奖励款不够归还借款,由某华公司以现金方式归还;(2)某华公司完成麒麟纯真味小瓶啤酒3600箱销售量任务,某泰公司奖励其10万元;(3)某华公司采购红葡萄酒4000瓶,某泰公司支付其销售奖励4万元等内容。

协议书签订后,某泰公司向某华公司供应各类酒品合计货款125 711元,按协议书内容向某华公司支付借款11.5万元及奖励款9万元,合计20.5万元。但某

华公司仅经营三个月，支付货款9982元，未完成销售指标。且某华公司至今未取得营业执照，被告袁某、刘某军是某华公司的发起人，被告上海某某迪酒店管理有限公司（以下简称某某迪公司）是某华公司的实际发起人。

某泰公司诉称，依据《最高人民法院关于适用〈中华人民共和国公司法〉若干问题的规定（三）》第四条的规定，被告袁某、刘某军作为某华公司的发起人与实际发起人被告某某迪公司应当承担共同还款责任，故诉请法院判令三被告返还某泰公司借款11.5万元、奖励费88251.11元；支付某泰公司货款115729元及利息损失4050.52元（从2012年12月26日起按银行贷款利率6%计算至判决生效日止，暂计算至2013年7月25日）；赔偿某泰公司律师费15600元；承担本案诉讼费。

被告袁某辩称，其确实经办与某泰公司签订了协议书，但其仅是某华公司的名义发起人，实际发起人是被告某某迪公司，故应由被告某某迪公司承担本案责任。

被告刘某军辩称，其与被告袁某都是某华公司的筹建人，其持股20%，被告袁某持股80%，被告袁某持股中有代被告某某迪公司持股的情形。某华公司与某泰公司签订协议书属实，某泰公司支付给某华公司的20.5万元支票是其经手的，但其已将该支票交给被告某某迪公司的股东殷某，后殷某将该支票解入被告某某迪公司。某华公司从某泰公司处进货也属实，但具体的数目、用途其并不清楚。某华公司虽然没有设立成功，但实际经营了一段时间，自2012年7月底至9月初，由其负责日常经营，之后由殷某负责经营至2012年底，从某泰公司处购入的货物应该已在经营中消耗。

案例索引：（2013）浦民一（民）初字第30389号

裁判要点： 法院认为，本案系争买卖关系发生在某华公司设立期间，之后某华公司未能完成公司设立登记手续，属于公司未成立。对于公司因故未成立的民事责任问题，《最高人民法院关于适用〈中华人民共和国公司法〉若干问题的规定（三）》[以下简称《公司法司法解释（三）》]第四条作出了规定：公司因故未成立，债权人请求全体或者部分发起人对设立公司行为所产生的费用和债务

承担连带清偿责任的,人民法院应予以支持。就本案如何适用该条款,涉及以下问题:

第一,某华公司的经营行为是否属于设立公司行为。首先,《公司法司法解释(三)》第四条规定的"费用和债务",系限制在必须是因设立公司行为所产生的费用和债务。凡是与设立公司行为无关的,应当由作出该行为的发起人承担责任。其次,审判实践中遇到的设立公司行为分必要行为和非必要行为,但《公司法司法解释(三)》规定的设立公司行为没有区分必要行为和非必要行为。本案中某华公司在预先核准的公司名称保留期内与原告签订协议书,在一定时期内向原告购买经营所需的酒类饮料,应当认定是某华公司的经营行为,这并不属于设立公司的必要行为。但无论是设立公司的必要行为还是非必要行为,均属于设立公司行为。因此,某华公司在成立之前以自己的名义与原告进行买卖交易,属于《公司法司法解释(三)》规定的设立公司行为。

第二,某华公司与原告签订协议书的法律效力。《公司法司法解释(三)》没有规定设立中公司行为(特别是非必要行为)的法律效力问题,而《公司法司法解释(三)》第四条规定的"费用和债务"的范围确认会涉及对设立中公司行为的法律效力判定。对此,法院结合其他相关法律法规予以判定。虽然《中华人民共和国公司登记管理条例》第十九条规定预先核准的公司名称在保留期内不得用于从事经营活动,但其调整的对象是主体资格,立法的目的仅仅是管理需要,不涉及国家利益和社会公共利益,故应看作是管理性强制性规范。又根据《最高人民法院关于适用〈中华人民共和国合同法〉若干问题的解释(二)》的规定,只有违反法律、行政法规的效力性强制性规定,合同才无效。因此,本案某华公司在设立过程中与原告签订买卖合同应认定有效,其所引发的合同之债应属于因设立公司行为所产生的债务。

第三,因设立某华公司所产生的债务认定。上述已经阐明本案系争的协议书有效,在此基础上,法院根据查明的事实对某华公司的债务范围逐一认定。首先,原告主张其支付某华公司的20.5万元系包括合同约定的11.5万元借款、麒麟真味小瓶啤酒销售奖励款5万元、红酒销售款4万元,因原告支付该款项的时间、金额与合同约定的相关款项支付时间、金额吻合，且到庭的被告袁某、刘某军作为经办人也未提出异议，故法院予以确认。其次，根据合同约定，原告为支持华鼎宫的经营活动而向某华公司出借的11.5万元款项，某华公司应当在取得的相关销售奖励款中逐步归还；原告预先向某华公司支付的啤酒、红酒奖励款9万元，某华公司应完成一定的销售量，否则原告有权要求某华公司按完成比例将多余销售奖励款退回。现某华公司未完成合同约定的全部销售量，原告要求归还借款和相应奖励款应予以支持。再次，某华公司购货后未依约结清货款，故原告主张货款及逾期付款的利息损失也应予以支持。最后，因律师费在性质上属于财产利益，应当作为经济损失，现系合同约定了律师费，且原告主张的律师费金额也符合相关标准，没有超过违约方应当预见的范围，故法院对原告的这一诉讼请求也予以支持。此外，原告在庭审结束后放弃主张红酒进场费2万元的诉讼请求，系原告自行处分自己的民事权利，法院予以准许。

第四，某华公司名义发起人和实际发起人的责任承担。首先，某华公司在设立过程中仅取得了预先核准的公司名称，尚未进入递交公司章程等文件的申请设立程序，但某华公司的预先核准名称通知书上已经载明了被告袁某、刘某军系投资人身份，该两被告并以某华公司股东名义在相关证明上签字，故依法应认定该两被告系某华公司发起人身份。其次，被告袁某辩称其仅是某华公司的名义发起人，实际发起人为被告某某迪公司，有相关证明为证，被告刘某军作为某华公司的另一发起人也予以确认，故法院予以采信。虽然被告袁某是某华公司的名义发起人，但被告袁某的发起人身份已经在公司登记机关公示，其与被告某某迪公司之间的借名行为不能对抗善意第三人，故被告袁某作为名义发起人仍然不能免除相应责任。再次，在公司设立阶段，各发起人之间的关系性质上属于合伙关系。因被告刘某军作为某华公司的发起人，知道被告袁某是名义发起人，也知道实际发起人是被告某某迪公司，为此并未与被告某某迪公司签订相关证明，故应当认定被告刘某军与被告某某迪公司也存在合伙关系。由此，三被告应共同对某华公司的债务承担连带清偿责任。法院注意到，原告对三被告的责任请求是共同责任，但考虑到其主张的法律依据是《公司法司法解释（三）》第四条即连带责任的规定，且本案中针对三被告的是同种诉请，此时三被告的共同责任与连带责任的法律后果等同，故法院根据法律规定判令三被告承担连带清偿责任。

裁判结果： 被告袁某、刘某军、上海某某迪酒店管理有限公司应于判决生效之日起十日内连带清偿原告上海某泰贸易有限公司借款11.5万元、奖励费88251.11元、货款115729元、逾期付款利息（以115729元为基数，自2012年12月26日起至判决生效之日止，按照中国人民银行规定的同期同类贷款利率标准计算）、律师费15600元。

笔者点评： 本案中，被告袁某系某华公司的名义发起人，被告某某迪公司系实际发起人，另一发起人被告刘某军也知晓被告袁某及某某迪公司的身份，就设立中公司内部而言，三被告作为发起人的身份是公开的，虽然某华公司的经营行为为非必要行为，但不影响三被告合伙关系的形成。因此，在某华公司设立失败时，公司设立过程中签订合同所产生的责任应当由发起人被告刘某军、名义发起人被告袁某、实际发起人被告某某迪公司承担连带清偿责任。

第三节　公司的分支机构

公司的发展促进了经济的繁荣，但若仅在单一固定地点开展公司业务，势必会阻碍公司的成长。当一家公司发展到一定规模后，为了扩展业务，扩大销售范围，往往会通过设立分支机构的方式在各个地区开展经营。事实上，分支机构可分为由法人设立的分支机构与由非法人设立的分支机构，本章主要对由法人设立的分支机构进行介绍。

一、法人分支机构概述

法人分支机构（branch of legal person），是指法人在某一区域设置的完成法人部分职能的业务活动机构。❶分支机构在不同的企业或行业有不同的名称，如在

---

❶ 江平：《法人制度论》，中国政法大学出版社1994年版，第101页。

公司则称为分公司,在工厂则称为分厂,在商业门店系统则称为分店,在银行系统则称为分行或支行等。从法人分支机构的定义来看,法人分支机构具有从属性、区域性与职能性三个特点。

(一) 从属性

法人分支机构在外部形态上通常与法人组织相似。例如,作为法人的业务机构,它同样须经工商核准登记才能开展业务,它有自己的名称和组织机构,也有可供自己支配的一定财产。尽管如此,依然无法改变法人分支机构从属性的特征。法人分支机构的从属性一般体现在以下几方面:第一,它的设立是由法人决定并申请登记的;第二,它只能实现法人宗旨,并在所属法人业务范围内经核准登记进行活动;第三,它无法决定自己的管理人员,而是由法人指派;第四,它没有完全独立的财产;第五,它的名称必须冠以所属法人的名称,体现隶属关系;第六,它一般无法独立承担民事责任,需由所属法人承担。

(二) 区域性

分支机构与所属法人、分支机构与分支机构之间在地理位置上通常相隔一定距离,以避免覆盖范围的冲突,区域性故由此显现。可以说,区域性是法人分支机构的固有特性,若无区域性,法人分支机构便无存在的必要。法人分支机构在一定区域内进行业务活动,一般不会超越其特定的区域,它的区域在其营业登记中予以确定。

(三) 职能性

法人分支机构属于法人的组成部分,然而它又不同于法人的一般组成部分,法人分支机构能够独立执行法人职能,即能够在一定范围内从事业务活动。法人的分支机构不同于法人的一般科、部门、车间。后者虽是法人的组成部分,但却不是分支机构,只有那些法人中能够执行一定法人职能、从事一定民事活动的组成部分,才能称作法人的分支机构。

二、法人分支机构的法律地位

简言之，民事主体地位是指民事主体享有权利和承担义务的资格。法人享有民事主体地位毋庸置疑，法人的分支机构同样以自己的名义从事民事活动，但对于其是否同样具有民事主体地位，学理上目前主要有"否定说"与"肯定说"。

"否定说"认为，分支机构是法人的组成部分，分支机构的行为就是法人的行为，分支机构的财产就是法人的财产，分支机构的责任由法人承担，故其无独立民事主体资格。具体性质界定上存在"特殊机关说""代理机构说"等。"特殊机关说"认为，分支机构不是民事主体，而是与股东会、董事会、监事会一样，是公司机关的一种，只不过是公司的特殊机关。❶"代理机构说"认为，分支机构为所属法人的机构代理人，实施的是代理行为。

"肯定说"认为，分支机构属非法人组织，它有自己的名称、有相对独立的财产或经费、有自己的组织机构，具备团体性要件，具有民事主体资格。而在具体定性问题上又存在"具体民事主体说""限定性（相对独立）民事主体说"等。"具体民事主体说"认为，分支机构虽非法定民事主体，但其有权以自己名义从事各种民事活动，为具体民事主体。❷"限定性民事主体说"认为，分支机构可以在法人授权范围内从事民事活动，具有限定性民事主体资格。❸

分支机构在名称、财产、意志与责任等方面具有一定的独立性，因此厘清这些问题，有利于我们理解分支机构的主体地位。

（一）分支机构的名称

我国立法确实使用了分支机构可以以"自己的名义"从事民事活动的表述，新颁布的《民法典》也予以沿用，但这并不能成为分支机构具有民事主体性的理由。

第一，名称与名称权为两个不同概念。名称是民事主体的称呼，其作用在于

---

❶ 付家东：《论分公司的法律地位》，《湘潭师范学院学报（社会科学版）》2005年第3期。
❷ 江平：《法人制度论》，中国政法大学出版社1994年版，第108–109页。
❸ 李乐平、谢沁：《论法人分支机构》，《怀化学院学报》2003年第4期。

区别主体，性质上为民事主体人身之一部分，并归属于一定主体。名称权则是主体以自己的名称为客体之支配权，性质上为一种人格权。名称权是主体特别人格权的一种，只有主体才有名称权。

第二，分支机构并非拥有独立名称。分支机构的名称与法人的名称实际同一，分支机构的名称应当"冠以其所从属企业的名称，并缀以'分公司''分厂''分店'等字词"。❶ 分支机构名称的附属部分虽然在形式上与法人的名称存在一定差异，但此种附属部分仅为"不实用的附属部分"，并不意味着它是区别于法人名称的独立名称。

（二）分支机构的财产

对于分支机构的财产可以从两个方面来考察，一是分支机构财产所有权的归属，二是分支机构财产支配权的界定。持肯定说的学者认为，分支机构拥有法人授权处分的财产或归其支配的财产，应当赋予其主体资格。其一，这种观点陷入了循环论证的错误，其"拥有法人授权处分的财产或归其支配的财产"的论据实际上系建立在"法人分支机构为民事主体"的逻辑预设之上。而民事理论的一般原理是：民事主体这一概念是一个中性术语，学理上人们将其视为权利义务的一个归属点。因此逻辑上首先应当存在一个权利义务的归属点，然后才讨论具体的权利义务归属问题。其二，法人分支机构即使存在一定的财产，但其对这些财产并不拥有完整的处分权和支配权，更无法享有所有权。法人对其名下财产享有独立的所有权，而所有权是排他权，不能被分享。如果承认分支机构为其财产的归属主体，等于是承认分支机构也作为一个"法人"与法人对法人的财产共有一个所有权。❷ 因此，分支机构尽管对财产享有一定的支配权与处分权，但并不享有完整独立的所有权。

---

❶ 《企业名称登记管理规定》（2020年修订）第十三条："企业分支机构名称应当冠以其所从属企业的名称，并缀以'分公司''分厂''分店'等字词。境外企业分支机构还应当在名称中标明该企业的国籍及责任形式。"

❷ 江必新、何东宁等：《最高人民法院指导性案例裁判规则理解与适用（公司卷）》，中国法制出版社2015年第2版，第20页。

（三）法人、法人分支机构以及分支机构负责人之间的关系

就法人与分支机构负责人之间的关系而言，依据德国代理法之抽象原则，分支机构负责人与法人之间存在两种关系：一是基于雇佣或委任合同所产生的法律关系，二是基于代理权授予行为而产生的代理关系。雇佣（委任）关系说认为分支机构负责人是从事脑力劳动的管理职员，与普通劳动者无异。代理关系说则认为，法人分支机构负责人性质上应为法人的代理人或经理人，而非分支机构"本身"的代理人或经理人。虽然分支机构负责人是以分支机构的名义对外开展民事活动，但仍是为法人事业之目的而行为，其法律责任最终都无法与法人脱离关系。其实前述的任一学说，均没有否认分支机构负责人与法人之间产生的直接关系，尤见于代理关系说。由此，分支机构与分支机构负责人只存在对内关系，负责人作为管理者对分支机构进行行政管理，但其对外开展的民事活动却是以法人代理人的身份进行。

（四）分支机构的民事责任归属

《民法典》第七十四条第二款规定："分支机构以自己的名义从事民事活动，产生的民事责任由法人承担……"法人的分支机构不具有独立的主体资格，不能独立承担民事责任，分支机构从事民事活动所产生的民事责任应由其设立公司承担。其法理依据在于：基于法人分支机构负责人"代理关系说"分析，负责人以分支机构名义对外从事活动所产生的责任应由作为被代理人的法人承担，因此分支机构的责任，其实是法人的责任。分支机构作为法人的组成部分，以法人名义所负之责任，也应当可以由分支机构中的财产偿还。

虽然可以明确是由法人承担分支机构的责任，但承担的究竟是直接责任、补充责任抑或是连带责任？在实务中存在争议。

第一种观点认为，法人承担的是直接责任，即相对人可不向分支机构主张权利，而直接要求法人承担责任。

第二种观点认为，法人承担的是补充责任，即相对人应首先向分支机构主张权利，如分支机构的财产不足以清偿的，才可以要求法人承担民事责任。

第三种观点认为，法人承担的是连带责任，即分支机构所应承担的责任，应该与法人一并连带责任，可以同时向分支机构与法人一起主张要求二者承担连带责任。

笔者认为，法人承担的既有直接责任也有补充责任，但并不是与分支机构共同承担连带责任。《民法典》第七十四条赋予了相对人以选择权，其可以直接要求法人承担，也可以要求以该分支机构管理的财产先行承担，不足以承担的，再由法人承担补充责任。

实践中，相对人如果仅起诉分支机构，因为分支机构具有诉讼主体资格（后文详述），此时法院也无需追加法人为共同被告，可以仅判决分支机构承担责任。在进入到执行阶段后，如发现分支机构不具有清偿能力的，可以根据最高人民法院《关于民事执行中变更、追加当事人若干问题的规定》第十五条的规定，申请追加公司作为被执行人进行执行。❶

三、法人分支机构热点问题分析

（一）法人分支机构有无诉讼主体资格

诉讼主体资格是指以自己的名义参加诉讼活动，享有诉讼权利和承担诉讼义务，有权进行使诉讼程序发生、变更或消灭的诉讼行为的资格。❷法人分支机构不具有民事权利能力，并不表示其不具有民事诉讼的主体资格。承认法人分支机构的诉讼主体资格，便利当事人对分支机构的诉讼，提高诉讼效率。

但是，在赋予法人分支机构诉讼主体资格的同时，不得不面临民事主体资格与诉讼主体资格的分离所带来的法人分支机构责任能力不足的缺陷。❸对此，比较

---

❶《最高人民法院关于民事执行中变更、追加当事人若干问题的规定》（2020 修正）第十五条："作为被执行人的法人分支机构，不能清偿生效法律文书确定的债务，申请执行人申请变更、追加该法人为被执行人的，人民法院应予支持。法人直接管理的责任财产仍不能清偿债务的，人民法院可以直接执行该法人其他分支机构的财产。作为被执行人的法人，直接管理的责任财产不能清偿生效法律文书确定债务的，人民法院可以直接执行该法人分支机构的财产。"

❷ 江伟：《民事诉讼法》，高等教育出版社 2000 年版，第 45 页。

❸ 张燕、仲伟珩：《法人分支机构的权限和责任》，《人民司法（应用）》2017 年第 28 期。

法上发展出来两种做法：一种是必要共同诉讼的方法。将法人与法人分支机构列为共同被告，由法人、法人分支机构承担连带责任或者补充责任。二是间接扩张判决既判力主管范围的方法。即便在法人分支机构单独作为被告的情况下，在该法人分支机构不能承担责任时，则可以扩张该判决的既判力范围并及于法人。

根据《民事诉讼法》第四十八条第一款与《民事诉讼法司法解释》第五十二条、第五十三条的规定，法人分支机构可以以自己的名义参加诉讼，自不待言。❶法人依法设立并领取营业执照的分支机构具备民事诉讼主体资格，当分支机构不是依法设立的，或者虽依法设立但没有领取营业执照时则可将法人作为当事人。

（二）法人分支机构能否作为保证人对外提供担保

担保是保护债权人实现债权而采取的重要法律保障措施，而担保有效则是债权人兑现债权的前提。法人分支机构原则上不能对外提供担保，但若经过法人的书面授权，可以在授权范围内提供保证。

根据《民法典有关担保制度的解释》第十一条规定，公司的分支机构未经公司股东（大）会或者董事会决议以自己的名义对外提供担保，相对人请求公司或者其分支机构承担担保责任的，人民法院不予支持，但是相对人不知道且不应当知道分支机构对外提供担保未经公司决议程序的除外。金融机构的分支机构在其营业执照记载的经营范围内开立保函，或者经有权从事担保业务的上级机构授权开立保函，金融机构或者其分支机构以违反公司法关于公司对外担保决议程序的规定为由主张不承担担保责任的，人民法院不予支持。金融机构的分支机构未经金融机构授权提供保函之外的担保，金融机构或者其分支机构主张不承担担保责任的，人民法院应予支持，但是相对人不知道且不应当知道分支机构对外提供担保未经金融机构授权的除外。担保公司的分支机构未经担保公司授权对外提供担

---

❶《民事诉讼法》（2017 修正）第四十八条第一款："公民、法人和其他组织可以作为民事诉讼的当事人。"《最高人民法院关于适用〈中华人民共和国民事诉讼法〉的解释》（2022 修正）第五十二条："民事诉讼法第五十一条规定的其他组织是指合法成立、有一定的组织机构和财产，但又不具备法人资格的组织，包括……（五）依法设立并领取营业执照的法人的分支机构……"第五十三条："法人非依法设立的分支机构，或者虽依法设立，但没有领取营业执照的分支机构，以设立该分支机构的法人为当事人。"

保,担保公司或者其分支机构主张不承担担保责任的,人民法院应予支持,但是相对人不知道且不应当知道分支机构对外提供担保未经担保公司授权的除外。公司的分支机构对外提供担保,相对人非善意,请求公司承担赔偿责任的,参照本解释第十七条的有关规定处理。

可见,法人分支机构未经书面授权对外提供保证的,保证无效;因超出授权范围提供保证的,超出部分无效。同时,法人对保证无效具有过错的,还应当承担相应的赔偿责任。关于法人分支机构保证合同的效力和法律责任承担问题,法律一方面规定未经书面授权的法人分支机构没有保证资格,所签保证合同无效,另一方面对因保证无效产生的责任,又要求法人承担赔偿责任。这种不合理的规定,将无法避免地导致分支机构通过无效担保向法人转嫁债务的情形出现。

(三) 商业银行分支机构的法律地位与民事责任

在我国,商业银行尤其是较大的商业银行,均实行分级管理、分级授权的经营管理模式。在纵向上,最多可分为总行——一级分行——二级分行——县级支行——各营业网点五个层次。实践中,转授权还包括再转授权,授权途径如下:总行向一级分行直接授权,一级分行向其直接管理的二级分行或支行授权,二级分行或支行向其直接管理的分支机构再转授权。由此形成了层级授权或转授权的管理模式,以下级行名义所进行的各项民事活动产生的权利义务关系,逐级构成上级行直至总行权利义务内容的一部分。商业银行对其分支机构实行全行统一核算,统一调度资金,分级管理的财务制度。《商业银行法》第二十二条否定了商业银行分支机构的法人资格。[1] 该规定明确了商业银行分支机构在总行授权范围内开展业务,但未对授权经营进行具体界定,即未规定分支机构在总行授权范围内必须以"商业银行名义"依法开展业务,由此在一定程度上也可以理解为,立法上

---

[1] 《商业银行法》第二十二条:"商业银行对其分支机构实行全行统一核算,统一调度资金,分级管理的财务制度。商业银行分支机构不具有法人资格,在总行授权范围内依法开展业务,其民事责任由总行承担。"

允许商业银行分支机构以其名义在总行授权范围内依法开展业务。[1] 该规定还明确了商业银行分支机构的民事责任由总行承担。商业银行分支机构承担民事责任不以其总行授权其经营管理的财产为限，如果其经营管理的财产不足以承担民事责任，超过部分的民事责任由其上级行直至总行承担，非指其分支机构的民事责任直接由总行承担。

关于商业银行分支机构的诉讼主体资格问题，法律将其明确为当然的诉讼主体。[2] 商业银行的分支机构在总行授权范围内开展业务时，与其他公民、法人和其他组织发生纠纷引起民事诉讼的，应以分支机构作为诉讼主体，而不应以其总行作为诉讼主体。一般来讲，商业银行的分支机构众多，如果不赋予分行诉讼主体资格，作为总行，将会有大量的诉讼事务需要处理，影响正常业务的开展。

（四）分公司与子公司

说到分支机构，就不得不提及分公司与子公司的关系。子公司又称从属公司，指接受母公司投资并被母公司控制的公司。在母子公司关系中，母公司居于主导、控制的地位，子公司处于从属、被控制的地位，但子公司在经营范围、业务上与母公司是相对独立的。

子公司与分公司的区别主要是质上的区别，即子公司具有独立法人资格，而分公司只是总公司的分支机构，不具有法人资格。具体存在以下区别：

1. 法律地位不同

分公司不具备法人资格，只是公司的一个分支机构，由隶属公司依法设立，不能以自己的名义对外独立承担民事责任。

子公司具备独立法人资格，有独立的名称、公司章程和组织机构，有自己的股东、注册资本、法人代表，对外以自己的名义活动。

---

[1] 江必新、何东宁等：《最高人民法院指导性案例裁判规则理解与适用（公司卷）》，中国法制出版社2015年第2版上册，第26页。

[2] 《民事诉讼法》（2017修正）第四十八条第一款："公民、法人和其他组织可以作为民事诉讼的当事人。"《最高人民法院关于适用〈中华人民共和国民事诉讼法〉的解释》（2022修正）第五十二条："民事诉讼法第五十一条规定的其他组织是指合法成立、有一定的组织机构和财产，但又不具备法人资格的组织，包括……（六）依法设立并领取营业执照的商业银行、政策性银行和非银行金融机构的分支机构……"

2. 法律责任承担方式及后果不同

分公司没有自己独立的财产，其实际占有、使用的财产是作为本公司的财产而计入本公司的资产负债表中，因此其经营活动中产生的债务由本公司以其全部资产为限承担责任。

子公司拥有独立的财产，以自身全部财产为限对其经营负债承担责任，而母公司只是作为最大股东以其对子公司的出资额为限对子公司的经营债务承担责任。

3. 设立程序不同

分公司由总公司依法设立。所谓"依法"，是指分公司的设立只是在当地履行简单的登记和管理手续即可，而无需通过一般公司设立的法律程序。

子公司是独立公司，其以各自不同的公司形式分别按照有限责任公司和股份有限公司的设立程序设立。

4. 与总公司或母公司的关系

分公司的业务、人事、财产都由隶属公司直接控制，在隶属公司的经营范围内从事活动。

子公司主要是被母公司间接控制，即通过任免子公司董事会成员和参与投资决策来影响子公司的生产经营，即从一个股东的角度行使股东权。

5. 领取的营业执照不同

分公司领取的是营业执照，是负责人字样。

子公司领取的是企业法人营业执照，有法定代表人姓名字样。

四、法律风险案例及评析

案例一： 吉林某环农村商业银行股份有限公司、某恒银行股份有限公司青岛分行合同纠纷一案

案情介绍： 2016年1月15日，甲方某环农商行（买入方）与乙方某恒银行青岛分行（卖出方）签订《银行承兑汇票转贴现合同》，约定以下主要内容：根据乙方向甲方提交的票据与相关资料，甲方审核后，同意对银行承兑汇票36份，合

计票面金额 4.8 亿元办理转贴现。合同签订后，某恒银行青岛分行向某环农商行交付了 36 张银行承兑汇票的票据查复书，未交付案涉银行承兑汇票。同日，某环农商行向某恒银行青岛分行汇入 47083.651103 万元，某环农商行提交的该笔贴现凭证（代申请书）贴现率处手工填写"3.8‰"。

某环农商行称其与某恒银行青岛分行于 2016 年 1 月 15 日还签订了一份《代保管协议》，约定："第一条：本协议所称的商业汇票，系指甲乙双方根据已签订商业汇票转贴现合同，甲方已划付转贴现资金给乙方，乙方应提供甲方的转贴现商业汇票。本协议所称资料系本次业务所涉及票据资料，主要包括清单所列银行承兑汇票及其复印件、查询查复书、贴现凭证等，并由乙方负责上述银行承兑汇票及票据资料的真伪、真实性、有效性。第二条：本次转贴现业务所涉及票据资料由乙方按第一条规定备齐，暂由乙方保管。某恒银行青岛分行对该协议上加盖的该分行公章的真实性不予认可。"

2016 年 3 月 21 日，甲方某恒银行青岛分行（买入方）与乙方某环农商行（卖出方）签订《银行承兑汇票转贴现合同》，约定：甲方同意对银行承兑汇票 1 份（票号为 105000532377××××），票面金额人民币 1000 万元办理转贴现。同日，某恒银行青岛分行向某环农商行支付 987.966667 万元，其提交的该笔贴现凭证（代申请书）贴现率处手工填写"3.8‰"。

某环农商行诉称，其已于 2016 年 1 月 15 日向某恒银行青岛分行全额汇付票据贴现款 47083.651103 万元。某恒银行青岛分行有义务返还和背书涉案银行承兑汇票，以使某环农商行承兑得偿。但经某环农商行多次追讨，某恒银行青岛分行既未返还背书票据，也未在合同履行期限到期后归还票据贴现款，构成违约。某环农商行起诉要求某恒银行青岛分行按双方签订的《代保管协议》和《银行承兑汇票转贴现合同》约定，立即向某环农商行交付代保管的票面金额合计 4.7 亿元的 35 张银行承兑汇票，并承担约定利息和违约金。同时要求由某恒银行与某恒银行青岛分行对上述请求承担连带给付责任，共同承担诉讼费、保全费。

一审法院判决某恒银行股份有限公司青岛分行向吉林某环农村商业银行股份有限公司给付人民币 46095.684436 万元及利息；驳回吉林某环农村商业银行股份

有限公司的其他诉讼请求。一审判决后，双方均上诉。

案例索引：（2017）最高法民终965号

裁判要点：关于某恒银行应当如何承担责任的问题。首先，某恒银行青岛分行具有独立诉讼主体资格并可以其管理的财产单独承担民事责任。《中华人民共和国民事诉讼法》第四十八条规定，公民、法人和其他组织可以作为民事诉讼的当事人。法人由其法定代表人进行诉讼。其他组织由其主要负责人进行诉讼。《最高人民法院关于适用〈中华人民共和国民事诉讼法〉的解释》第五十二条规定："民事诉讼法第四十八条规定的其他组织是指合法成立、有一定的组织机构和财产，但又不具备法人资格的组织，包括：……（六）依法设立并领取营业执照的商业银行、政策性银行和非银行金融机构的分支机构。"本案中，某恒银行青岛分行系依法设立并领取营业执照的商业银行分支机构，根据上述法律、司法解释规定，某恒银行青岛分行具备诉讼主体资格，能够以自己的名义起诉或应诉，独立行使诉讼权利、履行诉讼义务。法人分支机构的民事责任依法应由法人承担，并不存在承担连带责任的法律依据。具体而言，如法人分支机构管理的财产较为充足的，可以由其单独承担责任，如财产不足的，可以在法人分支机构承担责任的同时，由法人对其分支机构的责任承担补充责任。某环农商行虽将某恒银行青岛分行与某恒银行列为共同被告提起本案诉讼，但并无证据证明某恒银行青岛分行管理的财产不足以承担其民事责任，故其关于某恒银行青岛分行与某恒银行应承担连带还款责任的上诉理由不能成立。

其次，某恒银行的相关责任可在执行程序解决。《最高人民法院关于适用〈中华人民共和国民事诉讼法〉的解释》第四百七十三条规定："其他组织在执行中不能履行法律文书确定的义务的，人民法院可以裁定执行对该其他组织依法承担义务的法人或者公民个人的财产。"如某恒银行青岛分行财产确实不足以承担其责任的，可依据上述司法解释规定，通过执行程序予以解决。

裁判结果：一审判决认定事实清楚，适用法律正确。依照《中华人民共和国民事诉讼法》第一百七十一条第一项规定，判决如下：驳回上诉，维持原判。

笔者点评：法人分支机构具备诉讼主体资格，能够以自己的名义起诉或应诉，独立行使诉讼权利、履行诉讼义务。法人分支机构的民事责任依法应由法人承担，并不存在承担连带责任的法律依据。具体而言，如法人分支机构管理的财产较为充足的，可以由其单独承担责任，如财产不足的，可以在法人分支机构承担责任的同时，由法人对其分支机构的责任承担补充责任。

案例二： 权某钢与赵某杰、新疆某双聚汇建筑安装工程有限公司乌鲁木齐分公司民间借贷纠纷

案情介绍： 被告赵某杰因工程资金周转需要向原告权某钢借款，于2015年6月18日出具借条一张，载明"今借到权某钢人民币现金1000000.00元整，大写：壹佰万元整。用于工程资金周转。注：赵某杰要求权正钢将此笔款转入新疆某双聚汇建筑安装工程有限公司乌鲁木齐分公司。"被告赵某杰在借款人处签字、捺印，某双公司分公司在连带担保单位处盖章等。同日，原告权某钢通过其中国银行账户将100万元转款至指定的某双公司分公司账户。

2015年8月17日，被告赵某杰向原告权某钢出具金额为50万元的借条一张，该借条上载明的其余内容与上述金额为100万的借条除借款金额外均相同。同日，原告权某钢通过其中国银行账户将50万元转款至指定账户。被告某双公司分公司为被告赵某杰借款提供连带保证责任，未约定担保期限，也未获得某双公司的书面授权。

原告权某钢多次向被告赵某杰催收未果，遂起诉至法院。诉讼请求为：（1）请求判令被告赵某杰支付原告权某钢本金150万元及利息（利息的计算方式，以150万元为本金，自起诉之日起按照年息6%计算至本金付清之日止）；（2）请求判令被告某双公司分公司、某双公司对上述第一项请求中的本金及利息承担连带保证责任；（3）请求判令被告承担本案诉讼费用及公告费。

案例索引：（2019）川0623民初3240号

裁判要点：

（1）关于被告某双公司分公司对借款本金及利息是否承担连带保证责任的问题。《最高人民法院关于适用〈中华人民共和国担保法〉若干问题的解释》第十七

条第一款规定"企业法人的分支机构未经法人书面授权提供保证的，保证合同无效。因此给债权人造成损失的，应当根据担保法第五条第二款的规定处理。"第七条规定"主合同有效而担保合同无效，债权人无过错的，担保人和债务人对主合同债权人的经济损失，承担连带赔偿责任；债权人、担保人有过错的，担保人承担民事责任的部分，不应当超过债务人不能清偿部分的二分之一。"本案中，被告某双公司分公司未经某双公司书面授权，为案涉150万元借款提供保证，该保证无效。原告赵某杰作为债权人，其对保证人的保证资格尽到了一般人的审查义务，其行为无过错；被告某双公司分公司明知自己未取得公司法人的书面授权，仍为被告赵某杰提供担保，其行为存在过错。原告权某钢要求某双公司分公司承担连带保证责任的诉讼请求不当，某双分公司应当对原告权某钢的经济损失承担连带赔偿责任。

（2）关于被告某双公司对借款本金及利息是否应当承担连带保证责任的问题。《最高人民法院关于审理经济合同纠纷案件有关保证的若干问题的规定》第十七条规定："法人的分支机构未经法人同意，为他人提供保证的，保证合同无效，保证人不承担保证责任，但应当根据其过错大小，承担相应的赔偿责任。法人的分支机构管理的财产不足以承担赔偿责任的，由法人承担。"本案中，由于某双公司分公司系某双公司的分支机构，不能独立承担民事责任，且某双公司对某双分公司管理不严，存在过错，因此，原告权某钢诉讼过程中，要求被告某双公司承担连带保证责任的诉讼请求不当，某双公司应当依法对某双公司分公司经营管理的财产不足以赔偿的部分承担补充赔偿责任。

裁判结果：被告赵某杰向原告权某钢偿还借款本金1500000.00元及利息；被告新疆某双聚汇建筑安装工程有限公司乌鲁木齐分公司对上述第一项确定的本金及利息承担连带赔偿责任；被告新疆某某某双建筑安装工程有限公司对被告新疆某双聚汇建筑安装工程有限公司乌鲁木齐分公司所管理的财产不足以承担上述赔偿责任部分承担补充赔偿责任；驳回原告权某钢的其他诉讼请求。

笔者点评：本案中既涉及分公司作为保证人对外担保时的法律效力问题，也结合了分公司的责任承担问题。一方面，法院认为，在未经法人书面授权的情况下，分支机构对外提供担保的，保证合同无效，但应当根据过错大小分担责任；另一方面，法院否认分支机构与法人承担连带责任，而仅仅要求法人承担补充责任。因此，在分公司提供担保时，要注意两点。第一，被保证人应要求总公司出具同意担保的书面授权，且授权范围足以覆盖债务总额；第二，《全国法院民商事审判工作会议纪要》(简称《九民纪要》)中明确了公司为他人提供担保时公司决议前置的规定，规定公司对外提供一般担保和关联担保均应当由公司有权决议机关依法定程序作出决议，故还需总公司出具一个同意分公司担保的股东会或董事会决议。

第三章 公司章程制定的风险和实务

第一节 公司章程的概述

公司设立、经营、变更、解散、清算、注销的全过程都依赖于公司章程。章程在整个公司生命周期中的重要性不言而喻。

公司章程是指公司依法制定的，规定公司名称、住所、经营范围、经营管理制度等重大事项的基本文件，也是公司必备的规定公司组织及活动基本规则的书面文件。公司章程的概念有实质意义和形式意义之分，实质意义的公司章程是指规范公司的组织和活动，特别是公司、股东、董事等经营者相互之间权利义务关系的基本准则；形式意义的公司章程是指记载此种规则的书面文件。[1]

一、公司章程的特征

公司章程是公司法强制要求公司应具备的文件，章程的内容兼具法定性和自治性。具体特征如下：

（1）在我国公司法上，公司章程是公司设立的必备文件。《公司法》第十一条明确要求设立公司必须依法制定公司章程，《公司法》第六条和《企业法人登记管理条例施行细则》第十三条、第十四条明确规定设立公司应当向公司登记机关申请设立登记，而公司章程是申请设立登记的必备材料之一。法律规范之所以规定

---

[1] 刘俊海:《论股东权保护的渊源》,《法学杂志》1996 年第 2 期。

公司章程是公司设立的必备文件，是因为公司章程是用以约束公司、股东、董事、监事、高级管理人员的基本行为准则，其在公司中的地位被类比为国家中的宪法。

（2）公司章程属于自治法范畴，是软法，兼具法定性和自治性。法定性体现在：第一，公司章程是公司设立的必备条件之一；第二，章程内容不得与《公司法》的强制性规范相抵触，但若章程内容与《公司法》倡导性规范相冲突，应当优先适用章程的规定。❶ 自治性体现在：第一，公司章程系公司股东将大小股东利益的最大公因数提取出来后自行制定的书面文件，系公司股东意思表示一致的结果；第二，公司章程仅依靠公司自己来贯彻执行，无需国家强制力保证实施；第三，公司章程效力仅及于公司、股东、董事、监事、高级管理人员，而不具有普遍约束力。

二、制定主体

公司章程的制定主体是指有关法律法规规定的公司章程制定人的适格条件，具有法定性的特征。纵观各国公司法的规定，制定公司章程的主体因公司类型的不同而不同：

（1）在德国，根据《有限公司法》《股份公司法》的规定，有限责任公司的章程需全体股东签字生效，即由全体股东制定，股份有限公司章程由发起人共同制定。

（2）在法国，根据《商事公司法》的规定，有限责任公司的章程由全体股东和股东特别授权的委托代理人共同制定。

（3）在我国，根据《公司法》第二十三条、第七十六条的规定，有限责任公司的章程由股东共同制定。因有限责任公司的章程是在公司设立前制定的，所以此处的股东特指发起人。股份有限公司的设立方式分为募集设立和发起设立，依据不同的设立方式，有不同的章程制定主体。发起设立是指由发起人共同出资认购公司股份，不向社会公众公开募集的一种公司设立方式。发起设立的公司的章

---

❶ 刘俊海：《公司章程的个性化设计》，微信公众号"法律名家讲堂"，2019年5月21日上传。

程制定主体仅限于发起人，发起人制定的公司章程反映了全体股东的意志。募集设立是指由发起人认购一部分公司股份，其余股份向社会公开募集或向特定主体募集而设立。募集设立的公司的章程制定主体也由发起人制定，但应经创立大会通过，即出席会议的认股人所持表决权过半数通过。创立大会是设立中公司的意思表决机构，组成人员是参与公司设立并认购股份的人。

三、制定程序

鉴于公司章程是公司的必备文件之一，各国公司法大都对公司章程的制定程序作了严格规定。即便是在无须向登记主管机关提交公司章程的国家和地区，法律也对其制定程序作了明确规定。

公司章程虽然属于公司自治规则，但并不能完全由股东或发起人依自主意思而自由制定，而必须严格遵循公司法关于公司章程制定的规定。各国公司法都要求公司章程必须以书面形式制定。有的国家章程的制定是一种要式法律行为，必须符合法定的要求，除必须采取书面形式、公司设立人签章外，还有另外一些强制性要求。如日本、德国的公司章程制定程序中要求有公证人公证环节，美国有些州（如亚利桑那州）规定，公司章程的制定程序中要求公司章程需在提交给登记机关的60日内在营业场所所在地的报纸上连续刊登三次。❶

四、制定方式

公司章程的制定方式是指制定公司章程的形式。纵观各国公司法，公司章程的制定方式主要有两种，即共同制定式及部分制定式。

所谓共同制定，是指由全体股东或发起人共同起草、协商制定公司章程的制定方式。共同制定体现了股东或发起人之间的意思一致，所形成的章程能较好地反映股东和发起人的共同意志，也有助于其贯彻实施。

所谓部分制定，是指由股东或发起人中的部分成员负责起草、制定公司章程，

---

❶ 李东方:《公司法学》，中国政法大学出版社 2012 年版，第 70 页。

未参与起草、制定的股东、发起人通过签字表示同意章程的内容进而形成正式文本的制定方式。部分制定的方式有助于提高章程制定的效率，加快公司设立进程。

在我国，根据《公司法》第二十三条、第七十六条的规定，有限责任公司的章程由股东共同制定，即发起人已对公司章程内容协商一致。发起设立的股份有限公司的章程亦由全体发起人共同制定，募集设立的股份有限公司章程虽仅由部分或全部发起人制定，但仍须在发起人制定的公司章程基础上，由创立大会予以确认、通过。实际上，每一种制定方式采取的都是共同制定的方式。[1]

第二节　公司章程的记载

公司章程的记载，顾名思义，即公司章程的内容。公司章程对公司的重要性不言而喻，尤其是公司章程中的绝对必要记载事项，它是公司法律人格的骨架，是公司设立不可或缺的结构性内容，体现了国家法律法规对公司设立的规制原则和强制规范，行政机关对公司法人主体的管理和监督，对建立和规范公司法人主体之间合法经营和诚信经营的基本的信用系统具有非常重要的意义。

一、章程记载事项的分类

公司章程的记载事项依据法律对公司章程记载的事项有无明确的规定可分为必要记载事项和任意记载事项。前者是法律明确规定公司章程应该记载的事项，后者是发起人或创办人任意选择记载的事项。[1]

英美法系和大陆法系对公司章程的记载事项有不同的规定。英美法系将公司章程分为章程大纲和章程细则两种；大陆法系将公司章程分为绝对必要记载事项、相对必要记载事项和任意记载事项。

我国《公司法》参照大陆法系国家的法律将公司章程分为绝对必要记载事项、相对必要记载事项和任意记载事项。

---

[1] 王建文：《商法教程》，中国人民大学出版社2016年第3版，第110页。

（一）绝对必要记载事项

依据章程记载事项对章程效力的影响，可将必要记载事项分为绝对必要记载事项和相对必要记载事项。绝对必要记载事项是指法律明文规定必须记载于公司章程的事项。按照通说，若缺少其中任何一项记载或任何一项记载不合法，公司章程就不发生法律效力，公司亦无法顺利在市场监督部门登记注册。

大陆法系国家一般依据不同的公司类型分别进行规定。如《日本公司法》第一百六十六条规定："股份有限公司的章程的绝对记载事项为：目的、商号、公司发行股份的总数、发行额面股时每股的金额、公司设立之际发行的股份总数及额面股、无额面股各自的数量、总公司所在地、公司进行公告的方法、发起人的姓名及住所。"而《日本有限公司法》第六条规定："有限公司章程的绝对必要记载事项为：目的，商号，资本总额，每股出资金额，股东的名字及住所，股东各自的出资数额，总公司的所在地。"

英美法系公司法关于绝对必要记载事项的要求呈现出简化的倾向。美国各州公司法规定章程无需重复州公司法已经列举的公司权力。其结果是，许多州公司设立章程的记载信息非常简单，甚至可以说只需要一张明信片就可以了。在英国，《1985年公司法》规定："封闭公司章程须记载的内容仅有：公司名称、注册办事处、目的、成员有限责任、计划注册的资本额以及每股的面值。"[1]

我国《公司法》第二十五条、第八十一条分别规定了有限责任公司、股份有限公司的章程绝对必要记载事项。绝对必要记载事项只是对股东是否将该事项记载于公司章程的自由进行了限制，但对这些事项的具体内容并不做硬性规定，可由股东根据公司具体情况进行规定。[2] 我国《公司法》强制要求公司章程具备的绝对必要记载事项具体如下：

1. 公司名称

公司名称有且仅有一个。在实践中，公司名称的法律风险主要体现在公司名

---

[1] 李建伟：《公司法学》，中国人民大学出版社2008年第2版，第109页。
[2] 余倩倩：《公司章程相对必要记载事项研究》，中国政法大学2012年硕士学位论文。

称的所有权与使用权被侵犯，而登记公示过的公司章程可对抗第三人，故可在登记备案的章程中规定"公司名称权归公司所有，用于本公司经营范围内，如需改变使用范围应当经股东过半数同意或者经代表半数以上表决权的股东同意"，以规避上述风险。

上述公司章程的规定仅可避免公司名称的所有权与使用权不在公司经营范围内被滥用，无法保护公司经营范围外的名称权。在实务中公司会为备案登记过的中文或英文版本的公司名称申请各商标类别的商标，以作为知识产权来更好地保护公司名称。

2. 公司住所

为了维护和建立良好的市场交易秩序，公司住所成为了章程的绝对必要记载事项，以便于确定诉讼管辖、诉讼文书的送达住所、债务的履行地以及公司的登记管辖地。公司的住所是公司的主要办事机构所在地，《公司登记管理条例》规定："经公司登记机关登记的公司的住所只能有一个。公司的住所应当在其公司登记机关辖区内。""公司变更住所的，应当在迁入新住所前申请变更登记，并提交新住所使用证明。"同时，《公司登记管理条例》规定，对违反上述规定的公司给予相应的行政处罚。住所地变更未办理工商局变更登记和以章程修正案备案登记的，公司存在被工商局列入登记异常目录的风险，进而影响商誉和合作可能性。但在实务中，很多公司出于经营成本或税收政策的考虑，公司的注册地和实际经营地有可能会不一致。

3. 公司的经营范围

公司的经营范围是公司从事经营活动的业务范围，其登记和变更的主要依据为《公司法》和《企业经营范围登记管理条例》等。公司的经营范围除了需经行政机关审批或许可外可以进行任何经营活动。在企业的具体经营过程中，经营范围不宜定得过宽，因为从商业层面出发，一般企业，特别是基础性企业或技术类企业，定过宽的经营范围会导致模糊公司的经营方向。从股东层面出发，过宽的经营范围将不利于大小股东的平衡。若确因特殊目的而设立公司的，实务中会在公司章程中约定经营范围的变更是公司解散的事由，以更好地贴近实际经营目的。

一旦确定了公司的经营范围即确定了公司的经营方向，同步地约束了董事会的权力。公司的经营范围应当与公司章程规定保持一致。经营范围发生变化的，公司应对章程进行修订，并向市场监管部门申请变更登记。

实务中存在经营行为超越经营范围的现象，以前的法律规范明确规定了超越经营范围的行为一律无效，现在是采取宽大保护性措施。具体而言，在民事责任上，经营行为超越经营范围的，可能无效，但在被确认无效前取得批文或变更登记的，视为有效。在刑事责任上，若符合非法经营罪的构成要件（侵犯的客体是市场管理秩序；客观方面表现为违反国家规定，非法经营，扰乱市场秩序，情节严重的行为；犯罪主体是一般主体，个人和单位均可构成本罪的主体；主观方面由故意构成），则构成非法经营罪。

4. 公司注册资本

公司注册资本是公司章程的绝对必要记载事项之一，相关规定散见于《公司法》、《公司登记管理条例》和《公司注册资本登记管理规定》等多部法律法规中。依据公司类型、设立方式的不同，注册资本有认缴和实缴之分。例如，有限责任公司和发起设立的股份有限公司均实行注册资本"认缴制"，而募集设立的股份有限公司则实行注册资本"实缴制"，但法律、行政法规以及国务院决定对股份有限公司注册资本实缴、注册资本最低限额另有规定的除外。

虽然现在大多公司都实行"认缴制"，但发起人在公司注册资本登记时仍需量力而行，应当与自身当前资金能力或预期资金能力相匹配。若盲目认缴远高于自己资金能力的出资，一旦公司发生诉讼，公司债权人有权依据《公司法解释（三）》第十三条第二款规定，请求未履行或者未全面履行出资义务的股东在未出资本息范围内对公司债务不能清偿的部分承担补充赔偿责任，或依据《公司法解释（二）》第二十二条第二款规定，在公司财产不足以清偿债务时主张未缴出资股东，以及公司设立时的其他股东或者发起人在未缴出资范围内对公司债务承担连带清偿责任，进而影响个人征信。在信用时代，征信不良会对个人的出行及生活造成诸多的不便利。

5. 公司的机构及其职权、议事规则

依据《公司法》的规定，不同类型的公司章程中均需记载公司的组织机构及其职权、议事规则。

（1）公司的组织机构包含了决策机构、执行机构、监督机构。具体来说，公司的组织机构包括了股东（大）会、董事会、经理层、监事会。其中，股东（大）会是公司的决策机构，董事会、经理是公司的执行机构，监事会是公司的监督机构。

（2）公司的议事规则是指公司股东（大）会、董事会、经理层、监事会的会议召集、议事方式、表决权行使等程序性、实体性规范的总和。从表决权归属的角度，公司议事规则可分为票决制和首长负责制。票决制指表决权归全体议事成员共同享有，首长负责制指表决权归会议首长享有。实务中，在公司治理层面上，往往采用票决制，以更好维护各方权益；在经营管理方面，往往采用首长负责制，以提升实际管理效率。

有限责任公司和股份有限公司在议事规则上的主要区别体现在表决权方面。《公司法》明确赋予有限责任公司"同股不同权"的表决方式，而对股份有限公司却依旧限制为"同股同权"。但是，2019年修订的《上市公司章程指引》中肯定了上市公司中的特别表决权，其"同股不同权"的双重股权架构有望推动《公司法》的相关规定的革新。在2020年1月20日，云计算服务商优刻得科技股份有限公司正式在上交所科创板挂牌上市，成为A股市场上首家同股不同权的上市公司。

6. 公司法定代表人

依据《企业法人法定代表人登记管理规定》，企业法人的法定代表人经企业登记机关核准登记，取得法定代表人资格。法定代表人应当在法律、行政法规和企业法人组织章程规定的职权范围内行使职权。我国实行的是单一法定代表人制。

根据《公司法》第十三条，可以担任法定代表人的，只能是董事长、执行董事或经理。法定代表人不能同时担任监事职务，因为法定代表人是由董事长、执行董事或经理担任的，而《公司法》第五十一条第四款规定董事、高级管理人员不得兼任监事，即法定代表人不能兼任监事。

（二）相对必要记载事项

依据章程记载事项对章程效力的影响，可将必要记载事项分为绝对必要记载事项和相对必要记载事项。相对必要记载事项是指法律列举的可由公司章程制定者自主选择记载或者不记载的事项，没有记载或某项记载不合法，仅该记载事项无效，不影响章程的效力。

大陆法系的立法例通常是集中列举和分散规定相结合。集中列举一般包括发起人所得的特别利益、设立费用及发起人的报酬、现物出资、财产承受、分公司的设立等。❶如日本《公司法典》第二十八条规定，以下事项非在股份公司章程中记载时，不发生法律效力：（1）实物出资者的姓名或者名称，该实物之价格以及该出资者所分配的发行股份数额；（2）约定在公司成立后受让的财产及其价额，以及转让人的姓名或者名称；（3）发起人因公司成立所得到的报酬及其特殊利益以及该发起人的姓名或者名称；（4）由公司负担的设立费用。❷而分散规定见于各国的法律制度中，如德国《股份公司法》第二十四条、第二十六条分别规定的记名股票与无记名股票的兑换以及特殊利益与设立经费。

英美法系在学理上没有绝对必要记载事项、相对必要记载事项及任意记载事项之分，但在法律条款上做了区别。如美国《示范公司法》第2.02条（b）款规定，设立章程相对必要记载事项（may set forth）包括：（1）初始董事的姓名、住址；（2）公司目的，经营公司业务和管理公司事务的方法；（3）董事会、股东的权利的定义、限制和调节；（4）授权发行的股票和各类股票的票面值；（5）在规定范围内和规定条件下关于公司债务加于各个股东的个人责任；（6）根据本法要求或本

---

❶ 余倩倩：《公司章程相对必要记载事项研究》，中国政法大学2012年硕士学位论文。
❷ 李建伟：《公司法学》，中国人民大学出版社2008年第2版，第109页。

法允许开列在细则上的任何条款;(7)消除或限制董事对公司或对公司股东责任的条款。❶

(三) 任意记载事项

任意记载事项是指发起人自主决定是否载入公司章程的有关事项。公司章程中有任意记载事项,则该任意记载事项与相对必要记载事项具有相同的效力,即若某项记载不合法,仅该记载事项无效,不影响章程的效力。

大陆法系对任意记载事项无明文规定,即在不违反法律规定、公序良俗的情况下,发起人自主决定的内容即可作为任意记载事项。

英美法系将公司章程分为章程大纲和章程细则两种,任意记载事项即为章程细则,章程细则系公司内部规则,故无需核准登记,公司可自主决定是否载入公司章程。

二、章程记载事项的意义

在实践中,公司章程的记载事项不被重视,其中任意记载事项尤为不被重视。但恰恰是不被重视的任意记载事项是最符合公司特性的规定。任意记载事项具有任意适用性和自由选择性,可根据各个公司的不同特性作出不同的规定。公司法规定中载有"但公司章程另有约定除外"的规范,以及涉及到公司法中的强制性规定,尤其是效力性规范以外的规范均可在公司章程中进行修改。例如,可约定出资比例的实缴等。

公司章程记载事项是公司法律人格的骨架,起了如下重要作用:明确和规范了公司股东之间的权利义务,避免股东之间产生不必要的纷争;明确和规范公司的组织原则和运营机制,防范公司内部出现重大经营和管理风险;明确和规范公司董事、监事、高级管理人员的管理职责,防范相关人员的渎职和犯罪等。综上,公司章程记载事项具有不可低估的法律意义上的重要性。

---

❶ 李建伟:《公司法学》,中国人民大学出版社 2008 年第 2 版,第 109 页。

第三节　公司章程的修改

公司章程的修改，即公司章程的变更，是指在公司章程经登记生效之后，增加、删减或改变公司章程内容的行为。各国公司法均无一例外地允许修改公司章程。公司章程的修改除了不得违反法律的强制性规定之外，还必须遵循一定的原则与程序，才能使其特定的法律地位与效力得以维持。

一、修改主体

公司章程修改的主体，即有权修改公司章程的主体。各国的立法通例均赋予了公司股东会或股东大会修改公司章程的权限。

在我国，根据《公司法》第三十七条、第九十九条的规定，修改公司章程的主体专属于公司权力机构，即股东会或股东大会。

二、修改程序

公司章程的修改应依照法定程序进行。公司章程修改的程序一般包括三个方面：公司章程修正案提案、公司章程修改决议和公司章程变更登记。[1]

第一，提案。这是指由具备提案权的公司组织机构或人员提出关于修改公司章程的事项。在我国，根据《公司法》第三十七条、第九十九条的规定，由股东会或股东大会行使修改公司章程的职权，而股东会或股东大会包括定期会议和临时会议，则有权提起召开股东会或股东大会会议的主体即为公司章程修改的提案权人。根据《公司法》第三十九条、第一百零一条、第一百零三条的规定，有权提出修改公司章程的主体为：有限责任公司中代表 1/10 以上表决权的股东、1/3 以上的董事或监事、股份有限公司中的董事会、单独或者合计持股 10% 以上的股东、监事会。[2] 除此以外，《公司法》第一百零二条第二款规定：单独或者合计持有公司百分之三以上股份的股东，可以在股东大会召开十日前提出临时提案并书

---

[1] 王建文：《商法教程》，中国人民大学出版社 2016 年第 3 版，第 112 页。
[2] 李东方：《公司法学》，中国政法大学出版社 2012 年版，第 72 页。

面提交董事会；董事会应当在收到提案后二日内通知其他股东，并将该临时提案提交股东大会审议。临时提案的内容应当属于股东大会职权范围，并有明确议题和具体决议事项。

第二，决议。由于公司章程的修改涉及公司基本规则的变更，会对股东及利益相关者产生重大影响。在我国公司章程的修改事宜是股东会或股东大会的特别决议事项。根据《公司法》第四十三条、第一百零三条，有限责任公司修改公司章程应经代表三分之二以上表决权的股东通过，股份有限公司修改公司章程应经出席股东大会的股东所持表决权的三分之二以上通过。

第三，变更登记。变更登记应向市场监管部门提交材料申请变更。其中，变更登记事项若因法律、行政法规或国务院决定在登记前须经批准的，应向公司登记机关提交有关批准文件。

实践中，公司章程修改的频率较少。大多仅在法定代表人、监事变更、实缴出资额新增的情况下发生。形象地说，章程仅是公司经营管理的备忘录，而非使用手册。建议公司可以结合公司的发展变化情况变更章程的内容，以使内部流程更趋于合理，使管理机制更适宜。

第四节　公司章程的效力

公司章程的效力是指法律赋予公司章程的约束力。公司章程的效力内涵丰富，分析角度颇多，下面从条款效力、对内效力、时间效力及公示公信效力展开论述。

一、条款效力

公司章程的条款性质分为强制性规范及倡导性规范。倡导性规范是指在特定条件下鼓励、提倡人们为或者不为某种行为的规范，在公司章程中某一条款如未遵循倡导性规范并不导致该条款无效。而强制性条款是指在一定条件下命令或禁止人们为或者不为某种行为的规范。公司章程违反强制性条款中的管理性规范，原则上有效，但可能会受到行政处罚，相反，违反强制性条款中的效力性规范则一律无效。

公司章程的规定可以突破公司法中的倡导性规范。如公司法规定的董事会规模为3至13人，此系倡导性规范，可以被突破。

例如，在英美法中，公司超越公司章程规定经营范围的行为，称为越权行为。[1]又如，公司章程对于股权转让的限制必然不是无限的，公司章程可以在法定限制的基础上约定得更为严格，但是不得突破基本的限制性。[2]再如，公司章程若欠缺法律规定的必要记载事项是无效的。

但在实践中，从维护交易秩序和市场稳定角度，应避免轻易否定公司章程，尽可能地由当事人对章程瑕疵或缺陷进行补充或修订，而不必然导致公司章程无效或解散公司。公司章程的合法性的实质是公司的效力问题。轻易否定公司章程，不仅会使业已进行的公司行为变得更为复杂，并加重股东责任；而且有损于债权人利益，影响社会经济的稳定。[3]若在公司法中引入公司章程司法审查机制，公司章程有瑕疵时，则股东可以提起认定部分条款无效的诉讼。

二、对内效力

公司章程对内原则上都有效，除非违反了公司法的强制性条款，如分红权等。依据《公司法》第十一条规定，公司章程对公司、股东、董事、监事、高级管理人员具有约束力。此种约束力不及于公司的债权人及债务人。公司章程的约束力分为对公司的效力、对股东的效力及对董监高的效力。具体如下：

第一，对公司的效力。公司的设立、运营、终止过程均受章程内容的约束。公司应当依章程规定的办法产生权力机构、业务执行和经营意思决定机构、监督机构等公司组织机构，并按章程规定的权限范围行使职权。

第二，对股东的效力。公司章程系由公司股东制定，并对股东具有约束力。章程对股东的效力主要表现为股东依章程规定享有权利和承担义务。就公司依章

---

[1] 李东方：《公司法学》，中国政法大学出版社2012年版，第77页。
[2] 赵威：《股权转让研究》，中国政法大学出版社2017年版，第112页。
[3] 徐强胜：《公司纠纷裁判依据新释新解》，人民法院出版社2014年版，第180-184页。

程对股东负有义务而言，股东在其权益受到侵犯时可以对公司起诉以取得其应有的权益。在英国，公司依章程对股东负有义务的理论依据在于公司章程所具有的契约性，即章程实际上是公司与其成员之间所签订的一种契约，尽管法律没有明确规定"章程与条例（指细则）视若已由公司签名、盖章"，但公司依章程对股东负有义务。在英国 Johnson v. Lyttley's Iron Agency 一案中，公司所为的股份注销行为不符合公司章程，股东提起诉讼加以阻却。英国上诉法庭根据公司章程对公司有约束力的理论，撤销了公司注销公司股份的行为。❶

第三，对董监高的效力。公司章程对董监高的效力主要表现为公司的董监高应当遵守公司章程，依照法律和公司章程的规定行使职权。若董监高的行为超出公司章程赋予的职权范围，应就自己的行为对公司负责。

三、时间效力

公司章程的时间效力是指公司章程的生效时间，具体如下：

就股东而言，公司章程自股东签字时生效，其中，募集设立的股份有限公司的公司章程在创立大会通过时生效。因为公司章程是公司相关主体的合意，股东和发起人在公司章程上签字、盖章，或者认股人在创立大会上通过公司章程，就表明其接受公司章程有关条款的约束。❶

就董事等其他未在公司章程上签字的人员，公司章程自其加入公司之时生效。其加入公司的行为视为自动接受公司章程对其发生效力。❶

四、公示公信效力

就章程的公示公信效力而言，在公司登记机关备案登记的章程具有保护善意第三人、对抗恶意第三人的效力，未在公司登记机关备案登记的章程，仅在不损害国家利益、第三人利益的情况下才有效。

我国实行公司章程"一元化"❷，即以在公司登记机关登记备案的公司章程为

---

❶ 李东方：《公司法学》，中国政法大学出版社 2012 年版，第 74 页。
❷ 刘俊海：《公司章程的个性化设计》，微信公众号"法律名家讲堂"，2019 年 5 月 21 日上传。

准。实践中,将备案登记的章程称为"阳章程",将未备案登记的章程称为"阴章程",虽在名称上不同,但"阴阳章程"原则上均具有法律效力。其中,备案登记的章程具有保护善意第三人、对抗恶意第三人的功能。

实践中很可能未备案的章程更能体现股东们的意志,但如果认可了未备案的章程,又会默认那些造假者,有的人可以随便编造章程,又产生了不严肃的结果。[1]因此,未备案登记的章程只有在不损害国家安全、第三人利益,包括但不限于法人股东的商业秘密、个人隐私权的前提下才是有效的。

第五节 法律风险案例及评析

案例:宋某军诉西安市某大餐饮有限公司股东资格确认纠纷案

案情介绍:西安市某大餐饮有限责任公司(以下简称某大公司)成立于1990年4月5日。2004年5月,某大公司由国有企业改制为有限责任公司,宋某军系某大公司员工,出资2万元成为某大公司的自然人股东。某大公司章程第三章"注册资本和股份"第十四条规定"公司股权不向公司以外的任何团体和个人出售、转让。公司改制一年后,经董事会批准后可在公司内部赠予、转让和继承。持股人死亡或退休经董事会批准后方可继承、转让或由企业收购,持股人若辞职、调离或被辞退、解除劳动合同的,人走股留,所持股份由企业收购……",第十三章"股东认为需要规定的其他事项"下第六十六条规定"本章程由全体股东共同认可,自公司设立之日起生效"。该公司章程经某大公司全体股东签名通过。2006年6月3日,宋某军向公司提出解除劳动合同,并申请退出其所持有的公司的2万元股份。2006年8月28日,经某大公司法定代表人赵某锁同意,宋某军领到退出股金款2万元整。2007年1月8日,某大公司召开2006年度股东大会,大会应到股东107人,实到股东104人,代表股权占公司股份总数的93%,会议审议通过了宋某军、王某青、杭某国三位股东退股的申请并决议"其股金暂由公司

---

[1] 徐强胜:《公司纠纷裁判依据新释新解》,人民法院出版社2014年版,第202页。

收购保管，不得参与红利分配"。后宋某军以某大公司的回购行为违反法律规定，未履行法定程序且公司法规定股东不得抽逃出资等，请求依法确认其具有某大公司的股东资格。

案例索引：（2014）碑民初字第01339号、（2014）西中民四终字第00277号、（2014）陕民二申字第00215号

裁判要点：国有企业改制为有限责任公司，其初始章程对股权转让进行限制，明确约定公司回购条款，只要不违反公司法等法律强制性规定，可认定为有效。有限责任公司按照初始章程约定，支付合理对价回购股东股权，且通过转让给其他股东等方式进行合理处置的，人民法院应予支持。

法院认为本案的焦点问题如下：（1）某大公司的公司章程中关于"人走股留"的规定，是否违反了《中华人民共和国公司法》（以下简称《公司法》）的禁止性规定，该章程是否有效；（2）某大公司回购宋某军股权是否违反《公司法》的相关规定，某大公司是否构成抽逃出资。

针对第一个焦点问题，首先，某大公司章程第十四条规定，"公司股权不向公司以外的任何团体和个人出售、转让。公司改制一年后，经董事会批准后可以公司内部赠与、转让和继承。持股人死亡或退休经董事会批准后方可继承、转让或由企业收购，持股人若辞职、调离或被辞退、解除劳动合同的，人走股留，所持股份由企业收购。"依照《公司法》第二十五条第二款"股东应当在公司章程上签名、盖章"的规定，有限公司章程系公司设立时全体股东一致同意并对公司及全体股东产生约束力的规则性文件，宋某军在公司章程上签名的行为，应视为其对前述规定的认可和同意，该章程对某大公司及宋某军均产生约束力。其次，基于有限责任公司封闭性和人合性的特点，由公司章程对公司股东转让股权作出某些限制性规定，系公司自治的体现。在本案中，某大公司进行企业改制时，宋某军之所以成为某大公司的股东，其原因在于宋某军与某大公司具有劳动合同关系，如果宋某军与某大公司没有建立劳动关系，宋某军则没有成为某大公司股东的可能性。同理，某大公司章程将是否与公司具有劳动合同关系作为取得股东身份的依据继而作出"人走股留"的规定，符合有限责任公司封闭性和人合性的特点，

亦系公司自治原则的体现，不违反公司法的禁止性规定。第三，某大公司章程第十四条关于股权转让的规定，属于对股东转让股权的限制性规定而非禁止性规定，宋某军依法转让股权的权利没有被公司章程所禁止，某大公司章程不存在侵害宋某军股权转让权利的情形。综上，本案一、二审法院均认定某大公司章程不违反《公司法》的禁止性规定，应为有效的结论正确，宋某军的这一再审申请理由不能成立。

针对第二个焦点问题，《公司法》第七十四条所规定的异议股东回购请求权具有法定的行使条件，即只有在"公司连续五年不向股东分配利润，而公司该五年连续盈利，并且符合本法规定的分配利润条件的；公司合并、分立、转让主要财产的；公司章程规定的营业期限届满或者章程规定的其他解散事由出现，股东会会议通过决议修改章程使公司存续的"三种情形下，异议股东有权要求公司回购其股权，对应的是公司是否应当履行回购异议股东股权的法定义务。而本案属于某大公司是否有权基于公司章程的约定及与宋某军的合意而回购宋文军股权，对应的是某大公司是否具有回购宋某军股权的权利，二者性质不同，《公司法》第七十四条不能适用于本案。在本案中，宋某军于2006年6月3日向某大公司提出解除劳动合同申请并于同日手书《退股申请》，提出"本人要求全额退股，年终盈利与亏损与我无关"，该《退股申请》应视为其真实意思表示。某大公司于2006年8月28日退还其全额股金款2万元，并于2007年1月8日召开股东大会审议通过了宋某军等三位股东的退股申请，某大公司基于宋某军的退股申请，依照公司章程的规定回购宋某军的股权，程序并无不当。另外，《公司法》所规定的抽逃出资专指公司股东抽逃其对于公司出资的行为，公司不能构成抽逃出资的主体，宋文军的这一再审申请理由不能成立。综上，法院裁定驳回再审申请人宋某军的再审申请。

裁判结果： 西安市碑林区人民法院于2014年6月10日作出（2014）碑民初字第01339号民事判决，判令：驳回原告宋某军要求确认其具有被告西安市某大餐饮有限责任公司股东资格之诉讼请求。一审宣判后，宋某军提出上诉。西安市中级人民法院于2014年10月10日作出了（2014）西中民四终字第00277号民事判决书，驳回上诉，维持原判。终审宣判后，宋某军仍不服，向陕西省高级人民法院申请再审。陕西省高级人民法院于 2015 年 3 月 25 日作出（2014）陕民二申字第 00215 号民事裁定，驳回宋某军的再审申请。

笔者点评： 本案的一个争议点是围绕公司章程规定的股权转让的限制条款展开的，本案的裁判结果明确了股东在初始章程中约定对股权转让进行限制、约定回购条款的效力，即只要不违反公司法等强制性规定，可认定为有效条款。

本案强调了有限责任公司章程系公司设立时全体股东一致同意并对公司及全体股东产生约束力的规则性文件，股东按照《公司法》规定在公司章程上签名盖章即视为对公司章程的认可和同意，章程的规定对公司及股东均产生约束力。公司章程对内原则上都有效，除非违反了公司法的强制性条款。依据《公司法》第 11 条规定，公司章程对公司、股东、董事、监事、高级管理人员具有约束力。此种约束力不及于公司员工、公司的债权人及债务人。此处的公司员工仅指不具备股东、董事、监事、高级管理人员身份的与公司建立劳动关系的员工。本案中的员工系具有股东身份的员工，故章程对其具有约束力。

本案还强调了基于有限责任公司的封闭性和人合性的特点，章程对股权转让作出的限制性规定系公司自治的体现。公司章程将是否与公司具有劳动关系作为取得股东身份的依据进而作出人走股留的规定，符合有限责任公司人合性和封闭性的特点，系公司自治原则的体现，不违反公司法的禁止性规定。本案并未违反公司法的强制性规范，一般公司章程违反强制性条款中的管理性规范，原则上有效，违反强制性条款中的效力性规范则一律无效。

第四章 公司治理的风险和实务

第一节 公司治理的概述

公司治理，又名公司管治、企业管治，是一套程序、惯例、政策、法律及机构，主要是指公司的管理及控制。公司治理分为狭义的公司治理和广义的公司治理。有学者认为公司治理是指关于公司管理权配置（决策权、执行权、监督权）与公司绩效保障（股东、公司、利益相关者）的一系列制度。其中，狭义的公司治理是指所有者对经营者的一种监督与制衡机制，主要从股东会、董事会、监事会、经理层的角度展开，目标是保证股东利益的最大化；广义的公司治理是除了股东对经营者的监督与制衡机制外，还包括了债权人、雇员、供应商和政府等与公司有利害关系的个体或组织，以保证公司决策的公正性，从而维护各方面的利益。还有学者认为广义的公司治理是指通过一套包括正式或非正式的内部或外部制度或机制来协调公司与利益相关者（股东、债权人、供应者、雇员、政府、社区）之间的利益关系；狭义的公司治理是指所有者对经营者的一种监督和制衡机制，主要特点是通过股东大会、董事会、监事会及管理层所构成的公司治理结构进行内部治理。综上，我们认为，狭义的公司治理是指公司内部的利益关系的平衡；广义的公司治理是公司内部与外部的利益关系的平衡。

《OECD 公司治理原则》认为，在当今的经济体系中，公司治理带来的利益超过了公司业绩给股东带来的利益。公司治理的存在不仅解决了分离导致的一系列问题，其中包括管理权与所有权的分离、管理人与投资人的分离、信息的形成与信息知晓的分离、投资受益与风险承担分离。同时，也提高了经济效率即职业管理人带来的资产效益的最大化，促进了经济增长即采用法人治理机构来管理与扩大投资出口内需具有正相关关系，稳定了金融市场，增强了投资者信心，增强了公司竞争力。

公司治理模式，简而言之，即治理公司的基本方式。主要有三种，分别是外部控制主导型模式、内部控制主导型模式及家族控制主导型模式。

一、外部控制主导型模式

外部控制主导型模式是指在公司的制度框架中，对各相关主体的监控主要依赖于市场体系，即外部市场监控在公司治理中发挥主导作用。诸如以美国为代表的董事会一元制，这种模式是在董事会内部实行经营权与监督权的分离，就其实质而言，属于"董事会中心主义"。其主要特点是：（1）董事会处于公司治理的核心地位。英美等国多采用单层制董事会，不设监事会，董事会兼有决策和监督双重职能。独立董事在董事会中的比例多在半数以上，且独立董事在美国企业中越来越受到重视，并且通过法律维护独立董事的合法地位。（2）股票市场、借贷市场、经理市场、劳动力市场和产品市场一起构成对企业和高级管理人员的市场监控体系。（3）经理市场健全。成熟的经理人市场是对从事经理职业的这一群体有力的外部约束力量。（4）信息披露作为公司治理的决定性因素之一。

二、内部控制主导型模式

内部控制主导型模式是指股东和内部经理人的流动在公司治理中起着的主要作用。诸如以日本、中国台湾为代表的董监二元制。其主要特点是（1）董事会与监事会分立；（2）公司之间交叉持股，以加强公司间的业务联系。

三、家族控制主导型模式

家族控制主导型模式是指家族占有公司股权的相对多数，企业所有权与经营权不分离，家族在公司中起着主导作用的一种经营模式。其主要特点是：（1）所有权主要由家族控制；（2）企业决策家长化；（3）经营者鼓励约束双重性；（4）企业员工管理家庭化。

也有观点认为公司治理模式分为股东导向型、管理者导向型、劳工导向型、国家导向型，并且认为股东导向型是目前最具有竞争力的模式，因为利益链最短。但有可能过于重视股东利益的最大化，忽视了利益相关者的利益。

由于法律、哲学、历史传统、政治制度及其他条件的不同，以及适应外在环境的差异，各国公司治理结构的具体模式各有特点，其中所有者、经营者及监督者的角色定位存在一定差异，反映了不同的管理理念。各国公司法都提供各自的公司治理模式，不同的治理模式之间逐渐融合且有功能趋同的趋势。如在美国董事会一元制之下，由独立董事组建而成的审计委员会就明显带有监事会的特质。如果董事会中多数董事是与公司无关的独立董事，这种董事会更像是监事会。再如，中国台湾对于上市公司的监督机关设置赋予公司选择权，可以设置监察人，也可以设置由独立董事组建而成的审计委员会。《欧盟公司法指令》规定其成员国可以将本国公司自主转化成为按照指令组建的欧洲公司，相应地对于公司治理结构的模式也可以进行选择。又如，我国在公司治理结构和机制设计上学习和借鉴了英美模式和德日模式，主要表现在：

（1）借鉴了英美模式的董事会设置，引入了独立董事制度和专门委员会制度。例如，我国上市公司要求1/3的董事必须是独立董事，董事会应当设立审计委员会，并可以根据需要设立战略、提名、薪酬与考核等相关专门委员会。

（2）在治理结构上学习了日本的"平行三角制"模式。股东大会是最高权力机构，董事会是管理决策机构，监事会是监督机构。不同的是，由于中国引进了独立董事和委员会制度，因此其董事会权力比日本的要大；而日本更多依赖监事履行监督职能，因此其监事权力大于中国模式的监事会。

（3）在监事会成员构成上学习了德国的"共同决策制"。我国《公司法》规定，股份有限公司监事会中的职工代表的比例不得低于三分之一，职工代表由公司职工通过职工代表大会、职工大会或者其他形式民主选举产生。

第二节 股东会

公司内部治理结构通常由股东会、董事会、经理层和监事会组成，而股东会是内部治理结构的重要一环。

一、股东会概述

股东会是由全体股东组成的，决定公司经营管理上重大事项的机构。股东会是公司的最高权力机构，享有决策权，其他机构均由它产生并对它负责。在我国，有限责任公司或股份有限公司的股东会或股东大会由全体股东组成，决定公司经营管理的重大事项。股东会或股东大会是公司权力机构，其他机构都由它产生并对它负责。根据股东会会议召集的时间标准分为定期股东会会议与临时股东会会议。两者的区别在于股东会会议召集权人及召集程序不同。

定期股东会会议在性质上属于例会，又称股东常会、股东年会，是指公司按照法律或章程的规定必须定期召集的全体股东会议。定期股东会会议主要决定股东会职权范围内的例行重大事项。定期股东会会议通常是一年一次，有些公司也依章程规定一年召开两次。普通年会一般在上一会计年度结束之后的一定期限内召开。两次定期股东会会议的最长间隔期限一般在13～15个月之间，如英国公司法规定为15个月，美国许多州的公司法规定为13个月。

临时股东会会议，又称特别股东会会议，是指遇有特定情形，在两次普通年会之间不定期召开的全体股东会议。临时股东会会议一般为处置公司的突发重大变故而召开。各国公司法通常规定遇有以下情形应当召开临时股东会会议：（1）董事会或监事会按照公司章程的规定，认为必要时决定召开；（2）持有法定比例以上股份（出资）的股东提议或请求召开；（3）法院责令召开。在我国，按照《公司法》规定，有限责任公司召开临时股东会会议的法定事由为：代表1/10以上表决权的股东提议、1/3以上董事提议、监事会或者不设监事会的公司的监事提议。股份有限公司召开特别会议的法定事由为：董事人数不足法定人数或公司章程所定人数的 2/3、公司未弥补的亏损达实收股本总额的 1/3、单独或者合计持有公司股份 10% 以上的股东请求、董事会认为有必要召开、监事会提议召开、公司章程规定的其他情形。❶

二、股东会（大会）的职权

根据《公司法》第三十七条、第四十三条和第九十九条规定，股东会的职权可归纳为以下几类：

（1）重大事项决策权。具体包括：①决定公司的经营方针和投资计划；②对公司合并、分立、解散、清算或者变更公司形式作出决议。

（2）重大事项审批权。具体包括：①审议批准公司的利润分配方案和弥补亏损方案；②审议批准董事会的报告；③审议批准监事会或者监事的报告；④审议批准公司的年度财务预算方案、决算方案；⑤审议批准公司的利润分配方案和弥补亏损方案。

（3）重要人事任免权。具体包括：选举和更换非由职工代表担任的董事、监事，决定有关董事、监事的报酬事项。

（4）大额资金融资权。具体包括：①对公司增加或者减少注册资本作出决议；②对发行公司债券作出决议。

（5）修改公司章程权。根据公司法的相关规定，公司章程可以对对外投资和担保、股东的出资方式、出资额和出资时间、股东的分红比例等重要事项进行约定。

需要特别注意的是，上述各项职权中，修改公司章程、增加或者减少注册资本的决议，以及公司合并、分立、解散或者变更公司形式的决议这几项权利，因为涉及公司的生死存亡，因此只能由股东会行使，并且必须经至少代表三分之二以上表决权的股东通过才可以。

---

❶ 王建文：《商法教程》，中国人民大学出版社 2016 年第 3 版，第 159 页。

三、股东会的议事规则与表决方式

为了提高股东会开会的效率和股东的出席率,同时也为了避免控股股东或董事会在股东会上利用参会股东对所议事项没有提前准备或考虑不充分,而采取突袭手段操纵股东会决议,所以规定会议召集的通知程序就显得特别重要。[1]股东会会议是股东会的工作方式,是股东为行使股东会的职权,就股东会职权范围内的公司待决事项作出决议,而依照法律或公司章程召开的定期或临时会议。

我国公司法对股东会的议事规则、表决方式等进行了规定:首次股东会会议由出资最多的股东召集和主持。股东会会议由股东按照出资比例行使表决权;但是,公司章程另有规定的除外。股东会的议事方式和表决程序,除法律有规定的外,由公司章程规定。依据法律规定,股东会的决议均采用资本多数决原则,即决议须由出席股东会的代表表决权多数的股东通过方为有效。对于一般事项的决议,经出席会议的代表1/2以上表决权的股东通过即为有效,但股东会会议作出修改公司章程、增加或者减少注册资本的决议,以及公司合并、分立、解散或者变更公司形式的决议,必须经代表2/3以上表决权的股东通过。股份公司的关于股东会议事规则及决议的形成不同于有限责任公司的是:股份公司的股东是同股同权,且在选举董事或监事时,可以实行累积投票制。股东出席股东大会会议,所持每一股份有一表决权。但是,公司持有的本公司股份没有表决权。股东大会作出决议,必须经出席会议的股东所持表决权过半数通过。但是,股东大会作出修改公司章程、增加或者减少注册资本的决议,以及公司合并、分立、解散或者变更公司形式的决议,必须经出席会议的股东所持表决权的三分之二以上通过。

我国《公司法》对股东会议形式、股东表决权的行使和表决程序的法律安排充分体现了《公司法》所规定的自治精神。其中,出资比例和表决权比例均无实缴这一定语,是因为添加或不添加"实缴"均存在着不公平的现象,但可通过章

---

[1] 李东方:《公司法学》,中国政法大学出版社2012年版,第326页。

程明确区分两种情况以规避这种不公平。第一种情况是有一位或一位以上股东实缴出资的，按实缴出资比例行使表决权，第二种情况是所有股东都认缴出资了，但均无实缴出资，则应当按照认缴的出资比例来行使表决权，确保意思自治原则，同时也确保公司的股东不会陷入僵局。❶

四、股东会决议效力

股东会或股东大会决议无效，意味着公司决议自始、确定、当然、绝对不发生法律效力。公司决议无效除了不会发生表决权占优势地位的股东欲实现的法律效果，还会发生其他连带的法律效果。如控股股东根据股东会或股东大会决议开除股东资格时，被开除股东资格的股东享有股东资格恢复请求权；股东根据无效决议分取红利时，公司对分取股利的股东享有不当得利请求权等。

公司决议无效确认之诉的判决效力具有对世性，效力及于第三人，具有绝对的溯及力。但法律是维护交易安全的，对于善意第三人根据无效决议而取得的利益就应予以保护，即应当尽量尊重过去已经发生的事实关系，公司决议被确认无效后，应当视具体情况，不影响善意第三人的利益。❷

在我国，《公司法》规定："召开股东会会议，应当提前十五日通知，除非公司章程另有规定或者全体股东另有约定。如果通知没有遵守相关的规定，如会议由非召集权人召集、未通知部分股东或通知时间与方法不合法、通知内容不齐全等等，就构成程序瑕疵。"按照美国法律，程序瑕疵可以导致会议通过的决议无效；按照我国的司法实践，股东可以向法院起诉要求撤销股东会的决议。二者的结果实际上大同小异。❸

股东提起股东会决议撤销之诉，应否受时间的限制，是涉及股东权利维护的一个重要问题。对此，《公司法》明确规定："股东会会议召集程序、表决方式违反法律、行政法规或者公司章程，或者决议内容违反公司章程的，股东可以自决

---

❶ 刘俊海：《公司章程的个性化设计》，微信公众号"法律名家讲堂"，2019年5月21日上传。
❷ 徐强胜：《公司纠纷裁判依据新释新解》，人民法院出版社2014年版，第190页。
❸ 朱锦清：《公司法学（上）》，清华大学出版社2017年版，第303页。

议作出之日起 60 日内，请求人民法院撤销。"也就是说，如果股东自作出决议之日起 60 日内不诉请法院予以撤销的，则其不得再请求法院予以撤销。根据民法的一般原理，此种规定在性质上应为除斥期间。

2017 年 8 月 28 日最高人民法院正式发布《中华人民共和国公司法司法解释（四）》（简称《公司法解释（四）》），决议不成立成为独立的决议瑕疵类型，《公司法解释（四）》第 1 条明确了决议不成立之诉属于人民法院的受案范围。第 5 条规定决议不成立之诉可以适用的具体情形。公司股东、董事、监事等请求确认股东会或者股东大会、董事会决议无效或者不成立的，人民法院应当依法予以受理。原告请求确认股东会或者股东大会、董事会决议不成立、无效或者撤销决议的案件，应当列公司为被告。对决议涉及的其他利害关系人，可以依法列为第三人。一审法庭辩论终结前，其他有原告资格的人以相同的诉讼请求申请参加前款规定诉讼的，可以列为共同原告。

第三节　董事会

公司内部治理结构通常由股东会、董事会、经理层和监事会组成，而董事会是内部治理结构的重要一环。

一、董事会概述

董事会是由全体股东或职工民主选举的董事组成，负责执行股东（大）会决议的常设机构，是对内掌管公司事务、对外代表公司的经营决策和业务执行机构。董事会是公司常设机构，类似于国家的人大常委会。

有限责任公司设董事会，其成员为 3～13 人。股东人数较少或规模较小的有限责任公司，可以设一名执行董事，不设董事会。股份有限公司应一律设立董事会，其成员为 5～19 人。董事会设董事长一人，可设副董事长，董事长、副董事长的产生办法由公司章程规定，一般由董事会选举产生。董事任期由章程规定，最长三年，任期届满，可连选连任。董事在任期届满前，股东会不得无故解除其职务。董事会职权，包括但不限于制定经营计划或方针、决定经理薪酬等。董事会对股东会负责，行使下列职权：（1）召集股东会会议，并向股东会报告工作；（2）执行股东会的决议；（3）决定公司的经营计划和投资方案；（4）制订公司的年度财务预算方案、决算方案；（5）制订公司的利润分配方案和弥补亏损方案；（6）制订公司增加或者减少注册资本以及发行公司债券的方案；（7）制订公司合并、分立、解散或者变更公司形式的方案；（8）决定公司内部管理机构的设置；（9）决定聘任或者解聘公司经理及其报酬事项，并根据经理的提名决定聘任或者解聘公司副经理、财务负责人及其报酬事项；（10）制订公司的基本管理制度；（11）公司章程规定的其他职权。

二、议事方式和表决程序

在我国，董事会的议事方式和表决程序由章程规定。主要涉及以下问题：（1）会议有效的情况下出席董事会的董事的比例；（2）通过决议的票数是按全体董事计算还是按出席会议的董事来计算；（3）使表决通过的票数量；（4）特别表决程序的事项的内容。

公司召开董事会的会议通知，可以专人送达、传真、特快专递或挂号邮件、电子邮件等方式进行。董事会决议表决方式为举手表决或书面表决。董事会临时会议在保障董事充分表达意见的前提下，可以用专人送达、特快专递或传真方式进行并作出决议，并由参会董事签字。

三、董事

董事是指由公司股东会、股东大会或职工民主选举产生的具有实际权力和权威的管理公司事务的人员，是公司内部治理的主要力量，对内管理公司事务，对外代表公司进行经济活动。董事可以是股东也可以不是股东，也可是专家学者或技术人员。董事是公司董事会的成员，通常只负责公司某一方面的事务。占据董事职位的人可以是自然人，也可以是法人。但法人充当公司董事时，应指定一名有行为能力的自然人为代理人。依据与公司有无契约关系将董事分为执行董事、内部董事和非执行董事、外部董事。

我国目前尚无商业判断规则或避风港规则，可引入建立董事、高管的合理容错机制，鼓励公司的董事和高管开拓创新、锐意进取、勤勉尽责。❶

第四节　监事会

公司内部治理结构通常由股东会、董事会、经理层和监事会组成，而监事会是内部治理结构的重要一环。

一、监事会概述

监事会是公司的常设机构，相当于纪律检查委员会，负责监督公司的日常经营活动以及对董事、经理等人员违反法律、章程的行为予以指正。当公司利益受到重大损失，监事会可以以自己名义进行维权。为更好地履行监事会的职能，赋予其召集股东大会的请求权是合理的。监事会设立的目的系由于公司股东分散，专业知识和能力差别很大，为了防止董事会、经理滥用职权，损害公司和股东利益，就需要在股东大会上选出这种专门监督机关，代表股东大会行使监督职能。与公司的其他组织机构相比，各国公司法对公司的业务监督检查机构的称谓差异最大，有的称为监事会，有的称为监察委员会，也有的称为监察人或审计员，理论上则一般统称为监事会。

《公司法》规定，有限责任公司设监事会，其成员不得少于三人。股东人数较少或者规模较小的有限责任公司，可以设一至二名监事，不设监事会。董事、高级管理人员不得兼任监事。监事的任期每届为三年。监事任期届满，连选可以连任。

在不实行职工参与制的国家，监事会代表股东利益，监事一般由股东会选任，其选任方式与董事选任方式相同。除此之外，股份有限公司在发起设立时，可以

---

❶ 刘俊海：《公司章程的个性化设计》，微信公众号"法律名家讲堂"，2019年5月21日上传。

由发起人互选监事；在募集设立时，由创立大会选任监事。有限责任公司的监事还可以在章程中指定，或者由法院选任。在实行职工参与制的国家，监事会同时代表劳方利益，监事分别由股东会、职工或工会选任。我国《公司法》规定，监事会中的股东代表由股东会选任，职工代表由公司职工民主选任。❶

监事是股份公司中常设的监察机关的成员，也称"监察人"。通常监事会中至少应一人为股东，并在国内有住所。监事不得兼任董事或经理。监事的任期一般较董事短，各国规定不一。监事因故缺额时，应召集股东大会补选。监事的报酬，如果章程未定，应由股东大会决定。

二、监事会的职权

监事会的职权主要是检查公司财务、列席董事会会议、提议召开临时股东会、向股东会提出议案等，❷包括：(1)检查公司财务；(2)对董事、高级管理人员执行公司职务的行为进行监督，对违反法律、行政法规、公司章程或者股东会决议的董事、高级管理人员提出罢免的建议；(3)当董事、高级管理人员的行为损害公司的利益时，要求董事、高级管理人员予以纠正；(4)提议召开临时股东会会议，在董事会不履行《公司法》规定的召集和主持股东会会议职责时召集和主持股东会会议；(5)向股东会会议提出提案；(6)对董事、高级管理人员提起诉讼；(7)列席董事会会议，对所议事项提出质询和建议；(8)发现公司经营情况可以进行调查；(9)公司章程规定的其他职权。上市公司的监事会还可以对董事会编制的公司定期报告进行审核并提出书面审核意见。

三、议事方式和表决程序

监事会会议应当由有召集主持权的人召集和主持。有限责任公司监事会会议由监事会主席召集和主持；监事会主席不能履行职务或者不履行职务的，由半数以上监事共同推举一名监事召集和主持监事会议。股份有限公司的监事会主席不

---

❶ 王建文：《商法教程》，中国人民大学出版社2016年第3版，第175页。
❷ 朱锦清：《公司法学（上）》，清华大学出版社2017年版，第289页。

能履行职务时，还可以由监事会副主席召集和主持。我国《公司法》规定，监事会提议召开时，董事会应当在两个月内召开股东临时大会。但是如果董事会不为召集时，我国法律并没有规定相应的救济措施。

监事会决议是多数通过原则，应当经半数以上监事通过。监事会表决事项实行"一人一票"原则。

四、监事会的监督手段

为了完成监督职能，监事会不仅要进行会计监督，而且要进行业务监督。不仅要有事后监督，而且要有事前和事中监督（即计划、决策时的监督）。监事会对经营管理的业务监督包括以下方面：

一是通知经营管理机构停止其违法行为。当董事或经理人员执行业务时违反法律、公司章程以及从事登记营业范围之外的业务时，监事有权通知他们停止其行为。

二是随时调查公司的财务状况，审查账册文件，并有权要求董事会向其提供情况。

三是审核董事会编制的提供给股东（大）会的各种报表，并把审核意见向股东（大）会报告。

四是当监事会认为有必要时，一般是在公司出现重大问题时，可以提议召开股东（大）会。

此外，在以下特殊情况下，监事会有代表公司之权：

一是当公司与董事间发生诉讼时，除法律另有规定外，由监事会代表公司作为诉讼一方处理有关法律事宜。

二是当董事自己或他人与本公司有交涉时，由监事会代表公司与董事进行交涉。

三是当监事调查公司业务及财务状况，审核账册报表时，代表公司委托律师、会计师或其他监督法人。

第五节　公司法定代表人

法人是法律上拟制的人，不具备行为能力，法人的行为只能通过自然人才能得以体现和实施，自然人法定代表人的行为最终由法人享有权利并承担义务。法定代表人是法人组织机构的重要组成部分。公司法定代表人依照公司章程的规定，由董事长、执行董事或者经理担任，并依法登记。公司法定代表人变更，应当办理变更登记。

一、法定代表人概述

法定代表人指依法律或法人章程规定代表法人行使职权的负责人。公司章程可以约定设置两个法定代表人职位或设置副法定代表人制度，提前确定公司的新的法定代表人人选，让股东逐渐达成共识，以避免造成公司僵局。

例如，法定代表人不去签字或者不去工商局变更登记；公章遗失后发公报，必须法定代表人签字，报社才能刊登。法定代表人拒绝签字时，"经代表本公司 2/3 表决权的股东通过后，公司可以新选法定代表人，新任法定代表人与法定代表人具有同等效力和职责，具体变更工作按照国家相关规定办理，原法定代表人予以充分配合，如不配合并不影响新任法定代表人履行相关职责"。对于新选任的法定代表人的变更，地方工商局往往不会予以变更，这就涉及行政不作为，因而工商局可能会作为被告，待法院的判决结果确定后，才对法定代表人进行变更。❶

根据公司法规定，公司法定代表人依照公司章程的规定，由董事长、执行董事或经理担任，并依法登记。法定代表人的罢免也由公司章程规定。股东任法定代表人和外聘经理任法定代表人的不同，法定代表人系股东，一般都是大股东或发起人，外聘经理一般是股东或聘用劳动关系。

---

❶ 刘俊海：《公司章程的个性化设计》，微信公众号"法律名家讲堂"，2019 年 5 月 21 日上传。

二、法定代表人的适格条件

法人是具有民事权利能力和民事行为能力，依法独立享有民事权利和承担民事义务的组织。法人可以以自己的名义成为当事人。法人的生存和发展，依赖于其权利能力的实现，而这种法律所赋予法人组织享有一定权利和承担一定义务的资格，是通过法定代表人的行为转化为一种现实权利的，没有法定代表人的存在，也谈不上法人的存在。因此，法定代表人是法人组织机构的重要组成部分，是法人成立的必要条件之一。

法定代表人是由法律直接规定，能够代表法人进行民事活动的自然人。具体地说，法定代表人是依照法律或者法人组织章程规定，经登记主管机关核准登记注册，代表法人实施民事行为，并以法人的名义取得民事权利和承担民事义务的签字人。

法定代表人应该具备以下条件：

（1）必须是具有完全行为能力的自然人。法人是一个组织体，其本身享有的民事权利以及承担的民事义务，需要通过自然人的行为来实现。作为法定代表人的自然人的行为，将直接对其所代表的法人产生法律后果。无行为能力人和限制行为能力人，不能独立进行民事活动，需要由他的法定代理人代理，因此，法定代表人必须首先是具有完全行为能力的人。

（2）必须是具有一定管理能力和专业知识的自然人。法律赋予法定代表人的权利，就是准确、全面、直接地代表法人行使职权。因此，这就必然对担任这一职务的自然人，提出较高的要求。不仅要有较好的政治素质，同时，还必须有较高的业务素质，也就是说，法定代表人必须是法人业务活动的专业人士。

（3）必须是从事法人业务活动的人。法定代表人以企业法定代表人的身份，与其他经济组织或公民发生联系，从事法人的业务活动。这时，作为自然人的法定代表人并不是独立的民事主体，只是法人这一民事主体的代表，其行为产生的法律后果直接由法人承担。

（4）必须是执行机构的主要负责人。完善的法人机关应该包括决策机构、经营管理机构（执行机构）和监督机构三个体系。在决策机构和执行机构分设的情况下，通常由决策机构负责人作为法定代表人，但法律允许法人章程另有规定的除外。

三、法定代表人的职权

法定代表人的职责，通常来自公司的授权，且一般都体现在公司章程中。但因公司的设立、变更等需要完成工商登记手续，故只要是经登记的法定代表人，对外代表公司行为，一般情况下，其后果都是由公司承担。

法定代表人的具体职权如下：（1）办理工商局及其他机关登记签字时的职权。（2）对外签署合同从事商业交易。（3）代表公司利益对外发布公告、宣传、声明。（4）代为进行商务磋商、谈判，开展外事活动。（5）代表公司参与诉讼或处理纠纷。（6）代为接收、发送相关商务文书或法律文书的职权。（7）代为委托律师处理公司事务。法定代表人的职权是由股东约定的，只有被授权后才能实现。❶

四、法定代表人的行为责任

《民法典》第六十二条规定："法定代表人因执行职务造成他人损害的，由法人承担民事责任。法人承担民事责任后，依照法律或者法人章程的规定，可以向有过错的法定代表人追偿。"《民法通则》未对此作出直接的规定，但是可以认为，该法第四十三条关于"企业法人对他人的法定代表人和其他工作人员的经营活动，承担民事责任"的规定中包含了法定代表人执行职务致人损害的责任。与该规定相比，《民法典》第六十二条的规定明确了法定代表人因执行职务造成他人损害由法人承担民事责任，而且还新增了法人的追偿权。❷

法定代表人因执行职务造成他人损害由法人承担民事责任，包含在《民法典》第1191条第1款规定的"用人单位的责任"之中。法定代表人造成他人损害，由法人承担责任，必须是因"执行职务"造成的。如何认定"执行职务"，可以借鉴

---

❶ 刘俊海：《公司章程的个性化设计》，微信公众号"法律名家讲堂"，2019年5月21日上传。
❷ 杨立新、李怡雯：《中国民法典新规则要点》，法律出版社2020年版，第55页。

用工责任（或称雇主责任）中的外观说或客观说。只要法定代表人的行为外观上可以认定为执行职务的，即为职务行为。❶

法定代表人对内对外正当履行职责造成公司损失时，并不为此承担个人责任，除非其行为构成徇私舞弊、玩忽职守、重大过失或故意损害公司利益。❷

越权代表，是指法人、其他组织的法定代表人、负责人超越权限实施民事法律行为。超越职权的产生存在两种情形：一是违反法律对代表权的限制；二是违反章程、股东会或董事会决议对法定代表人的授权限制。公司承担责任后，可追究法定代表人的内部责任，如解除其职务或要求其赔偿。法定代表人的无偿赠与是否对公司生效的问题，现阶段的答案是可能归于无效。❸

代理权滥用，是指法定代表人在行使代表权时，利用其代表权而与自己或者第三人谋取利益并给公司造成损失的行为。对于法定代表人滥用职权行为的处理，与超越职权行为的处理原则是一致的，即其代表行为有效，但限于相对人是善意第三人。也就是说，尽管法定代表人滥用了职权，但从交易安全的角度考虑，公司不得否认其行为的有效性，除非公司能够证明交易相对人存在恶意，即相对人知道或者应当知道其行为是滥用职权。

表见代表，是指法人或其他组织的法定代表人或负责人超越了代表权限实施民事法律行为的，善意相对人基于一定客观事实有正当理由相信其没有超越代表权限的，其代表行为有效的制度。

第六节 董监高人员资格

董监高是指公司的董事、监事和高级管理人员。董事是指董事会的成员；监事是指监事会的成员；高级管理人员是指公司的经理、副经理、财务负责人，以及上市公司董事会秘书和公司章程规定的其他人员。董监高是上述人员的简称，可在章程中约定董监高的具体人员。董监高是公司的重要管理层，故法律规定了

---

❶ 王利明：《民法总则研究》，中国人民大学出版社 2018 年第 3 版，第 293 页。
❷ 刘俊海：《公司章程的个性化设计》，微信公众号"法律名家讲堂"，2019 年 5 月 21 日上传。

董监高的任职资格、范围及信义义务。

一、董监高的任职资格

《公司法》规定："有下列情形之一的，不得担任公司的董事、监事、高级管理人员：（一）无民事行为能力或者限制民事行为能力；（二）因贪污、贿赂、侵占财产、挪用财产或者破坏社会主义市场经济秩序，被判处刑罚，执行期满未逾五年，或者因犯罪被剥夺政治权利，执行期满未逾五年；（三）担任破产清算的公司、企业的董事或者厂长、经理，对该公司、企业的破产负有个人责任的，自该公司、企业破产清算完结之日起未逾三年；（四）担任因违法被吊销营业执照、责令关闭的公司、企业的法定代表人，并负有个人责任的，自该公司、企业被吊销营业执照之日起未逾三年；（五）个人所负数额较大的债务到期未清偿。公司违反前款规定选举、委派董事、监事或者聘任高级管理人员的，该选举、委派或者聘任无效。董事、监事、高级管理人员在任职期间出现本条第一款所列情形的，公司应当解除其职务。"

二、董监高的范围

（一）董事

依据与公司是否有契约关系，可将董事分为执行董事、内部董事和非执行董事、外部董事。其中，执行董事是指参与经营的董事。作为法定意义上的执行董事，是指规模较小的有限公司在不设立董事会的情况下设立的负责公司经营管理的董事。非执行董事，又称为外部董事，是指除了董事身份外与公司没有任何其他契约关系的董事，即不是本公司职工的董事，包括不参与管理和生产经营活动的企业外股东和股东大会决议聘任的非股东的专家、学者等。

（二）监事

监事是公司中常设的监察机关的成员，又称"监察人"，其中，董事、高级管理人员不得兼任监事。监事可以是股东代表，也可以是职工代表。其中，股东代表由股东会选举产生，职工代表由公司职工民主选举产生或工会组织选任。在特定情况下，法院也可以任命监事。如德国《股份公司法》第一百零四条规定，如果监事会不拥有做出决议所必须的成员数，那么法院可以根据监事会、1 名监事会成员或者 1 名股东的申请，任命监事以补足。

（三）高级管理人员

高级管理人员，就是指公司管理层中担任重要职务、负责公司经营管理、掌握公司重要信息的人员，主要包括经理、副经理、财务负责人、上市公司董事会秘书和公司章程规定的其他人员。

三、董监高的信义义务

（一）忠实义务

董监高的忠实义务是指董事、高管必须以公司的利益为其最高目标和全部期望，不得在履行职责时掺杂自己的个人私利或为第三人谋取利益，不得将自己的利益置于公司的利益之上。

（二）勤勉义务

董监高的勤勉义务是指董事、监事、高管在处理公司事务时，应尽到如同一个谨慎的人处于同等地位与情形下对其所经营的事项所给予的注意一样的谨慎义务。即董事、高管在作为业务执行者和经营者处理公司事务时，应当怀有善意，并从公司的最大利益出发来考虑问题。

为了使勤勉义务不至于束缚住董事的手脚和创造力，各国在强调董事注意义务的同时，也设计出一些董事勤勉义务的责任例外规则或制度，最具代表性的就是商业判断规则。商业判断规则，又称经营判断规则（Business Judgment Rule，BJR），是指当董事会所作决策基于合理的信息并具有一定合理性时，即使该决策从公司的角度来看是错误的、有害的，也不能追究董事的责任。这是由美国法院

创设而发展出来的、免除董事就合理经营失误承担责任的一项法律制度。❶

2020年3月1日颁布的《新证券法》加强对信息披露违法违规的打击力度，信息披露违法违规最高处罚1000万元。为了使勤勉义务不至于束缚住董事的手脚和创造力，我国上市公司逐渐开始购买董监高责任险来降低公司董监高正常履行职责可能引致的风险。其中，董监高责任险，又称董责险，是指董监高人员责任保险，用来保障公司董事、监事与高级管理人员在履行他们的管理职责过程中，因被指控工作疏忽或行为不当而被追究的个人赔偿责任。

四、董监高的行为责任

（一）宣告行为无效

美国公司法称之为"宣告"（declaration），即当董监高违反法律或公司章程作出决议或者进行的行为，侵害了公司或股东的权利，公司或者股东有权请求法院确认该行为无效。我国《公司法》规定，公司股东会或者股东大会、董事会的决议内容违反法律、行政法规的无效；股东会或者股东大会、董事会的会议召集程序、表决方式违反法律、行政法规或者公司章程，或者决议内容违反公司章程的，股东可以自作出决议之日起60日内，请求人民法院撤销。依此规定，不仅董事等违反法律强制性规范作出的违背义务的行为应无效，而且即使董事的行为经过股东会或董事会的批准，但在内容和程序上有瑕疵，也有可能被法院宣告无效。但须注意，在董事违反竞业禁止义务和禁止篡夺公司机会义务的情形下，董事等应当承担赔偿损失等其他法律责任。但从保护善意第三人利益和维护交易秩序出发，不宜将董事从事的竞业行为和利用公司商业机会进行的交易行为一概宣告为无效。当然，如果董事事先与第三人恶意串通的，应为无效。

（二）停止侵害和赔偿损失

美国公司法中，董监高进行或者将进行违法行为的情况下，法院根据权利人

---

❶ 李东方：《公司法学》，中国政法大学出版社2012年版，第364页。

的申请，有权责令其停止该违法行为。我国《公司法》规定："董事、高级管理人员不得有下列行为：（一）挪用公司资金；（二）将公司资金以其个人名义或者以其他个人名义开立账户存储；（三）违反公司章程的规定，未经股东会、股东大会或者董事会同意，将公司资金借贷给他人或者以公司财产为他人提供担保；（四）违反公司章程的规定或者未经股东会、股东大会同意，与本公司订立合同或者进行交易；（五）未经股东会或者股东大会同意，利用职务便利为自己或者他人谋取属于公司的商业机会，自营或者为他人经营与所任职公司同类的业务；（六）接受他人与公司交易的佣金归为己有；（七）擅自披露公司秘密；（八）违反对公司忠实义务的其他行为。董事、高级管理人员违反前款规定所得的收入应当归公司所有。""董事、高级管理人员有上述规定的情形的，有限责任公司的股东、股份有限公司连续一百八十日以上单独或者合计持有公司百分之一以上股份的股东，可以书面请求监事会或者不设监事会的有限责任公司的监事向人民法院提起诉讼；监事有上述情形的，前述股东可以书面请求董事会或者不设董事会的有限责任公司的执行董事向人民法院提起诉讼。监事会、不设监事会的有限责任公司的监事，或者董事会、执行董事收到前款规定的股东书面请求后拒绝提起诉讼，或者自收到请求之日起三十日内未提起诉讼，或者情况紧急、不立即提起诉讼将会使公司利益受到难以弥补的损害的，前述规定的股东有权为了公司的利益以自己的名义直接向人民法院提起诉讼。他人侵犯公司合法权益，给公司造成损失的，前述股东可以依照前两款的规定向人民法院提起诉讼。""董事、监事、高级管理人员执行公司职务时违反法律、行政法规或者公司章程的规定，损害股东权益的，股东可以向人民法院提起诉讼。"

第七节　法律风险案例及评析

案例： 林某清诉常熟市某凯实业有限公司、戴某明公司解散纠纷案

案情介绍： 某凯公司成立于2002年1月，林某清与戴某明系该公司股东，各占50%的股份，戴某明任公司法定代表人及执行董事，林某清任公司总经理兼公

司监事。某凯公司章程明确规定:"股东会的决议须经代表二分之一以上表决权的股东通过,但对公司增加或减少注册资本、合并、解散、变更公司形式、修改公司章程作出决议时,必须经代表三分之二以上表决权的股东通过。股东会会议由股东按照出资比例行使表决权。"2006年起,林某清与戴某明两人之间的矛盾逐渐显现。同年5月9日,林某清提议并通知召开股东会,由于戴某明认为林某清没有召集会议的权利,会议未能召开。同年6月6日、8月8日、9月16日、10月10日、10月17日,林某清委托律师向某凯公司和戴某明发函称,因股东权益受到严重侵害,林某清作为享有公司股东会二分之一表决权的股东,已按公司章程规定的程序表决并通过了解散某凯公司的决议,要求戴某明提供某凯公司的财务账册等资料,并对某凯公司进行清算。同年6月17日、9月7日、10月13日,戴某明回函称,林某清作出的股东会决议没有合法依据,戴某明不同意解散公司,并要求林某清交出公司财务资料。同年11月15日、25日,林某清再次向某凯公司和戴某明发函,要求某凯公司和戴某明提供公司财务账册等供其查阅、分配公司收入、解散公司。

江苏常熟服装城管理委员会(简称服装城管委会)证明某凯公司目前经营尚正常,且愿意组织林某清和戴某明进行调解。

另查明,某凯公司章程载明监事行使下列权利:(1)检查公司财务;(2)对执行董事、经理执行公司职务时违反法律、法规或者公司章程的行为进行监督;(3)当董事和经理的行为损害公司的利益时,要求董事和经理予以纠正;(4)提议召开临时股东会。从2006年6月1日至今,某凯公司未召开过股东会。服装城管委会调解委员会于2009年12月15日、16日两次组织双方进行调解,但均未成功。

案例索引:(2006)苏中民二初字第0277号、(2010)苏商终字第0043号

裁判要点:《公司法》第一百八十三条将"公司经营管理发生严重困难"作为股东提起解散公司之诉的条件之一。判断"公司经营管理是否发生严重困难",应从公司组织机构的运行状态进行综合分析。公司虽处于盈利状态,但其股东会机制长期失灵,内部管理有严重障碍,已陷入僵局状态,可以认定为公司经营管理发生严重困难。对于符合公司法及相关司法解释规定的其他条件的,人民法院可

以依法判决公司解散。

　　法院生效裁判认为：首先，某凯公司的经营管理已发生严重困难。根据《公司法》第一百八十三条和《最高人民法院关于适用〈中华人民共和国公司法〉若干问题的规定（二）》[简称《公司法司法解释（二）》]第一条的规定，判断公司的经营管理是否出现严重困难，应当从公司的股东会、董事会或执行董事及监事会或监事的运行现状进行综合分析。"公司经营管理发生严重困难"的侧重点在于公司管理方面存有严重内部障碍，如股东会机制失灵、无法就公司的经营管理进行决策等，不应片面理解为公司资金缺乏、严重亏损等经营性困难。本案中，某凯公司仅有戴某明与林某清两名股东，两人各占50%的股份，某凯公司章程规定"股东会的决议须经代表二分之一以上表决权的股东通过"，且各方当事人一致认可该"二分之一以上"不包括本数。因此，只要两名股东的意见存有分歧、互不配合，就无法形成有效表决，显然影响公司的运营。某凯公司已持续4年未召开股东会，无法形成有效股东会决议，也就无法通过股东会决议的方式管理公司，股东会机制已经失灵。执行董事戴某明作为互有矛盾的两名股东之一，其管理公司的行为，已无法贯彻股东会的决议。林某清作为公司监事不能正常行使监事职权，无法发挥监督作用。由于某凯公司的内部机制已无法正常运行、无法对公司的经营作出决策，即使尚未处于亏损状况，也不能改变该公司的经营管理已发生严重困难的事实。

　　其次，由于某凯公司的内部运营机制早已失灵，林某清的股东权、监事权长期处于无法行使的状态，其投资某凯公司的目的无法实现，利益受到重大损失，且某凯公司的僵局通过其他途径长期无法解决。《公司法司法解释（二）》第五条明确规定了"当事人不能协商一致使公司存续的，人民法院应当及时判决"。本案中，林某清在提起公司解散诉讼之前，已通过其他途径试图化解与戴某明之间的矛盾，服装城管委会也曾组织双方当事人调解，但双方仍不能达成一致意见。两审法院也基于慎用司法手段强制解散公司的考虑，积极进行调解，但均未成功。

　　此外，林某清持有某凯公司50%的股份，也符合公司法关于提起公司解散诉讼的股东须持有公司10%以上股份的条件。

综上所述，某凯公司已符合《公司法》及《公司法司法解释（二）》所规定的股东提起解散公司之诉的条件。二审法院从充分保护股东合法权益，合理规范公司治理结构，促进市场经济健康有序发展的角度出发，依法作出了上述判决。

裁判结果： 江苏省苏州市中级人民法院于2009年12月8日以（2006）苏中民二初字第0277号民事判决，驳回林某清的诉讼请求。宣判后，林某清提起上诉。江苏省高级人民法院于2010年10月19日以（2010）苏商终字第0043号民事判决，撤销一审判决，依法改判解散某凯公司。

笔者点评： "公司僵局"是指公司在存续运行中由于股东、董事之间矛盾激化而处于僵持状况，导致股东会、董事会等公司机关不能按照法定程序作出决策，从而使公司陷入无法正常运转，甚至瘫痪的状况。公司内部各权力机关显然已陷入瘫痪状态，持有50%份额的股东林某清的权利受到严重的损害，对其来讲，当初成立公司的目的彻底落空，继续维持公司的存在将会使其利益受到更大的损害。本案强调了公司运营机制失灵的具体标准，即为公司的股东会、董事会或执行董事及监事会或监事无法正常行使权利，或股东投资公司的目的无法实现。

公司治理机制是指公司治理的运行原理。具体包括了内部治理机制和外部治理机制。其中，外部治理机制包括了市场机制、权益机制、管理机制等，主要依托于信息披露制度、中介机构、法律法规、政府监管、舆论监督、资本市场、经理人市场；内部治理机制是指股东会决策、董事会、经理执行、监事会监督董事会经理执行。公司的运行依赖于内外部治理机制，只有内外部治理机制协同正常运作，公司才能正常运行。

第五章 公司资本的风险和实务

第一节 公司资本概述

一、公司资本概念

研究公司资本,首先需要明确的是公司资本的概念。公司资本在不同学科、不同领域有着不同的含义。从会计学的角度讲,公司资本是公司投资者为公司生产经营活动而投入的资金。《公司法》中,公司资本通常是指公司的注册资本。

《公司法》第二十六条第一款规定:"有限责任公司的注册资本为在公司登记机关登记的全体股东认缴的出资额。"《公司法》第八十条规定:"股份有限公司采取发起设立方式设立的,注册资本为在公司登记机关登记的全体发起人认购的股本总额。股份有限公司采取募集方式设立的,注册资本为在公司登记机关登记的实收股本总额。"

根据《公司法》的规定来看,有限公司的公司资本是指股东认缴的出资额;发起设立的股份公司是发起人认购的股本总额;募集设立的股份公司是实收的股本总额。公司资本具体的外在体现是体现在公司登记机关的登记文件上,以公司登记文件为基础而产生的工商营业执照也是体现公司资本的一种外在形式。公司登记文件具有公示公信的效力,因此公司资本也是具有公示公信效力的。

在司法实践中,商业交易的一方在与另一方进行商业交易时往往要求对方提供营业执照或者通过网络检索另一方的工商信息,就是基于公司资本的公示公信效力来了解交易对手的注册资本,以作为交易风险的一个判别因素。

二、公司资本的意义

公司资本是公司成立的基本条件。《公司法》第二十三条规定:"设立有限责任公司,应当具备下列条件:(一)股东符合法定人数;(二)有符合章程规定的全体股东认缴的出资额;(三)股东共同制定公司章程;(四)有公司名称、建立符合有限责任公司要求的组织机构;(五)有公司住所。"从该法律规定看,有符合章程规定的全体股东认缴的出资额是有限责任设立应当具备的前提条件。《公司法》第七十六条规定:"设立股份有限公司,应当具备下列条件:(一)发起人符合法定人数;(二)有符合公司章程规定的全体发起人认购的股本总额或者募集的实收股本总额;(三)股份发行、筹办事项符合法律规定;(四)发起人制订公司章程、采用募集方式设立的经创立大会通过;(五)有公司名称,建立符合股份有限公司要求的组织机构;(六)有公司住所。"从该法律规定看,有符合公司章程规定的全体发起人认购的股本总额或募集的实收股本总额是股份公司设立应当具备的前提条件。综合有限公司和股份公司的设立条件来看,公司资本是公司成立的基本条件。

公司资本是公司法人资格的物质基础。《公司法》第三条第一款规定:"公司是企业法人,有独立的法人财产,享有法人财产权。公司以其全部财产对公司的债务承担责任。"根据该规定,在股东按照股东之间的投资合作协议或公司章程将出资投入到公司之后,公司即对股东向其投资的资本享有所有权。公司之所以能被称为独立法人,其根本原因就是公司对公司资本享有完全的、独立的所有权。正是公司具备了独立的财产权利,才具备向商业交易对象承担责任的能力和物质基础。

公司资本具备公示公信意义。前文中我们讲到了公司资本需要被登记在工商行政系统之中,而任何主体都可以在商业活动过程中通过工商行政系统查询公司资本,从这个层面上来说,公司资本具备了公示的意义。公司资本可以被查询得知,在商业主体之间开展商业活动时会基于已经公示的公司资本作为商业决策的参考因素,因而,公司资本即具备了公信的意义。所以我们可以说公司资本具备公示公信的意义。

公司资本是公司股东的责任上限。《公司法》第三条第二款规定："有限责任公司的股东以其认缴的出资额为限对公司承担责任；股份有限公司的股东以其认购的股份为限对公司承担责任。"从该规定可以看出，无论是有限责任公司还是股份有限公司，其股东所承担的责任均为有限责任，其责任上限为股东认缴的出资额或认购的股份。从股东的角度而言，股东以其认缴的出资额或认购的股份对公司的债务承担责任，股东认缴的出资额或认购的股份就构成了公司的资本，因此公司的资本就是全体股东的责任上限，如果股东履行了出资义务，公司资本真实到位，股东也就不需要对公司的债务承担进一步责任。

第二节　资本三原则

长期以来，大陆法系国家在坚持法定资本制的同时，为了全面强调公司资本在公司经营中的意义及作用，以公司资本作为巩固公司的信用、保护债权人利益的基本手段，形成了系统的资本三原则，即资本确定原则、资本维持原则和资本不变原则。❶

一、资本确定原则

资本确定原则，又称"资本法定制"，是指在公司设立时，公司章程中规定的资本应由发起人及股东全部认足，并按期缴纳，否则公司不能成立的一种原则。资本确定原则旨在保证公司资本的真实可靠性，依据该原则可防止滥设公司和公司设立中的欺诈行为，加强公司的信用。

大陆法系国家大多采用此原则，一些国家也兼采英美国家的授权资本制原则。授权资本制虽也在公司章程中规定资本总额，但其股份是否认足与公司成立无关，股东只要认购了一定数额以上股份，公司即可成立。尚未认购的股份，则授权董事会视实际情况再行募集资本。

---

❶ 唐德华、高圣平:《公司法及配套规定新释新解（上）》，人民法院出版社 2005 年版，第 301–303 页。

资本确定原则有法定资本制、授权资本制和折衷资本制等实现方式。普通法系国家公司法采取"授权资本制",允许公司依章程形式授权董事会在公司设立后,视业务情况随时发行新股票以增加资本。这一制度有助于创办大型公司、及时调度资本,但容易增加交易风险。现在大陆法系国家大多兼容两者优点,在此基础上形成认许资本制(许可资本制)和折衷授权资本制。认许资本制是以德国为代表的某些大陆法系国家允许公司章程中认许董事会在法定期限和数额内依增资程序发行新股。德国1937年的《股份有限公司法》规定:"公司成立时得认许董事会在五年内按照原资本总额的半数发行新股。"折衷资本制以日本公司法为代表,公司设立时只须认足一定比例的股权总额,其余股份视公司实际需要募集。中国台湾现行公司法也采取折衷资本制。

我国目前实行的是认缴资本制。认缴制又称注册资本认缴登记制,工商局的营业执照只登记公司所有股东认缴的注册资本总额,不强制要求提交验资报告,注册公司时将认定的注册资本设定一个期限分段缴清,不需要一开始就缴全。

二、资本维持原则

资本维持原则,又称"资本的充实原则",是指公司在其存续过程中应维持与其资本总额相当的财产,旨在保护债权人利益。为此,一般公司规定,公司分配股利前应当弥补亏损和提取公积金;发行额面股份,不得以低于面额的价格发行;对实物出资实行严格监督,发起人和董事应对资本的维持负责等,以防止资本的实质减少。

资本维持原则实践之运用、功能之发挥的关键是公司实际财产维持的基准问题,该基准作为维持公司实际财产的尺度,必须具有简单确定而又不易波动的性质。学界通说将基准界定为公司资本额,即注册资本。资本维持原则在公司成立阶段和公司成立后的阶段有着不同的体现。

在公司成立阶段,资本维持原则的要求是股东真实地向公司出资,使得公司的注册资本确实充实。股东出资的缴纳,在不同的公司资本制度下会有不同的表现。在法定资本制下,公司的注册资本于公司成立时必须全额认购并全额缴纳;

在授权资本制或折衷授权资本制下，公司的注册资本于公司成立时并不全额认购而认购资本也并非要求一次性全额缴纳。但无论如何，根据资本维持原则，在公司成立时，股东必须依照法律或公司章程的规定，全额缴纳自己应该缴纳的出资。

资本维持原则在公司成立阶段的具体制度设计上，主要包括以下四方面：

其一，股东必须履行实际出资义务，包括依法按时完成出资财产的实际交付且必须依法办理权利转移登记等相关的法律手续。股东未按照法律规定和章程约定履行出资义务时，将依法对公司承担继续履行、损害赔偿等法律责任，同时也将依法对已经按约出资的股东承担相应的违约责任。

其二，股东必须履行完全出资义务，包括全额缴纳出资、不得高估作为出资财产的价值、不得以低于股票面额的价格发行股票等，以确保公司资本都有公司实际财产与之对应。股东未履行完全出资义务时，仍须依法承担继续履行、损害赔偿等法律责任。

其三，股东未依法履行前两项出资义务时，相关人员的连带法律责任主要是公司成立时的股东或发起人及董事在股东违反前两项出资义务时，依法与该股东负连带缴纳的出资义务，以促进股东出资义务的监督与担保履行，保证公司资本的充实。

其四，公司债权人的保护机制。在前述股东出资义务及相关人员连带缴纳出资义务未依法得到切实履行时，实际生活中极可能出现的情况是公司或其他股东不积极主张权利，最终受到损害的是公司债权人，这时无疑应赋予公司债权人以直接请求权，以免债权人的合法权益因股东的出资不实而受到侵害。

在公司成立后阶段，资本维持原则的视角在于规制股东、公司及其管理者的行为，避免公司的实际财产因股东、公司及其管理者的行为导致的不当减少，防止公司资本徒具象征意义而没有实际财产与之相对应。资本维持原则在该阶段的具体制度设计上主要包括：禁止股东在公司成立后抽逃出资；除依据法律的特别规定并履行相应的法律程序外，公司原则上禁止回购自己的股份；公司在弥补亏损时、依法提取公积金与公益金之前，不得向股东分配利润；公司的公积金原则上只用于特殊的用途，而不得用于股利分配；公司的对外担保及赠与行为需依照严格的法律规定进行等等。

资本维持原则的两个阶段时间上紧密衔接，功能上又相辅相成。第一阶段为第二阶段确定了维持基础，没有第一阶段的切实完成，第二阶段将根本没有实施可能性；第二阶段确保第一阶段的资本充实成果，没有第二阶段的有效实施，第一阶段的工作也将毫无意义。但同时必须看到，第一阶段股东出资带有一定程度的静态、确定的性质，且依法须通过公司章程等登记材料予以公示又辅之以有关审查机关的介入，使得资本维持原则的贯彻较容易。而在第二阶段，公司资本运营完全掌握在股东、公司管理者等手中，外人仅根据公司财务报表很难真正了解公司资本的实际运营情况，这无疑加大了资本维持原则的操作难度。所以有学者认为，"第二阶段之设计实远较第一阶段重要，且应更加绵密"，法律对第二阶段资本维持原则的制度设计应给以更多的关注。

三、资本不变原则

资本不变原则是指公司资本总额一经确认，非依法定程序，不得任意变动的原则。资本不变原则的确立既有利于保护债权人的利益，又有利于保护股东的利益。当公司资本减少时，必然会使其偿付能力减弱，从而影响到债权人利益的实现。而当公司增加资本时，虽于债权人有益无害，但因资本过剩，会影响股东利益的实现。为实现资本不变的目的，法律对资本的增加和减少都有相应的规定。如公司减少资本时，除应经股东会决议外，尚须向各债权人分别通知及公告，对于提出异议的债权人，须进行清偿或为其债权提供相当的担保；公司非将已规定的股份全数发行后，不得增加资本，等等。资本不变原则所强调的是非经法定程序修改章程，不得变动公司资本，是对公司资本静态的维护。

第三节　出资法律制度

一、注册资本

在公司资本概念的论述部分我们阐明了有限公司的注册资本为在公司登记机

关登记的全体股东认缴的出资额；股份有限公司注册资本为在公司登记机关登记的全体发起人认购的股本总额或实收股本总额。

公司注册资本实缴制就是工商部门在办理公司设立登记业务时登记的注册资本是多少，出资人在设立公司时就需要将出资全部向公司缴足，货币出资要缴纳至公司的银行账户、实物出资要完成交付的权属转移并完成相应的验资。公司注册资本认缴制是工商部门在办理公司设立登记业务时只登记公司注册资本，不再向出资人索要验资证明文件，不再要求出资人当即向公司出资到位。

2013年颁布的《公司法》（现已被修订）第二十三条规定："设立有限责任公司，应当具备下列条件：（一）股东符合法定人数；（二）有符合公司章程规定的全体股东认缴的出资额；（三）股东共同制定的公司章程；（四）有公司名称，建立符合有限责任公司要求的组织机构；（五）有公司住所。"在此之前2005年颁布的《公司法》（现已被修订）第二十三条规定："设立有限责任公司，应当具备下列条件：（一）股东符合法定人数；（二）股东出资达到法定资本最低限额；（三）股东共同制定公司章程；（四）有公司名称，建立符合有限责任公司要求的组织机构；（五）有公司住所。"由此可见，在2013年之前公司法在注册资本上要求在公司设立时出资即达到最低限额，而在2013年之后的公司法在注册资本上仅要求由符合公司章程规定的全体股东认缴的出资额。我国的注册资本制度也随着2013年《公司法》的施行由实缴制变革为认缴制。与此同时，2014年2月20日国家工商行政管理总局令第64号公布的《公司注册资本登记管理规定（2014）》也确定了我国工商管理部门在注册资本认缴制下的具体管理规定。在此之前，已被废止的《公司注册资本登记管理规定（2005）》所确定的登记管理规定是以实缴制为前提的。

《公司注册资本登记管理规定（2005）》第十条规定："有限责任公司注册资本的最低限额为人民币三万元，一人有限责任公司的注册资本最低限额为人民币十万元，股份有限公司注册资本的最低限额为人民币五百万元。法律、行政法规对有限责任公司、股份有限公司注册资本的最低限额有较高规定的，从其规定。公司全体股东或者发起人的货币出资金额不得低于公司注册资本的百分之三十。募集设立的股份有限公司发起人认购的股份不得少于公司股份总数的百分之三十五；但是，法律、行政法规另有规定的，从其规定。"从该规定可以看出，在2014年3月1日之前工商登记过程中对于注册资本是有最低限额要求。《公司注册资本登记管理规定（2014）》第九条规定："公司的注册资本由公司章程规定，登记机关按照公司章程规定予以登记。以募集方式设立的股份有限公司的注册资本应当经验资机构验资。公司注册资本发生变化，应当修改公司章程并向公司登记机关依法申请办理变更登记。"自2014年3月1日起，不再限制公司设立时全体股东（发起人）的首次出资比例，不再限制公司全体股东（发起人）的货币出资金额占注册资本的比例，不再规定公司股东（发起人）缴足出资的期限。公司实收资本不再作为工商登记事项。公司登记时，无需提交验资报告。

在注册资本认缴制度下，现行法律、行政法规以及国务院决定明确规定实行注册资本实缴登记制的银行业金融机构、证券公司、期货公司、基金管理公司、保险公司、保险专业代理机构和保险经纪人、直销企业、对外劳务合作企业、融资性担保公司、募集设立的股份有限公司，以及劳务派遣企业、典当行、保险资产管理公司、小额贷款公司仍实行实缴制。

注册资本从实缴制到认缴制的变革是为了通过改革公司注册资本及其他登记事项，进一步放松对市场主体准入的管制，降低准入门槛，优化营商环境，促进市场主体加快发展。在认缴制背景下，投资人在设立公司时，往往不需要立刻向公司转移出资标的，转移期限也以投资人之间的约定期限为准，出资额的数额也没有最低限度，其带来的最明显的变化就是公司的市场准入门槛明显降低，投资人的意愿被激活，公司的数量随着认缴制制度的建立而明显提升，市场活力增强。

公司法将注册资本实缴制变革为认缴制后，工商部门的登记事项也做了配套修改，有限责任公司和发起设立的股份有限公司的设立和增资都不需要再验资并提交验资报告，企业年检制度改为企业年度报告公示制度。登记机关对公司设立的形式审查意义进一步彰显，登记机关也逐渐由行政监管职能向商业服务职能转变。在认缴制背景下，股东的出资不能立刻转移到公司，也一定程度上增加了债权人的交易风险以及权利维护的经济成本和时间成本。

二、出资方式

出资是指公司的股东根据设立公司协议的约定及公司章程规定的各自的出资额及出资形式，或根据自己认购的股份数额履行出资义务的行为。出资行为是具有法律意义的行为，是股东获取股东身份的法定条件。从严格意义上说，投资人包括有限责任公司及股份公司的设立人、股份公司的发起人及认股人只有在履行了出资义务后，即现实地进行了出资，才能取得股东的身份，没有认缴出资的行为，就不能取得股东的资格。从广义上讲，有限责任公司股东认缴出资及股份有限公司股东认购股份的行为，即使没有现实地履行出资，也是出资行为。

出资方式是指出资各方以何种方式出资入股获取股东身份。《公司法》第二十七条第一款规定："股东可以用货币出资，也可以用实物、知识产权、土地使用权等可以用货币估价并可以依法转让的非货币财产作价出资；但是，法律、行政法规规定不得作为出资的财产除外。"这就以立法的方式确定了我国公司法律制度中股东的具体出资方式。

上述法律规定可以用货币出资，也可以用实物、知识产权、土地使用权等非货币财产（包括财产权利）作价出资。但对非货币财产作价出资，规定了两个原则限制，这也是非货币财产出资所应当具备的构成要件：一是可以用货币估价，即可以用货币评估、计量并确定其价值，无法估量其价值的，如人的思想、智慧等不宜作为出资；二是可以依法转让，法律、行政法规规定禁止转让的财产（如禁止转让的文物等），以及根据其性能不可转让的财产，不得用于出资。在本条第一款中还明确规定，法律、行政法规可以规定哪些财产不得用于出资，公司的股东应当遵守有关规定。

以非货币财产出资除了要具备上述两项构成要件，在实际的出资过程中，要完成非货币财产的出资需要将非货币财产交付公司由公司对非货币财产行使控制权，对于需要过户的非货币财产（如房屋、土地等），出资人还应当完成相应的过户手续，将非货币财产的权利主体变更为公司。在司法实践中往往会出现出资人以非货币财产出资但并未实际将财产交付公司或未完成相应过户手续。

针对已经交付但未完成权属变更手续的情形，《公司法司法解释（三）》第十条第一款规定:"出资人以房屋、土地使用权或者需要办理权属登记的知识产权等财产出资,已经交付公司使用但未办理权属变更手续,公司、其他股东或者公司债权人主张认定出资人未履行出资义务的,人民法院应当责令当事人在指定的合理期间内办理权属变更手续;在前述期间内办理了权属变更手续的,人民法院应当认定其已经履行了出资义务;出资人主张自其实际交付财产给公司使用时享有相应股东权利的,人民法院应予支持。"根据该规定可以看出,出资人将财产实际交付公司使用但未办理权属变更手续的,后续出资人完成权属变更手续后其股东权利是从交付使用时起算的,而非从完成权属变更手续开始起算。

针对已经办理权属变更手续但未交付给公司使用的情形,《公司法司法解释(三)》第十条第二款规定:"出资人以前款规定的财产出资,已经办理权属变更手续但未交付给公司使用,公司或者其他股东主张其向公司交付、并在实际交付之前不享有相应股东权利的,人民法院应予支持。"根据该规定可以看出,即使已经办理权属变更但未完成交付的,不享有股东权利。

综上而言,将财产实际交付公司使用是出资人享有股东权利的必要条件。

第四节 出资风险

根据《中华人民共和国公司法(2013修正)》以及《公司注册资本登记管理规定(2014)》等法律规定,自2014年3月1日起,公司注册资本由"实缴制"转为"认缴登记制"。即除现行法律、行政法规以及国务院决定明确规定实行注册资本实缴登记制的行业以及设定注册资本最低限额的特定行业外,其他行业均已实施注册资本认缴登记制,且不再设置最低限额;公司实收资本也不再作为工商登记事项,公司登记时无需再提交验资报告;《公司法》不再对公司全体股东首次出资金额、货币出资金额以及出资时间等作出要求。但这并不意味着公司股东可以任意出资、增资、减资甚或虚假出资、抽逃出资。事实上,股东在出资问题上的法律风险仍然存在。

一、出资不到位的法律风险

《公司法》第二十八条第二款规定:"股东不按照前款规定缴纳出资的,除应当向公司足额缴纳外,还应当向已按期足额缴纳出资的股东承担违约责任。"《公司法》第八十三条第二款规定:"发起人不依照前款规定缴纳出资的,应当按照发起人协议承担违约责任。"股东出资是基于股东之间的投资合作协议和公司章程,若股东不按照章程出资对其他股东而言属于违约行为,因而为保障其他股东的合同权利,法律规定了不按约定缴纳出资的股东应当承担违约责任。

对于非货币财产可能存在出资不足的情形,《公司法》第三十条规定:"有限责任公司成立后,发现作为设立公司出资的非货币财产的实际价额显著低于公司章程所定价额的,应当由交付该出资的股东补足其差额;公司设立时的其他股东承担连带责任。"第九十三条规定:"股份有限公司成立后,发起人未按照公司章程的规定缴足出资的,应当补缴;其他发起人承担连带责任。股份有限公司成立后,发现作为设立公司出资的非货币财产的实际价额显著低于公司章程所定价额的,应当由交付该出资的发起人补足其差额;其他发起人承担连带责任。"这不仅规定了出资不足的股东对公司应当承担补足的责任,还规定了其他股东对此的连带责任。

股东出资不到位的情况下股东对公司、其他股东的责任以及其他股东对公司的责任。《公司法司法解释(三)》规定了未履行或者未全面履行出资义务的股东应在未出资本息范围内对公司债务不能清偿的部分向公司债权人承担补充赔偿责任,并且公司的发起人还应当就此向债权人承担连带责任;若股东在公司增资阶段未履行或全面履行出资义务的,公司董事、高级管理人未尽相应责任的(即忠实义务),也应当向债权人承担责任。

二、出资加速到期的风险

在注册资本认缴制下,公司债权人以公司不能清偿到期债务为由,请求未届出资期限的股东在未出资范围内对公司不能清偿的债务承担补充赔偿责任的,人民法院应否支持,有两种截然不同的观点。

一种观点认为，任何合同自由都有其边界，股东出资义务的履行期限并非"完全自治"的事项——出资期限的设计应不影响公司的正常经营（包括偿债）。当公司存在"不清偿到期债务"之情形，无论公司是否已达"破产界限"，都应允许债权人主张加速股东出资义务之履行。这不是对"契约严守"的背离，而是对契约诚信的遵守。在合同法上，"非破产加速"存在可能空间：一则，按照合同的相对性原理，"契约严守"不能约束债权人；二则，合同权利不得滥用。在公司法上，"有限责任对价加速""公司人格否认加速""非破产清算补资加速"等均为"非破产加速"提供了制度解释空间。最高人民法院有关强制执行规范也事实上许可了"非破产加速"。支持"非破产加速说"有助于形成"理性的股东认缴秩序"及"理性的公司偿债秩序"；"非破产加速说"也是交易成本更小的"加速到期方法"，应优先得到适用。因此，"非破产加速"与"破产加速"的适用情形不尽相同，它可填补"破产加速"衍生的规制漏洞——通过给股东施加清偿压力，解决"主观清偿不能"的公司赖债问题。而且，"非破产加速"的弊端也可以完全通过破产撤销权的运用控制在合理范围内，不必担心不合理的"偏颇给付"所衍生的"公平清偿"问题。❶

另一种观点则认为，在非破产与解散情形下，股东出资原则上不应加速到期，主要理由是：从公司资本与债权人保护的关系来看，《企业信息公示暂行条例》第八条、第九条规定，股东的出资时间应向社会进行公示。所以，债权人在与公司交易时可以在审查公司股东出资时间等信用信息的基础上综合考察是否与公司进行交易。债权人一旦决定进行交易，即应受制于股东出资时间上的约束；从单个债权人与全体债权人的利益衡量，主张加速到期的，基本都是从单个债权人利益的角度，而我们更应该考虑的是，从破产角度进行审视。对一个"不能清偿到期债务"的公司似不必抱有过多幻想，对全体债权人的关注才应成为我们的真实感情投射，必须以更为有利的法律手段来维护全体债权人的利益。在公司不能清偿单个债权人的债权时，更应当从破产角度来着眼兼顾全体债权人的利益。人民法

---

❶ 蒋大兴：《论股东出资义务之"加速到期"——认可"非破产加速"之功能价值》，《社会科学》2019年第2期。

院应当遵循辩证思维，坚持有所为有所不为的司法理念，在个案中原则上以法律法规没有规定为由不支持债权人提出的加速到期请求，激励当事人依法运用破产规则来解决问题，这可能才是最佳途径。❶

《九民纪要》第六条是关于股东出资加速到期的规定，即在注册资本认缴制下，股东依法享有期限利益。债权人以公司不能清偿到期债务为由，请求未届出资期限的股东在未出资范围内对公司不能清偿的债务承担补充赔偿责任的，人民法院不予支持。但是，下列情形除外：（1）公司作为被执行人的案件，人民法院穷尽执行措施无财产可供执行，已具备破产原因，但不申请破产的；（2）在公司债务产生后，公司股东（大）会决议或以其他方式延长股东出资期限的。可以从如下几方面理解：第一，在注册资本认缴制下，股东享有的认缴期限权益应受到依法保障，未届出资期限的股东在未出资范围内不涉及瑕疵出资，对公司不能清偿的债务不必承担补充赔偿责任。第二，在保护股东期限利益的同时，为了不损害债权人的利益，特殊情况下，债权人可以主张股东认缴的出资义务加速到期，包括两种情况：一是公司作为被执行人，已无可供执行的财产，具备破产原因，但不申请破产，此处的申请破产应包含债务人未主动申请及无其他债权人申请破产，导致债务一直悬而未决的，此时可以确定股东在出资期限届满时不可能完全履行出资义务；二是公司在发生债务的情况下，股东以股东会决议等形式故意延长股东出资期限，导致期限权益被滥用的，形成恶意逃避履行出资义务。第三，此条旨在保护股东正当期限权益的基础上，对股东可能存在的滥用期限权益导致债权人利益受损或债权一直无法实际执行到位的恶意拖延行为进行约束。

三、不当减资的法律风险

《公司法》第三十七条规定对公司增加或者减少注册资本的决议应当由股东会作出；第四十三条规定股东会作出增加或减少注册资本的决议必须经代表三分之二以上表决权的股东通过；第一百七十七条规定公司应当自作出减少注册资本决

---

❶ 贺小荣：《最高人民法院民事审判第二庭法官会议纪要——追寻裁判背后的法理》，人民法院出版社2018年版，第149-153页。

议之日起十日内通知债权人，并于三十日内在报纸上公告。债权人自接到通知书之日起三十日内，未接到通知书的自公告之日起四十五日内，有权要求公司清偿或者提供相应的担保；第一百七十九条规定公司增加或减少注册资本，应当依法向公司登记机关办理变更登记。

从上述法律规定可以看出，减资行为直接影响到公司的责任承担能力，因此法律对公司注册资本减少比公司注册资本增加规定了更加严格的法律程序。

现行法律并未对不当减资股东所应当承担的责任做明确规定，而在司法实务中，审理法院大多比照股东出资未到位或抽逃出资时的责任来确定不当减资股东的法律责任，即由其在不当减资范围内对公司的债务承担补充赔偿责任。而对于其他未减资股东的法律责任，如其在明知公司负债的情形下仍同意减资股东的减资请求，导致公司无法以自身财产清偿所欠债务的，亦存在就不当减资股东的法律责任承担连带责任的法律风险。

法律明确规定了在减资过程中对债权人的通知义务，因此在通知债权人的方式上，就已知的债权人的通知方式应当采用合理方式直接通知，通过在报纸上发布公告的方式并不能免除公司向债权人的直接通知义务。

如减资股东违反法定程序减资后又将所收回的资金退回公司，使公司责任财产恢复到减资前的状态，并未实际影响公司偿债能力的，则股东不再承担补充责任。

股东在不当减资后又对公司进行增资的，在此情形下，股东就不当减资所应承担的法律责任并不因其后续增资行为而免除。

四、不按出资比例分红所涉法律风险

根据《公司法》第三十四条规定："股东按照实缴的出资比例分取红利，但全体股东约定不按照出资比例分取红利的除外。"

基于上述规定，有限公司在实务中既可以按股东实缴出资比例分红，也可以按股东认缴比例分红，也可以按其他方式（即不按出资比例）进行分红；但公司不按出资比例进行分红的前提条件是必须取得全体股东的一致同意。

在实务中，公司设立阶段各个股东会基于其出资对于公司经营发展的重要性要求同股不同权。例如在房地产合作开发项目中，土地对于房地产开发公司的经营发展是至关重要的，因而在某些城市具有土储资源的本土开发商在与品牌开发商合作的过程中希望引进品牌开发商的资金、管理经验和资金的同时希望以土储资源的稀缺性换取高溢价，于是要求较高的利润分配比例。品牌开发商基于对项目公司控制权的要求以及对公司管理权的要求，是不愿意让渡股权比例的。在此情形下，公司不按双方出资比例进行分红便成为一种有效解决双方需求的方案。实务操作过程中，合作股东往往在公司设立阶段便已经就此达成一致并载明在公司章程之中。

五、抽逃出资所涉法律风险

《公司法》第二十条、第三十五条、第二百条、《公司法司法解释（三）》第十二条、第十四条、第十九条、《最高人民法院关于人民法院执行工作若干问题的规定（试行）》第八十条以及《刑法》第一百五十九条等法律规定：

（1）公司成立后，股东不得抽逃出资，股东的行为符合下列情形之一且损害公司权益的，将被认定为抽逃出资：①制作虚假财务会计报表虚增利润进行分配；②通过虚构债权债务关系将其出资转出；③利用关联交易将出资转出；④其他未经法定程序将出资抽回的行为。

（2）公司或者其他股东有权要求抽逃出资股东向公司返还出资本息，协助抽逃出资的其他股东、董事、高级管理人员或者实际控制人应对抽逃出资股东的前述责任承担连带责任。

（3）公司债权人有权要求抽逃出资的股东在抽逃出资本息范围内对公司债务不能清偿的部分承担补充赔偿责任，协助抽逃出资的其他股东、董事、高级管理人员或实际控制人应对抽逃出资股东的前述责任承担连带责任。

（4）在执行程序中，公司无财产清偿债务且股东存在出资不实或抽逃出资情形的，可以裁定变更或追加股东为被执行人，并由其在出资不实或抽逃出资的范围内对申请执行人承担责任。

（5）股东或发起人在公司成立后又抽逃出资的，公司登记机关将责令改正，并处以所抽逃出资金额5%以上15%以下的罚款；如果抽逃出资的数额巨大、后果严重或者有其他严重情节的，将构成刑事犯罪。

另外，值得注意的是：

（1）公司的其他股东、董事、高管人员等，只要实施了协助股东抽逃出资的行为，即应对抽逃出资股东的行为承担连带责任，而与协助行为对抽逃出资所起作用的大小、是否为抽逃出资的必要条件等无关。而在协助行为的认定方面，相关人员在《资金使用申请单》上签字以及在转账支票上加盖人名章等行为，都存在被认定为协助行为的法律风险。

（2）公司在股东出资的当天即将股东出资款转出的情形下，即便公司债权人无直接证据证明公司股东存在《公司法司法解释（三）》第十二条所列行为（即制作虚假财务会计报表虚增利润进行分配；通过虚构债权债务关系将其出资转出；利用关联交易将出资转出；其他未经法定程序将出资抽回的行为），公司股东亦应就公司债权人有关"股东抽逃出资的合理怀疑"提供反驳证据，否则应承担对其不利的法律后果。

六、虚假出资所涉法律风险

《公司法》第一百九十九条、《公司法司法解释（三）》第十八条以及《刑法》第一百五十九条等法律规定：（1）有限公司的股东未履行或者未全面履行出资义务即转让股权，且受让人对此知道或者应当知道的，公司有权请求该未出资股东履行出资义务，受让人应对此承担连带责任，受让人承担相关责任后有权向未出资股东追偿；公司的债权人有权请求该未出资股东在未出资本息范围内对公司债务不能清偿的部分承担补充赔偿责任，受让人应对此承担连带责任，受让人承担相关责任后有权向未出资股东追偿；（2）公司股东或发起人虚假出资，未交付或者未按期交付作为出资的货币或者非货币财产的，由公司登记机关责令改正，处以虚假出资金额5%以上15%以下的罚款；如果虚假出资数额巨大、后果严重或者有其他严重情节的，将构成刑事犯罪。

另外，诸多省市的高级人民法院亦在其出台的相关案件处理/审理意见中对"虚假出资"问题的处理作出了规定。譬如，在《上海市高级人民法院关于审理涉及公司诉讼案件若干问题的处理意见（一）》（沪高法〔2003〕216号）、《江苏省高级人民法院关于审理适用公司法案件若干问题的意见（试行）》（苏高法审委〔2003〕2号）、《陕西省高级人民法院民二庭关于公司纠纷、企业改制、不良资产处置及刑民交叉等民商事疑难问题的处理意见》（陕高法〔2007〕304号）、《山东省高级人民法院关于审理公司纠纷案件若干问题的意见（试行）》（鲁高法发〔2007〕3号）等文件中，就对"虚假出资的认定"以及"虚假出资股东及其他相关方的责任承担"等事项作出了规定，其中：

（1）在虚假出资的认定方面，"股东表面上出资而实际未出资或未足额出资""股东在公司成立前未实际足额出资或将其缴纳的出资款抽回"等情形均将被视为股东虚假出资的情形。

（2）在法律责任的承担方面，第一，对内而言，虚假出资股东需足额缴纳出资并承担违约责任。根据《公司法》第二十八条、第三十条、第八十三条、第九十三条、《公司法司法解释（三）》第十三条、第十九条以及《最高人民法院关于审理民事案件适用诉讼时效制度若干问题的规定》第一条等法律规定：①股东或发起人未按公司章程约定缴纳出资的，公司或其他股东有权要求其向公司依法全面履行出资义务；②股东在公司设立时未履行或者未全面履行出资义务的，公司的其他发起人应承担连带责任，公司的发起人承担责任后有权向未缴出资股东进行追偿；③未履行出资义务的股东除应继续按公司章程约定缴纳出资外，还需向已依法缴纳出资的股东或发起人承担相应的违约责任；④股东的出资责任不适用诉讼时效制度。第二，对外而言，需对公司债务承担补充赔偿责任或连带清偿责任。根据《公司法》第三条、《公司法司法解释（二）》第二十二条、《公司法司法解释（三）》第十三条以及《中华人民共和国破产法》第十六条、第三十五条以及《最高人民法院关于当前商事审判工作中的若干具体问题》等法律规定：①有限公司的股东以其认缴的出资额为限对公司承担责任；股份公司的股东以其认购的股份为限对公司承担责任；②公司债权人有权要求未履行或未全面履行出资义务的股东在其未出资本息范围内对公司债务不能清偿的部分承担补充赔偿责任；③公司债权人有权要求公司的发起人就股东在公司设立时未履行或者未全面履行出资义务所应承担的补充赔偿责任承担连带责任，公司的发起人承担责任后有权向未缴出资股东进行追偿；④公司解散或破产时，股东尚未缴纳的出资应作为清算财产或破产财产，而不受出资期限的限制；⑤公司财产不足以清偿债务时，债权人有权要求未缴出资股东在未缴出资范围内对公司债务承担补偿赔偿责任。

第五节 出资瑕疵识别

一、出资瑕疵的概念

出资瑕疵是指公司股东未按照公司章程履行出资义务或未全面履行出资义务的行为。出资瑕疵包括出资义务不履行或出资不实两种情形。前者是指拒绝出资、延迟出资、虚假出资和抽逃出资等不履行出资义务的该行为。后者是指《公司法》第二十八条规定的"作为出资的实物、工业产权、非专利技术、土地使用权的实际价额显著低于公司章程所定价额"。与前者不同，出资不实不适用于以货币出资的情形，且其必须以实际出资的价额显著低于章程所定的出资额为条件。

二、出资瑕疵的类型

根据资本瑕疵原因的不同，可以把公司资本瑕疵划分为以下几种类型：

（1）出资虚假瑕疵，指股东于公司设立之时根本没有出资却声明已经出资，致使公司实际无任何实收资本而设立并有违该国法律规定的情形。此系最为严重的资本瑕疵情形，多数国家将此视为犯罪予以严惩。

（2）出资不足瑕疵，可以理解为股东只足额缴纳了第一期出资，以后各期均未交纳或只缴纳了部分，从而导致公司注册资本不实。这是由于规定了分期缴纳制度而出现的新情况。

（3）出资价值瑕疵，是指实物、权利等出资的评估价值，高于评估对象实际价值之情形。

（4）出资权利瑕疵，是指用于出资的有形或无形财产的所有权、使用权等存在着权利上的瑕疵，如已出卖他人或已抵押他人等。

（5）出资形式瑕疵，是指以不符合法定要求的出资形式进行出资的情形。如法国《商事公司法》第三十八条第二款规定："有限责任公司之股份原则上不得以技艺出资方式认购"；再如我国《公司法》第二十七条规定："股东可以用货币出资，也可以用实物、知识产权、土地使用权等可以用货币股价并可以依法转让的非货币财产作价出资；但是，法律、行政法规规定不得作为出资的财产除外。"因此，违反以上规定的其他形式的出资，便构成出资形式瑕疵。

三、出资瑕疵的法律责任

《公司法司法解释（三）》第十三条第二款规定："公司债权人请求未履行或未全面履行出资义务的股东在未出资本息范围内对公司债务不能清偿的部分承担补充赔偿责任的，人民法院予以支持；未履行或未全面履行出资义务的股东已经承担上述责任，其他债权人提出相同请求的，人民法院不予支持。"第十八条规定："有限责任公司的股东未履行或未全面履行出资义务即转让股权，受让人对此知道或者应当知道，公司请求该股东履行出资义务，受让人对此承担连带责任，人民法院应予支持；公司债权人依照本规定第十三条第二款向该股东提起诉讼，同时请求前述受让人对此承担连带责任的，人民法院应予支持。受让人根据前款规定承担责任后，向该未履行或者未全面履行出资义务的股东追偿的，人民法院应予支持。但是，当事人另有约定的除外。"

从上述司法解释的内容来看，出资瑕疵的股东对公司债务有补充赔偿责任，对公司有继续履行出资义务的责任。股权的受让人知道或应当知道原股东存在出资瑕疵的，受让人承担就前述责任承担连带责任。

除此之外，受让人的股权权利也会受到限制，还需要对其他股东承担违约责任。

第六节　股东资格确认

一、抽逃出资

抽逃出资是严重侵蚀公司资本的行为，《公司法》明文禁止股东抽逃出资。实践中，有的股东采取各种方式从公司取回财产，这些行为往往具有复杂性、模糊性和隐蔽性等特点，但由于《公司法》没有明确界定抽逃出资的形态，也没有明确规定抽逃出资的民事责任，这使得这些行为中哪些构成抽逃出资常常难以判断，当然也就更难认定行为人的民事责任。从目前的情况来看，各地法院对股东抽逃出资的认识分歧较大，没有形成统一的认定标准。

最高院民二庭在调研中发现，当前股东抽逃出资主要采取直接将出资抽回、虚构合同等债权债务关系将出资抽回、利用关联交易将出资转出等方式，这些行为常常是故意、直接针对公司资本的侵害，但又囿于举证的困难使得其在个案中很难被认定。为了保障公司资本的稳定与维持、同时便于法院具体操作，有必要作出统一的规定对这些行为予以否定，并由行为人承担相应责任。《公司法司法解释（三）》对抽逃出资进行了明确界定，将实践中较为常见的一些侵蚀公司资本行为明确界定为抽逃出资，在此基础上又规定了抽逃出资情形下的民事责任。由于抽逃出资导致的法律后果与未尽出资义务导致的法律后果基本相同，所以《公司法解释（三）》对抽逃出资的民事责任做了与未尽出资义务的民事责任基本相同的规定。

需要说明的是，也有观点认为法院不应推定出资人上述从公司获得财产的行为必然都是故意、直接地针对"资本"进行侵害，有的可能是侵害公司"资产"，而侵害公司资产的行为应当通过侵权行为制度或关联交易制度来解决，与抽逃出资关系不大。这些行为有些不会对公司资本造成损害，不属于抽逃出资。经反复研究，考虑到实践中有的出资人出资之后采取各种方式获得公司资产，而目前《公司法》中并未建立完善的关联交易制度，且这些行为通常都有损资本的维持，所以目前仍保留了对抽逃出资的界定和列举。当然，在具体认定抽逃出资行为时，法院应当注意把握该行为是对公司资本的侵蚀这一要素，并从行为人的主观目的、

过错程度以及行为对公司造成的影响等角度综合分析。不宜将股东从公司不当获得财产的所有行为都笼统地认定为抽逃出资。❶

关于抽逃出资股东的民事责任问题。首先，抽逃出资的股东应对已足额出资股东承担违约责任。其次，对公司负有归还所抽逃出资的责任。最后，对公司债权人承担清偿责任。具体来说，股东在公司成立之初尚未正常经营之前即将资本抽逃，使公司所余净资产达不到法定最低注册资本额的，在公司不能清偿债务时，应由股东承担无限清偿责任。在公司成立后，股东以各种方式抽逃资本的，在公司不能清偿债务时，股东应在所抽逃资本范围内承担清偿责任。❷

二、隐名出资

隐名出资是目前公司实践中大量存在的一种现象。所谓隐名出资，是指一方实际履行出资义务，但公司章程、股东名册或其他工商登记材料记载的出资人或股东却为他人的法律现象。❸实际履行出资义务的人被称为实际出资人或隐名股东，没有向公司出资但以出资人的身份载明在公司章程、股东名册或其他工商材料的人为名义出资人、名义股东或显名股东。在隐名出资问题中主要涉及实际出资人与显名股东的法律关系、实际出资人与其他股东及公司的法律关系以及实际出资人与公司债权人的法律关系。

隐名出资法律问题涉及的法律关系较为复杂，包括实际出资人与名义出资人之间的法律关系，一般为合同关系；❹实际出资人与名义股东分别与公司之间的法律关系以及实际出资人与名义股东分别与第三人之间的关系。

对于隐名出资所涉及的三种法律关系，其处理原则应当是区分内部关系和外

---

❶ 宋晓明、张勇健、杜军：《〈关于适用公司法若干问题的规定（三）〉的理解与适用》，《人民司法》2011年第5期。
❷ 陕西省高级人民法院：《陕西省高级人民法院民二庭关于公司纠纷、企业改制、不良资产出质及刑民交叉等民商事疑难问题的处理意见》，2007年12月6日发布。
❸ 最高人民法院民事审判第二庭：《公司案件审判指导》，法律出版社2014年版。
❹ 这是指在双方有约定的情况下，属于一般情况，特殊情形下也存在其他关系的可能，如在冒用他人姓名登记为股东的情况下，实际出资人与名义股东之间就是一种侵权关系，需要使用其他的法律原则进行处理。

部关系，分别对待。实际出资人与记载于股东名册的股东之间有关"隐名出资"的约定，为内部法律关系，可以在订约人之间产生效力，但一般不能对抗公司。在股东与公司之间的关系上，股东可以依据股东名册向公司主张权利，公司亦可依据股东名册识别股东，并仅向记载于股东名册的人履行诸如通知召开股东会、分配利润等义务。在股东与公司之外的第三人之间的外部关系上，应当坚持外观主义原则，即使因未办理相关手续导致公司登记机关的登记与实际权利状况不一致，也应优先保护善意第三人因合理信赖公司登记机关的登记而做出的行为效力。

《公司法司法解释（三）》第二十四条第一款、第二款规定："有限责任公司的实际出资人与名义出资人订立合同，约定由实际出资人出资并享有投资权益，以名义出资人为名义股东，实际出资人与名义股东对该合同效力发生争议的，如无法律规定的无效情形，人民法院应当认定该合同有效。前款规定的实际出资人与名义股东因投资权益的归属发生争议，实际出资人以其实际履行了出资义务为由向名义股东主张权利的，人民法院应予支持。名义股东以公司股东名册记载、公司登记机关登记为由否认实际出资人权利的，人民法院不予支持。"

由上述规定可以看出，司法机关是认可实际出资人与名义出资人之间的合同作为双方权利义务的调整依据，双方之间的合同关系保障了实际出资人基于合同约定享有投资权益。

基于合同的相对性，实际股东所享有的权益的主张对象只能是名义股东，而非公司或者其他股东。《公司法》第三十二条第二款、第三款规定："记载于股东名册的股东，可以依股东名册主张行使股东权利。公司应当将股东的姓名或者名称及其出资额向公司登记机关登记；登记事项发生变更的，应当办理变更登记。未经登记或者变更登记的，不得对抗第三人。"公司法的规定明确了登记在股东名册上的股东才能行使股东权利。隐名股东若想直接行使股东权利实现显名，其需要获得公司其他股东半数以上同意。《公司法司法解释（三）》中明确了在未经公司其他股东半数以上同意，请求公司变更股东、签发出资证明书、记载于股东名册、记载于公司章程并办理公司登记机关登记的，人民法院不予支持。

在（2013）民申字第2450号裁定书中最高人民法院就隐名股东的显名程序

根据案例做了较为详尽的分析。最高人民法院认为：网络公司对吴某彬提出的网络公司在某腾公司的 3000 万元出资中有 2250 万元实际为吴某彬出资的主张始终确认，并无异议。本案的争点在于应否判决确认网络公司持有的某腾公司股权中的 75% 归吴某彬所有。工商登记材料显示，某腾公司现在的股东组成为：网络公司、杭州投资公司及某祥公司的投资额分别为 3000 万元、3750 万元和 3750 万元，其投资比例各占 13.3333%、16.6667% 和 16.6667%；吴某宏的投资额为 12000 万元，投资比例为 53.3333%。《公司法司法解释（三）》第二十五条第三款规定，"实际出资人未经公司其他股东半数以上同意，请求公司变更股东、签发出资证明书、记载于股东名册、记载于公司章程并办理公司登记机关登记的，人民法院不予支持。"即实际出资人若要实现隐名股东显名化，须经公司其他股东半数以上同意。因此，即使吴某彬系实际出资人，但在某祥公司、杭州投资公司和吴某宏在一、二审中均不同意吴某彬成为某腾公司显名股东，网络公司二审亦答辩要求驳回吴某彬上诉的情形下，吴某彬提出确认以网络公司名义持有的某腾公司股权中 75% 股权属吴某彬所有、将隐名出资显名化的诉请不符合法律规定，二审判决对此不予支持，在认定事实和适用法律上均无不当。

名义股东将登记于其名下的股权转让、质押或者以其他方式处分，实际出资人以其对于股权享有实际权利为由，请求认定处分股权行为无效的，人民法院可以参照《民法典》第三百一十一条规定的善意取得的裁判规则进行处理。此种情形下，名义股东处分股权造成实际出资人损失，实际出资人可以请求名义股东承担赔偿责任的。

公司登记具有公示公信的效力，公司债权人以登记于公司登记机关的股东未履行出资义务为由，请求其对公司债务不能清偿的部分在未出资本息范围内承担补充赔偿责任，股东不能以其仅为名义股东而非实际出资人为由进行抗辩。前文中已经阐述了名义股东和实际股东之间的合同关系仅对双方具有约束力，不能作为对公司债权人的抗辩。此种情形下，名义股东在承担相应赔偿责任后，可以依据双方之间的合同关系向实际出资人追偿。

三、干股股东

《公司法》并没有对干股这一概念和其对应的法律关系予以界定，干股这一概念主要存在于理论界和公司法实务工作中。通常，干股被理解为是一种赠予。

干股是指在公司的创设过程中或者存续过程中，公司的设立人或者股东或公司依照协议补偿赠予非股东的第三份的股份。该种股份就是干股，持有这种股份的人就是干股股东。❶

在赠予的法律理解下，干股具有如下特点：（1）干股是股份的一种。尽管是通过协议赠送所得，但他仍然属于股份，是股份的一种。（2）干股通过协议取得，而非出资取得，即持有干股的人并非通过向公司出资而获得股份，而是通过其他股东或发起人通过协议赠予而获得的股份。（3）干股具有赠予的性质，因而其地位要受到无偿赠予协议的制约。

干股以不缴纳出资而享有的公司股份为特征，但是不缴纳出资而享有的公司股份是相对于普通股份的获取以向公司投入货币、实物或工业产权等物质资源而言的，并不是指其获取无需付出对价或代价。公司以盈利为目的，自然不会提供免费的午餐。无论是管理干股、技术干股、信息干股，还是员工干股，他们都是有对价的，只是这种对价不是以向公司投入货币、实物或工业产权等物质资源。

干股实质上是一种股份赠予，因此必须符合股份转让的要件，也就是说股东全体一致同意或通过股东会决议，没有人行使优先购买权才能成立。否则，由于有限责任的封闭性和人合性所带来的对股东进入公司的限制，和其他股东的优先权问题，干股就无法成立。因此，股份赠予必须通过股东会决议通过。

干股有多种表现形式，主要有：（1）管理干股，公司或者股东无偿赠送给公司管理者股份；（2）技术干股，公司或者股东无偿赠送给公司技术骨干或某种技术诀窍掌握者股份；（3）信息干股，公司或者股东无偿赠送给为公司提供经营信息的人股份；（4）员工干股，公司无偿赠送给公司员工的股份；（5）亲友干股，公司股东无偿送给其亲友的股份。

---

❶ 徐强胜：《公司纠纷裁判依据新释新解》，人民法院出版社2014年版。

干股可以通过以下方式取得：(1) 干股既可以是部分股东对股东之外的人赠予股份，也可以是全体股东对股东之外的人赠予股份。(2) 干股既可以在创设时取得也可以在公司存续期间取得。如果股东在公司存续期间取得干股，公司并没有扩资，发行新的股份，但原有股东所持股份比例随之下降。(3) 干股可能是附条件股份赠予，也可能是未附条件的股份赠予。附条件股份赠予协议中所附条件对股份的转让方和受让方产生约束力。

干股除了在法律上具备的赠予的性质，在实务上也可以为这是股东之间同股不同权的一种约定。根据《公司法》第三十四条规定，股东按照实缴的出资比例分取红利，但全体股东约定不按照出资比例分取红利的除外。该规定明确了不按照出资比例分取红利的合法性，而干股股东所获取的股权和分红就是不按照出资比例而取得的。在实务中，经常可以看到两个股东在设立公司时，某一股东在某一行业领域或某一项目上具备特别优势，另一股东同意在设立公司时的注册资本全部由该股东认缴但该股东只享有一部分股权，另一部分股权由具有特别优势但并未实际出资股东享有。从两个股东之间的关系上来讲，可以视为是股东之间就股权的赠予；从另一角度而言可以说是双方股东就不按照出资比例分取红利的一种约定。

第七节　法律风险案例及评析

案例一：深圳市某启信息技术有限公司与郑州某国投资有限公司、开封市某豫企业管理咨询有限公司、珠海某科教育投资有限公司股权确认纠纷案

案情介绍：2006年9月18日，刘某为甲方、张某为乙方签订《合作建设北京师范大学珠海分校工程技术学院协议书》（以下简称《9·18协议》），约定：双方合作成立珠海市某科教育咨询有限公司（以下简称某科咨询公司），并以公司名义与北京师范大学珠海分校（以下简称珠海分校）签署合作协议，合作建设和运作珠海分校工程技术学院（以下简称珠海分校工程学院）。甲方以教育资本（包括教育理论与理念、教育资源整合与引入、教育经营与管理团队、教育项目的策划

与实施）占某科咨询公司70%的股份，乙方以7000万元的资金投入珠海分校工程学院的建设和运作，占某科咨询公司30%的股份，本协议签署后10日内乙方将500万元保证金打到某科咨询公司账户，本协议生效。某科咨询公司与珠海分校协议签署之前，该保证金不能使用。某科咨询公司与珠海分校协议签署之后15日内，乙方将1500万元打入某科咨询公司与珠海分校合作的共管账户，同时乙方将已经打入某科咨询公司的500万元保证金打入珠海分校作为履约保证金。某科咨询公司与珠海分校签署协议后90日内，乙方将1000万元打入共管账户，余款4000万元随工程进度及时打入共管账户。在乙方投入的7000万元回收完毕之前，双方在某科咨询公司的分配比例为20%、80%。7000万元回收完毕之后按股权比例分配。2006年9月30日，某国公司将500万元保证金打入某科咨询公司账户。2006年10月24日，500万元保证金被从某科咨询公司账户上打入某启公司账户。2006年10月26日，某国公司与某启公司、某豫公司签订《10·26协议》约定：（1）某国公司以现金出资人民币300万元，占公司注册资本30%；某豫公司以现金出资人民币150万元，占公司注册资本15%；某启公司以现金出资人民币550万元，占公司注册资本55%。并约定三方应及时将缴纳的出资打入新设立公司筹委会账户。（2）对拟与珠海分校的办学合作项目的运作及利润的分配等事项做了约定。（3）约定了某科投资公司的工商登记手续由某启公司负责。（4）某国公司方张某出任某科投资公司董事长、法定代表人。（5）公司注册资本1000万元和投资6000万元全部由某国公司负责筹集投入。同日，通过了《珠海某科教育投资有限公司章程》，约定：公司注册资本为人民币1000万元。某启公司认缴出资额550万元，占比55%；某国公司认缴出资额300万元，占比30%；某豫公司认缴出资额150万元，占比15%。各股东应于公司注册登记前足额缴纳各自认缴的出资额。董事长由某国公司一方担任，副董事长由某启公司一方担任。章程与《10·26协议》冲突的，均以《10·26协议》为准。2006年10月25日，应某豫公司和某启公司要求，某国公司汇入某豫公司150万元，汇入某启公司50万元。某豫公司将上述150万元汇入某科咨询公司账户（该账户同时为某科投资咨询公司筹委会账户）作为其认缴出资。某启公司将某国公司转来的50万元和 10 月 24 日从某科咨询公司账户转入的 500 万元保证金汇入某科咨询公司账户作为其认缴出资。某国公司将 300 万元汇入某科咨询公司账户作为其认缴出资。2006 年 10 月 31 日，经珠海市工商局核准，某科咨询公司变更为某科投资公司。注册资金由 50 万元变更为 1000 万元，股东由娄某、刘某军、赵某云变更为某国公司、某启公司和某豫公司。同日，某科投资公司与珠海分校签订了《合作兴办北京师范大学珠海分校工程技术学院协议书》，约定了合作办学项目的具体事项。2006 年 11 月 28 日刘继军与张军签订《合作备忘》，约定：（1）双方同意将某科咨询公司更名为某科投资公司。（2）公司股东由法人组成，某启公司和某豫公司代表甲方，某国公司代表乙方，注册资金全部由乙方支付。其后，某国公司陆续投入 1750 万元，连同 1000 万元出资共计投入 2750 万元。

裁判索引： 最高人民法院（2011）民提字第 6 号

裁判要点： 最高人民法院认为，本案当事人争议的焦点是，以某启公司名义对某科投资公司 500 万元出资形成的股权应属于某国公司还是某启公司。

股东认缴的注册资本是构成公司资本的基础，但公司的有效经营还需要有其他条件或资源，因此，在注册资本符合法定要求的情况下，我国法律并未禁止股东内部对各自的实际处置数额和占股比例作出约定，这样的约定并不影响公司资本对公司债权担保等对外基本功能实现，并非规避法律的行为，应属于公司股东自治的范畴。《10·26 协议》约定某科投资公司 1000 万元的注册资本全部由某国公司负责投入，而该协议和某科投资公司的章程均约定股权按照某启公司 55%、某国公司 25%、某豫公司 15% 的比例持有。《10·26 协议》第十四条约定，某国公司 7000 万元资金收回完毕前，公司利润按照某启公司 16%、某国公司 80%、某豫公司 4% 分配，某国公司 7000 万元资金收回完毕之后，公司利润按照某启公司 55%、某国公司 30%、某豫公司 15% 分配。根据上述内容，某启公司、某国公司、某豫公司约定对某科投资公司的全部注册资本由某国公司投入，两个股东分别占有某科投资公司的约定份额的股权，对公司盈利分配也作出特别约定。这是各方对各自掌握的经营资源、投入成本及预期收入进行综合判断的结果，是各方当事人的真实意思表示，并未损害他人利益，不违反法律或行政法规的规定，属有效约定，当事人应按照约定履行。该1000万元已经根据《10·26协议》约定足额出资，依法验资，且与其他变更事项一并经工商行政机关核准登记，故该1000万元系有效出资。以某启公司名义对某科投资公司的500万元出资最初是作为保证金打入某科咨询公司账户，并非注册资金，后转入某启公司账户，又作为投资进入某科投资公司账户完成增资，当时各股东均未提出任何异议，该500万元作为1000万元有效出资的组成部分，也属于有效出资。按照《10·26协议》的约定，该500万元出资形成的股权应属于某启公司。某启公司作为某科投资公司的股东按照《10·26协议》和某科投资公司章程的约定持有的某科投资公司55%股权应当受到法律保护。

笔者点评：《公司法》规定股东可以用货币出资，也可以用实物、知识产权、土地使用权等可以用货币估价并可以依法转让的非货币财产作价出资。我国《公司法》禁止人力资本出资，强调公司资本的担保功能，而忽视其经营功能，不仅使具有经营功能的人力资本与具有担保功能的物质资本难以通过合作实现其各自的价值，也使公司中人力资本所有准备难以通过持股和股票期权等为公司发展提供推动力。与人力资本一样，其他无法用货币估价的资源同样不能作价出资。当然，公司法基于保护债权人利益和降低相对人交易风险的角度作此规定是无可厚非的。在实务操作中，投资人在设立公司阶段内部约定无法以资源作价入股的一方投资人所持股权对应的出资由其他投资人完成认缴恰好解决了这一困境。这种内部的约定实现了公司的资本都是由货币或可用货币估价的财产组成，同时保证了以不可作价的资源投入公司的投资人依法享有了公司股权，司法机关是认可这种意思自治的约定的。

案例二：李某材与长春市某正房地产开发有限责任公司、长春某建国有资产经营有限公司股东出资纠纷

案情介绍：

（1）原告李某材与案外人建工集团某吉公司工程款纠纷一案，长春市朝阳区人民法院于2008年7月24日作出（2006）朝民重字第142号民事判决，判决建

工集团某吉公司给付原告李某材工程款150万元及利息（从1995年9月1日至本金付清时止，按中国人民银行同期贷款利率计算）。案件受理费17510元由建工集团某吉公司负担。建工集团某吉公司不服提出上诉。长春市中级人民法院于2009年1月13日作出（2008）长民一终字第364号民事判决，驳回上诉，维持原判。二审案件受理费18300元，由建工集团某吉公司负担。

（2）李某材申请强制执行，长春市朝阳区人民法院以（2009）朝法执字第349号立案执行。执行中，该院于2010年12月2日作出（2009）朝法执字第349-1号执行裁定书，裁定认为某建国有资产公司注册资金不实，追加某建国有资产公司为该案被执行人，某建国有资产公司应在注册资金不实范围内对被执行人建工集团某吉公司依据（2006）朝民重字第142号民事判决书向申请执行人李某材履行的全部法律义务承担连带清偿责任。

（3）某建国有资产公司不服（2009）朝法执字第349-1号执行裁定，提出书面异议。长春市朝阳区人民法院于2011年4月14日作出（2011）朝法执异字第39号执行裁定书，裁定异议人某建国有资产公司异议理由成立，撤销该院（2009）朝法执字第349-1号执行裁定，认为某建国有资产公司注册时投资不实部分经举证证实已补充到位。

（4）申请执行人李某材不服（2011）朝法执异字第39号执行裁定，提出复议。长春市中级人民法院于2011年6月13日作出（2011）长执复字第33号执行裁定书，裁定驳回申请执行人李某材的复议申请。

（5）李某材不服（2011）长执复字第33号执行裁定，提出申诉。长春市中级人民法院于2012年7月18日作出（2012）长执监字第47号执行裁定书，裁定认为仅以某吉公司与某六公司在当时资产、人员、债务未彻底割断为由，认定某建国有资产公司对建工集团某吉公司的债权出资已全部到位的证据不足，故撤销长春市朝阳区人民法院（2009）朝法执字第349-1号、（2011）朝法执异字第39号及长春市中级人民法院（2011）长执复字第33号执行裁定书。

（6）李某材不服，信访至吉林省高级人民法院。2013年5月10日，吉林省高级人民法院执行局申诉审查处出具（2013）吉执访字第20号执行申诉信访回执。

告知李某材反映其与被执行人建工集团某吉公司、某建国有资产公司执行一案，已将有关材料函转长春市中级人民法院。

（7）2019年1月4日，李某材向长春市朝阳区人民法院提出本案诉讼。2019年1月21日，长春市朝阳区人民法院以本案被告某建国有资产公司、某正房地产有限公司住所地均为长春市绿园区为由，作出（2019）吉0104民初183民事裁定，将案件移送长春市绿园区人民法院处理。本院于2019年2月13日受理案件。

另查明，（2009）朝法执字第349号被执行人建工集团某吉公司成立于1998年4月7日。该公司的发起人有某建国有资产公司、某正房地产开发公司、长春建工集团某某某制品股份有限公司、长春建工集团总公司某某厂、长春建工集团总公司某某贸易公司等五家单位。公司章程（草案）规定，某建国有资产公司以部分资产出资1859.20万元，持股比例61.8%；某正房地产开发公司以部分资产820万元，持股比例27%。1998年9月24日，长春市固定资产投资审计事务所出具的长固所验字（1998）第86号验资报告，载明：经审验，建工集团某吉公司设立时实收资本3008万元，其中货币资金0元，实物资产3008万元，固定资产（实物资产）已办理调拨手续。

某建国有资产公司成立于1998年1月26日，系国有独资公司，投资者为长春市国有资产委员会。1998年4月，某建国有资产公司以长春建工集团总公司资产投资建工集团某吉公司，其中包括施工机械等临时设施作价200971.72元、小平房作价176236.24元、某六公司地上无籍房屋作价932661.53元、长春建工集团某六公司对长春市工业干部管理学校的债权558930.21元、对长春市人大委员会债权2352628.48元。用作投资的房产已于2000年5月拆迁，拆迁款已由建工集团某吉公司所得。用作投资的长春建工集团某六公司对长春市人大和长春市工业管理干部学校的债权，长春市人大和长春市工业管理干部学校分别于1998年至2006年分批全部支付给建工集团某吉公司及长春建工集团某六公司。另，某建国有资产公司2000年6月30日下发〔2000〕57号《关于对建工集团某吉公司深化改革结构调整方案的批复》，其中有"抓好所属企业的改革和某吉公司与建工集团总公司某六公司的资产、人员、债务的彻底割断"的内容；2011年1月30日，建工集团某吉公司出具《情况说明》：长春市工业管理干部学校已将578900元工程款转至我公司借用账户，因该工程由六建公司承建，据长春市工业干部学校要求，税务发票收款方为某六公司；2011年5月18日长春市人大常委办公厅出具《证明》：某建国有资产公司作为出资将长春建工集团某六公司的债权转至某吉公司，并通知我委转至建工集团某吉公司，此后我委已将2352628.48元全部清偿完毕。某六公司成立于1994年6月17日，为长春建工集团分支机构，2010年12月10日因未年检被吊销营业执照。

建工集团某吉公司的另外一位发起股东，长春市某正房地产开发公司（以下简称某正房地开发公司）成立于1993年5月6日，原系国有企业，隶属于某建国有资产公司。2005年7月15日，长春市人民政府国有资产监督管理委员会《关于某正房地产开发公司企业改制的批复》（长国资〔2005〕163号），批复同意某建国有资产公司呈报的《关于某正房地产开发公司企业改制的请示》，实施国有资本退出，企业办理产权过户。2006年9月28日，某建国有资产公司在吉林长春产权交易中心将某正房地产开发公司整体产权交割给某正房地产有限公司（筹）。2006年11月30日，经长春市工商行政管理局核准，某正房地产开发公司更名为某正房地产有限公司，经济性质由国有企业变更为有限责任公司。

裁判索引：（2019）吉01民终3762号、（2020）吉民申694号

裁判结果： 关于某建国有资产公司和某正房地产有限公司是否完成出资义务。1993年颁布的《中华人民共和国公司法》第二十四条第一款规定："股东可以用货币出资，也可以用实物、工业产权、非专利技术、土地使用权作价出资。对作为出资的实物、工业产权、非专利技术或者土地使用权，必须进行评估作价，核实财产，不得高估或者低估作价。土地使用权的评估作价，按照法律、行政法规的规定办理。"前述法律并未限制股东以债权出资，并且债权具有实际价值，根据长春市人大常委办公厅2011年5月18日出具的《证明》和某吉公司2011年1月30日出具的《情况说明》及相关转账票据，涉案的债权出资已经由长春市人大常委办公厅和长春市工业管理干部学校分别偿还到位。长春市固定资产投资审计事务所1998年9月24日出具的长固所验字〔1998〕第86号验资报告中，证实实物

出资是以当时公允价值计量的，股东投资的施工机械、房屋等已由某吉公司实际占有、使用，房产的拆迁款亦已由该公司所得。长春建经会计师事务所有限公司2001年1月17日出具的长建验字〔2000〕12号验资报告载明某正房地产开发公司新投入资本2713万元。

笔者点评：关于债权能否出资的问题，司法解释并没有规定。在2011年之前国家工商管理总局对普通债权的出资一直持否定态度，债权用于出资工商机关是不予登记的。2011年年底，国家工商管理总局公布了《公司债权转股权登记管理办法》。根据该办法，公司债权可以转为公司股权，这意味着债权是可以出资的。《公司债权转股权登记管理办法》第二条规定：本办法所称债权转股权，是指债权人以其依法享有的对在中国境内设立的有限责任公司或股份有限公司（以下统称公司）的债权，转为公司股权，增加公司注册资本的行为。

中国证券监督管理委员会关于某某北方证券经纪有限公司减资本并债转股的批复（证监机构字〔2006〕186号）中回复某某北方证券经纪有限责任公司第二条载明：核准某某证券股份有限公司的股东资格以及对你公司1.05亿元的债权出资。

在立法上并没有禁止以债权出资入股，从上述规定可以看出，以债权出资在行政管理部门是受到认可的。司法实践中的案例也反映出了司法机关对于债权出资的认可。

案例三：鞍山市人民政府与大连某锻锻造有限公司、鞍山第某工程机械股份有限公司、鞍山市国有资产监督管理委员会加工承揽合同纠纷案

案情介绍：鞍山某工是1992年6月12日、同年7月12日经鞍山市和辽宁省经济体制改革委员会批准的定向募集股份有限公司。该公司根据辽政〔1993〕64号文件精神由定向募集转为社会募集，同年在上海证券交易所挂牌上市。企业总股本16500万股，每股一元。市政府作为国家股股东在鞍山某工的股份为6688.6万股（另有法人股和个人股），所占比例31.11%，其中包含鞍山某工所占土地570620平方米土地使用权作价1710万元在内，使用期限10年。1992年3月5

日至2002年3月5日土地使用期届满后,鞍山某工申请续办了土地使用权手续。2002年3月6日至同年6月27日,审计署驻沈阳特派员办事处对鞍山市2000年至2001年间土地使用和土地资金管理情况审计时,发现一些违规行为,对此,该办事处作出审沈特农决〔2002〕3号审计决定书,认定:"2001年10月,鞍山某工向鞍山市土地管理局申请续期,由于鞍山某工在未交纳土地出让金情况下,鞍山市土地管理局为其办理了土地使用证,并向北京中天华正会计师事务所和北京市大连律师事务所出具土地出让证明,确认鞍山某工已按合同规定交纳土地出让金。上述行为与国务院〔2001〕15号文件《关于加强国家土地资源管理的通知》第四条不符。"据此,2003年8月29日,市政府根据审计署驻沈阳特派员办事处的决定,以鞍政发〔2003〕34号文件,作出整改决定为"鞍山市原土地管理局在向鞍山某工出让土地中弄虚作假,并违反发放《国有土地使用证》和向有关部门作出虚假土地出让证明,违反了国家《土地法》第五十五条和国务院规定。市政府决定:"鉴于鞍山某工已经退市,短期内不能实现资产重组,且近期无法交纳出让金,因此,终止土地出让合同,注销土地登记,收回土地使用证。"同年9月1日,鞍山市规划和国土资源局下发鞍规国土资发〔2003〕230号文件,中止了鞍山某工土地使用权出让合同,鞍山某工应到有关部门办理注销土地登记,交回土地使用证。鞍山某工已按规定办理了上述手续。

裁判索引:(2006)辽民二终字第314号

裁判结果:某锻公司为鞍山某工加工链条,鞍山某工对尚欠某锻公司承揽加工费2691263.85元及利息没有异议,双方承揽加工合同法律关系成立,鞍山某工应予承担偿还所欠加工费用及相关利息的义务,原判正确。对于市政府是否在抽逃注册资金范围内承担相应民事责任一节,因作为股东的市政府在公司即鞍山某工设立时投入的570620平方米土地使用权作价1710万元所对应的具体年限确定为10年,市政府虽然收回了土地使用权,但该土地使用权在投入的10年期限内的价值已经为公司所享有和使用,且该部分价值也已经凝结为公司财产,市政府事实上无法抽回。收回土地使用权,并不是抽逃注册资金,是10年使用期满后正常的收回行为,并不违法,也无须履行公示程序。故市政府不应在1710万元范围内对鞍山某工给付欠款不足部分承担给付义务。即应依法改判鞍山市政府对本案不承担民事责任。至于市政府上诉所提鞍山中院已提前判决生效并执行完毕该笔债务，市政府已承担了相应民事责任的理由，因本院已明确市政府收回土地使用权的行为不构成抽逃注册资金，不承担民事责任。

笔者点评：《公司法司法解释（三）》第十条第一款规定了出资人可以以土地使用权出资并需要办理权属变更手续。但法律和司法解释都没有明确规定能否用某一年限的土地使用权出资。在本案审理过程中，最高院以答复的形式就此作了肯定的回答。

在上述案件的审理过程中，辽宁省高级人民法院就本案向最高人民法院提交了《关于鞍山市人民政府与大连某锻锻造有限公司、鞍山第某工程机械股份有限公司、鞍山市国有资产监督管理委员会加工承揽合同欠款纠纷一案的请示报告》，在该报告中辽宁省高级人民法院请示的第一个问题是：鞍山市政府作为企业的国家股股东，将土地作价出资，作价限定的10年使用期限届满后将土地收回，未履行相关公示程序，是否属于抽逃出资行为。

《最高人民法院民二庭关于"股东以土地使用权的部分年限对应价值作价出资，期满后收回土地是否构成抽逃出资"的答复》[1]向辽宁省高级人民法院答复：根据我国公司法及相关法律法规的规定，股份有限公司设立时发起人可以用土地使用权出资。土地使用权不同于土地所有权，其具有一定的存续期间即年限，发起人将土地使用权出资实际是将土地使用权的某部分年限作价用于出资，发起人可以将土地使用权的全部年限作价用于出资，作为公司的资本。发起人将土地使用权的部分年限作价作为出资投入公司，在其他发起人同意且公司章程没有相反的规定时，并不违反法律法规的禁止性规定，此时发起人投入公司的资本数额应当是土地使用权该部分年限作价的价值。

在该部分年限届至后，土地使用权在该部分年限内的价值已经为公司所享有和使用，且该部分价值也已经凝结为公司财产，发起人事实上无法抽回。由于土

---

[1] 〔2009〕民二他字第5号函，2009年7月29日。

地使用权的剩余年限并未作价并用于出资，所以发起人收回土地使用权是取回自己财产的行为，这种行为与发起人出资后再将原先出资的资本抽回的行为具有明显的区别，不应认定为抽逃出资。发起人取回剩余年限的土地使用权后，公司的资本没有发生变动，所以无须履行公示程序。

本案中，你院应当查明作为股东的鞍山市人民政府在公司即鞍山某工设立时投入的570620平方米土地使用权作价1710万元所对应的具体年限。如果该作价1710万元的土地使用权对应的出资年限就是10年，在10年期满后，鞍山市人民政府将剩余年限的土地使用权收回，不构成抽逃出资，也无需履行公示程序；反之，则鞍山市人民政府存在抽逃出资的行为，其应当承担对公司债务的赔偿责任，但以抽逃出资的价值为限。

案例四：上海某普房地产开发有限公司诉马某为股东资格确认纠纷一案二审民事判决书

案情介绍：某普公司系设立于1995年1月18日的有限责任公司。至2002年，根据工商登记，某普公司的注册资本为人民币2400万元（以下币种同），股东为成都某某电缆制造有限责任公司（以下简称某某电缆公司）、上海某联物业发展中心（以下简称某联物业）及上海某某金桥联合发展有限公司（以下简称某某金桥公司），其中，某某金桥公司的认缴出资额为816万元，持股比例为34%。

2002年12月6日，某普公司与某某金桥公司形成《会议纪要》，内容涉及：某某金桥公司同意将在某普公司拥有的34%股权转让给某普公司所推荐的任何受让方，并由某普公司负责办理34%股权的转让手续；某普公司将拥有产权的上海浦东崂山东路300号普联大厦第八层共990.75平方米的办公用房出售给某某金桥公司，其办公用房的出售金额视作转让34%股权的金额再加120万元现金。

2003年1月27日，某普公司与某某金桥公司签订《协议书》，约定：某某金桥公司同意将其在某普公司的34%股权转让给某普公司所推荐任何受让方；某普公司同意负责推荐确定受让该34%股权受让方，并负责办理该34%股权转让手续；某普公司同意将第三方拥有产权且没有任何产权纠纷和财产纠纷的上海市崂山东路300号普联大厦第八层990.75平方米办公用房出售给某某金桥公司，该房产销售总价为34%股权转让款加120万元,其中,该34%股权转让款由某普公司直接向股权受让方收取,120万元由某某金桥公司在该房产过户到某某金桥公司名下之后的3个工作日内支付给某普公司。

2003年6月16日,某普公司形成股东会决议,内容涉及:同意某某金桥公司提出将其持有的某普公司34%股权予以转让,某联物业和某某电缆公司同意放弃优先购买权,同意马某为受让某某金桥公司转让的34%计816万元的股权;同意对某普公司的资产由资产评估所进行评估,目的为股权转让。

2003年9月5日、2003年9月10日,某普公司形成股东会决议,内容涉及:同意某某金桥公司提出将其持有的34%股权计816万元的某普公司股权予以转让;同意马某为受让某某金桥公司转让的34%计816万元的股权;某联物业和某某电缆公司同意放弃优先购买权;根据社科远东资产评估所评估报告受让方、转让方协商后确认转让价格为5240005元。

2003年9月11日,某某金桥公司与马某为签订《产权交易合同》,约定:某某金桥公司将持有的某普公司34%股权有偿转让给马某为,上述产权经资产评估后与马某为协商确定,马某为支付5240005元;产权转让价款由马某为在产权转让合同生效后10日内,以现金方式一次性支付给某某金桥公司,交易基准日为2003年7月31日。

同日,某某金桥公司与马某为办理完成产权转让交割手续。

此后,某普公司位于上海市崂山东路300号普联大厦第八层990.75平方米的房地产过户至某某金桥公司名下。某普公司称,已收到某某金桥公司所支付的房产置换股权之差额部分的120万元。某某金桥公司所持某普公司股权遂变更至马某为名下。依据工商登记,马某为目前的持股比例为34%、认缴出资额为816万元。

另,就案外人李某东挪用公款罪、受贿罪一案,上海市长宁区人民法院作出(2008)长刑初字第386号刑事判决,该判决已生效。上述判决认定,2002年10月至2003年12月,李某东利用担任某联物业总经理并受某联物业委派担任某普公司董事长,全面负责上述单位经营、管理的职务便利,为帮助马某为(另案处理)

个人购买某普公司股权,在其授意、指使下,由某联物业兼某普公司财务经理沈某勇(另案处理)具体操作,挪用某联物业及某普公司钱款共计 340 万余元,归马某为个人进行营利、非法活动。

就案外人沈某勇挪用公款罪、受贿罪一案,上海市长宁区人民法院作出(2009)长刑初字第 115 号刑事判决,该判决已生效。上述判决认定,2002 年 10 月至 2003 年 12 月,沈某勇利用担任某联物业财务主管并受某联物业委派进入某普公司担任财务主管的职务便利,在某联物业总经理、某普公司董事长李某东(另案处理)的授意、指使下,为帮助马某为(另案处理)个人购买某普公司股权,由沈某勇具体操作,挪用某联物业及某普公司钱款,共计 340 万余元,归马某为个人进行营利、非法活动。

本案原审庭审中,马某为提供了一系列由某联物业或马某为付款至某普公司处的支付凭证,但马某为表示,这些支付凭证仅是程序上的,实际并未发生款项的支付。

裁判索引:(2014)沪一中民四(商)终字第 166 号

裁判结果:马某为通过股权转让的方式取得某普公司 34% 股权,且已经经过工商变更登记。由于股东资格的否定属于公司运营过程中的重大事项,涉及股东自身重大利益并影响公司的稳定以及债权人的利益,故只有在符合法定条件下才能否定某一股东的股东身份。本案中,某普公司认为马某为通过行贿、挪用等犯罪手段获得巨额资金,并将该资金作为个人投资款投入到某普公司以获得该公司 34% 股权,其获得股权的行为属于无效行为,应不具备某普公司的股东资格。对此,本院认为,根据《最高人民法院关于适用〈中华人民共和国公司法〉若干问题的规定(三)》第七条,以贪污、受贿、侵占、挪用等违法犯罪所得的货币出资后取得股权的,对违法犯罪行为予以追究、处罚时,应当采取拍卖或者变卖的方式处置其股权。本案中,尽管已生效的刑事判决对李某东、沈某勇挪用公司资金的犯罪行为进行了刑事处罚,但是尚没有刑事判决认定马某为存在违法犯罪行为,故涉案的 340 万元尚不能认定为系马某为违法犯罪所得的资金,不符合上述条文关于取消股东资格的先决条件。况且,即使有生效刑事判决认定马某为存在犯罪行为，其用犯罪所得出资后所得的股权也是应采取拍卖或者变卖的方式处置，而不能直接否定其股东身份。由于涉及李某东、沈某勇的刑事案件不影响对本案的处理，原审法院对某普公司要求调阅相关刑事案件中的材料以及释明问题未予准许并无不当。至于马某为在取得股权过程中是否存在过错不构成否定其股东资格的条件。某普公司还认为马某为低价取得涉案股权，损害某普公司利益。对此，终审法院认为，马某为取得股权的对价系其与某某金桥公司之间协商一致的结果，股权的价格是否低于实际价格不影响股权转让的效力以及对马某为股东身份的认定。某普公司的此种主张于法无据，终审法院不予采信。

笔者点评：对实践中出资人用贪污、挪用等犯罪所获的货币用于出资的，应防止将出资的财产直接从公司抽出的做法。对货币这种特殊的动产，民法理论上一般均认为占有人具有处分权，出资人即使通过贪污、挪用等犯罪手段取得货币，也不宜认为出资人构成民法上的无权处分，所以在其将货币投入公司后，公司取得货币的所有权。在追究犯罪行为的责任时，不宜直接从公司抽回货币。而且，货币是典型的种类物，用处置出资人就该货币形成的股权后所获得的价款补偿受害人，同样可以弥补受害人损失。这种做法既符合民法的一般原理，又能同时兼顾公司、公司债权人与犯罪行为受害人的利益。所以《公司法司法解释（三）》规定在对违法、犯罪行为进行追究、处罚时，法院应采取拍卖或者变卖的方式处置上述股权。❶

《公司法司法解释（三）》第七条第二款规定：以贪污、受贿、侵占、挪用等违法犯罪所得的货币出资后取得股权的，为违法犯罪行为予以追究、处罚时，应当采取拍卖或者变卖的方式处置其股权。需要注意的是，在最高人民法院的司法解释中并没有因为出资人所出资的财产是违法所得而否定出资人的股东身份。换言之，即使出资人以违法所得出资，其在公司依然具备股东身份。

---

❶ 宋晓明、张勇健、杜军：《〈关于适用公司法若干问题的规定（三）〉的理解与适用》，《人民司法》2011年第5期。

案例五：以无权处分财产出资

案情介绍：2002年3月10日，工程处（甲方）与某某河南棉花进出口公司（乙方）签订《委托代理进出口协议书》，主要内容为：甲、乙双方经过友好协商，就甲方委托乙方代理进口壹台意大利"西姆"机械公司制作生产的SIMCB250L的沥青拌合站设备达成如下协议，委托范围：甲方委托乙方代理进口沥青拌合站壹台，价格为美元壹百零伍万伍仟元整。双方还在协议中对其他事项进行了约定。2002年7月17日，某某河南棉花进出口公司（买方）与意大利"西姆"机械制造公司（卖方）签订《意大利SIMCB250L合同书》，主要内容为：用户为河南省新乡市某路工程处；品名和规格为SIMCB250L，单价为1055000美元，总价为成本加运保费共总计一百零五万五千美元。双方还在合同中对其他事项进行了约定。工程处实际支付了8750000元设备款以及进出口许可费、运费等费用。某源公司系张某淼、苏某林、侯某凤投资设立的企业法人，该公司成立于2005年3月10日，注册资本3600万元。某源公司在工商管理机关办理设立登记过程中，河南正源会计师事务所接受苏某林、张某淼、侯某凤的委托，对某源公司设立登记的注册资本进行验资，在验资过程中，对苏某林、张某淼、侯某凤出资的实物进行了评估。某源公司在工商行政机关的档案材料中，其中《固定资产——机器设备清查评估明细表》显示案涉沥青混凝土拌合站的资产占有人为张某淼，评估价值为12600000元；河南正源会计师事务所制作的《注册资本实收情况明细表》中载明："注册资本3600万元，张某淼出资21022050元，侯某凤出资2985300元，苏某林出资11992650元，张某淼占注册资本总额的58%"；河南正源会计师事务所受某源公司委托，对某源公司2005年12月31日的负债表以及2005年的利润表进行审计，在《审计报告》中载明："截至2005年12月31日贵公司注册资本3600万元，实收资本3600万元，其中：张某淼货币出资3652050元，施工机械出资17370000元，出资21022050元"。2015年12月17日，该院作出（2015）凤执恢字1号执行裁定书，裁定查封被执行人某源公司所有的沥青混凝土拌合站。2016年1月21日，该院对编号为SIMCB250L的沥青混凝土拌合站予以查封。在执行过程中，工程处作为案外人对执行标的提出书面异议，2016年3月14日，该院作出（2015）凤执恢字 1-1 号执行裁定书，裁定驳回工程处的执行异议。另查明，2013 年 7 月 18 日，"河南省新乡市某路工程处"名称变更为"新乡市某某路桥工程处"。

裁判索引：（2018）豫民再 1160 号

裁判结果： 河南省高级人民法院再审认为，案涉的 SIMCB250L 沥青拌合站设备系工程处所有，并非河南省新乡某某桥梁建设有限责任公司所有，河南省新乡某某桥梁建设有限责任公司 2005 年 1 月 15 日与张某淼签订协议书，约定将案涉的 SIMCB250L 沥青拌合站设备转让给张某淼，河南省新乡某某桥梁建设有限责任公司的该行为系无权处分行为，张某淼作为工程处的工作人员对此事实明知，故张某淼不构成善意取得，不能取得案涉 SIMCB250L 沥青拌合站设备的所有权。张某淼以案涉的 SIMCB250L 沥青拌合站设备出资成立某源公司，并担任该公司的法定代表人，应当认定某源公司明知张某淼并非案涉 SIMCB250L 沥青拌合站设备所有权人，张某淼以案涉的 SIMCB250L 沥青拌合站设备出资系无权处分，某源公司接受出资并非善意，不能取得案涉的 SIMCB250L 沥青拌合站设备所有权，案涉的 SIMCB250L 沥青拌合站设备仍属于工程处所有。工程处就案涉的 SIMCB250L 沥青拌合站设备享有足以排除强制执行的民事权益，其要求确认该沥青混凝土拌合站为工程处所有，解除对型号为 SIMCB250L 的沥青混凝土拌合站的查封，停止对案涉沥青混凝土拌合站的执行，事实依据和法律依据充分，应予支持。综上，原审法院判决适用法律错误，依法应予以纠正。

基于上述分析，河南省高级人民法院最终撤销了新乡市中级人民法院（2017）豫 07 民终 2381 号民事判决及新乡市凤泉区人民法院（2016）豫 0704 民初 383 号民事判决，在这两份判决书中，法院均认为张某淼的行为不构成无权处分。河南省高级人民法院在该判决书中确认了案涉型号 SIMCB250L 的沥混凝土拌合站为新乡市某某路桥工程处所有，并且解除了对案涉型号 SIMCB250L 的沥青混凝土拌合站的查封，并不得对案涉型号为 SIMCB250L 的沥青混凝土拌合站强制执行。

笔者点评： 出资人用自己并不享有处分权的财产进行出资时，该出资行为的效力不宜一概予以否认。因为无权处分人处分自己不享有所有权（处分权）的财产时，只要第三人符合《民法典》第三百一十一条规定的条件，其可以构成善意取得，该财产可以终局地为该第三人所有。而出资行为在性质上属于处分行为，出资人用非自有财产出资，也属于无权处分，那么在公司等第三人构成善意的情形下，其也应当适用善意取得制度。这有利于维持公司资本，从而保障交易相对人的利益。所以《公司法司法解释（三）》规定以不享有处分权的财产出资的，出资行为的效力参照《民法典》第三百一十一条的规定处理。[1] 这种做法既符合民法的一般原理，又能同时兼顾公司、公司债权人与财产权利人的利益。

处分权是财产所有权人对财产所享有的最根本的权能，所有权人有权自己行使处分权，也有权授权他人行使处分权。出资人未经所有权人的授权而处分所有权人财产显然是侵害了所有权人的权益。在此情形下，物权法在制度设计了善意取得制度，该制度不仅保护了此种情形下财产所有权人的权利，还考虑了善意第三人的利益。

---

[1] 宋晓明、张勇健、杜军：《〈关于适用公司法若干问题的规定（三）〉的理解与适用》，《人民司法》2011年第5期。

因为股东之间股权的转让只会影响内部股东出资比例及权利的大小，对重视人合因素的有限责任公司来讲，其存在基础即股东之间的相互信任没有发生变化。所以，对内部转让的实质要件的规定不很严格，通常有以下三种情形：一是股东之间可以自由转让其股权的全部或部分，无需经股东会的同意；二是原则上股东之间可以自由转让其股权的全部或部分，但公司章程可以对股东之间转让股权附加其他条件；三是规定股东之间转让股权必须经股东会同意。

有限责任公司具有人合属性，股东的个人信用及相互关系直接影响到公司的信誉，所以各国公司法对有限责任公司股东向公司外第三人的转让股权多有限制性规定，大致可分为法定限制和约定限制两类。法定限制实际上是一种强制限制，基本做法就是在立法上直接规定股权转让的限制条件。股权的转让，特别是向公司外第三人的转让，必须符合法律规定方能有效。约定限制实质上是一种自主限制，基本做法就是法律不对转让限制作出硬性要求，而是将此问题交由股东自行处理，允许公司通过章程或合同等形式对股权转让作出具体限制。

股权转让的形式要件，既涉及股权转让协议的形式缔结，也包括股权转让是否需登记或公证等法定手续。一般而言，要完成股权转让除了要签订股权转让协议外，在公司内部，公司应当注销原股东的出资证明书，向新股东签发出资证明书，并相应修改公司章程和股东名册中有关股东及其出资额的记载；在公司外部而言，公司还需要在工商登记部门完成相应的股东变更的登记。

四、股权转让纠纷的类型

股权转让纠纷是指在股权转让过程中所发生的纠纷的总称，包括股东之间转让股权的纠纷、股东与非股东之间转让股权的纠纷。根据司法实践中股权转让纠纷案件的表现形式来看，股权转让纠纷可以分为以下几种不同类型。

一是转让方与受让方双方之间的股权转让合同纠纷，其在司法实践中所体现的具体的诉讼请求都是以股权转让合同为中心展开，如请求履行转让合同、请求支付股权转让款并赔偿损失（或支付违约金）、请求解除转让合同、请求认定转让合同无效等。

二是涉及保护公司内部其他股东优先购买权的诉讼案件。例如,《公司法》第七十一条第二款规定,股东向股东以外的人转让股权时,不同意的股东应当购买该转让的股权。但关于购买价格如何确定,是以对外转让合同的价格,还是以公司净资产重新评估确定的价格,实务中争议较大。再如,股权转让合同履行完毕,因出让股东未向公司其他股东的告知,公司其他股东主张合同无效并请求行使优先购买权案件。

三是因转让瑕疵出资股权引起的纠纷。转让瑕疵出资股权时又区分为受让方知情或者不知情的情形,在受让方明知出让方出资存在瑕疵仍然受让股权的,对未按期足额缴纳的出资部分承担连带补充责任;在受让方对此不知情的情形下,受让方不应承担责任,并且也有权以此为由请求撤销股权转让合同。

四是隐名、显名股东转让股权引起的诉讼案件。这类案件情况比较复杂,隐名与显名股东之间是合同关系,具有相对性。通常情况下隐名股东与显名股东之间的约定不能对抗公司及公司其他股东,也不能对抗第三人。

五是股权的善意取得纠纷案件。公司股权无权转让后,受让方主张善意取得公司股权。[1]这类案件中既要考虑公司法律关系具有外观公示的特点,又要注意善意取得制度的基本原理,依法保护公司股东和善意第三人的合法权益。

第二节 股权转让合同的效力

一、未经其他股东过半数同意或侵害其他股东优先购买权合同效力

《公司法》第七十一条第二款规定:"股东向股东以外的人转让股权,应当经其他股东过半数同意。股东应就其股权转让事项书面通知其他股东征求同意,其他股东自接到书面通知之日起满三十日未答复的,视为同意转让。其他股东半数以上不同意转让的,不同意的股东应当购买该转让的股权;不购买的,视为同意

---

[1] 孙晓光:《加强调查研究 探索解决之道——就民商事审判工作中的若干疑难问题访最高人民法院民二庭庭长宋晓明》,《人民司法》2007年第13期。

转让。"第三款规定："经股东同意转让的股权，在同等条件下，其他股东有优先购买权。"第四款规定："公司章程对股权转让另有规定的，从其规定。"该案的处理涉及实务中颇具争议的两个法律问题：一是在未通知其他股东征求同意的情况下，转让股东与受让人签订的股权转让合同的效力如何认定；二是在前述股权转让合同已实际履行的情况下，其他股东有何救济途径。

关于第一个法律问题，从《公司法》的规定不难看出，如转让股东对外转让股权未履行向其他股东的通知义务，便构成对其他股东同意权及优先购买权的侵害。此情形下转让股东与受让人签订的股权转让合同的效力如何认定，理论界和实务界均存在较大争议。根据《民法典》规定，民事法律行为的效力存在4种情形，即有效、无效、效力待定及可撤销，而违反《公司法》第七十一条第二款和第三款的股权转让合同的效力应属于哪种类型，分析如下：

第一，该合同是否属于无效合同。首先，《公司法》第七十一条第二款和第三款之规定可因公司章程的另行规定而排除适用，故该规定并非法律的强制性规定，而系选择适用或推定适用的任意性规定，故违反前述规定的股权转让合同不能视为违反了法律的强制性规定。其次，通知其他股东系转让股东本身的义务，受让人不负有该通知义务，转让股东未履行通知义务不能视为其必然与受让人存在恶意串通；向公司登记机关办理股权变更登记是公司行为，也是股权转让合同的履行行为，股权转让合同履行过程中如存在假冒其他股东签名同意转让并放弃优先购买权的情形，该情形也不足以证明转让股东与受让人在签订股权转让合同时存在恶意串通。最后，《公司法》规定其他股东同意权和优先购买权的目的在于保护转让股东自由转让股权的权利及维护公司的人合性，肯定前述股东转让合同的效力并不必然造成对公司人合性的破坏。其他股东如事后发现存在前述股权转让合同，可追认同意并放弃优先购买权来使得股权转让合同得以顺利履行，或者不予追认同意来阻止股权转让合同的履行；在股权转让合同因存在假冒其他股东签名同意转让并放弃优先购买权等情形而得以实际履行的情况下，则可赋予其他股东对该股权转让合同履行行为的撤销权来对其进行救济。因此，该合同不宜认定为无效合同。

第二，该合同是否属于效力待定合同。根据《民法典》第十九条和第一百七十一条规定，效力待定合同包括限制民事行为能力人实施的民事法律行为和无权代理人实施的民事法律行为两种情形，相对人可以催告法定代理人或被代理人在30日内予以追认，追认权人未作表示的，视为拒绝追认。可见，明确表示追认即为效力待定合同有效之要件，不追认或未作表示均不能认定合同有效。而根据《公司法》第七十一条第二款规定，其他股东对通知未作答复的，视为同意转让。可见，其他股东对通知的默示行为，应认定为同意行为或追认行为，从而区别于前述《民法典》规定的追认权人的默示行为应认定为拒绝追认的情形。换言之，侵害其他股东同意权和优先购买权的股权转让合同与效力待定合同在追认程序方面存在一定相似性，但又存在显著区别，故该合同不宜认定为效力待定合同。

第三，该合同是否属于可撤销合同。根据《民法典》规定，可撤销民事法律行为系订立合同的一方当事人因订立合同时存在意思表示瑕疵而有权请求法院或仲裁机构变更或者撤销的行为，民事法律行为主体之外的第三人不具有请求变更或者撤销该行为的权利。而转让股东与受让人签订的股权转让合同均是双方真实的意思表示，其他股东作为第三人无权请求变更或者撤销该合同，故该合同不宜认定为可撤销合同。

综上，转让股东与受让人签订的股权转让合同具有相对性，其效力状态并无当然的法律瑕疵；其他股东于该合同生效后是否行使优先购买权，并不改变该合同的原有效力状态。如其他股东行使优先购买权，转让股东与受让人则无法正常履行合同，故理论上该合同陷入客观上履行不能的法律状态。换言之，股权转让合同的效力与股权转让合同的履行分属不同范畴，该合同的效力不受是否存在侵害其他股东同意权和优先购买权情形的影响，应认定为有效合同。

《九民纪要》第九条对侵犯优先购买权的股权转让合同的效力作出了规定，审判实践中，部分人民法院对《公司法司法解释（四）》第二十一条规定的理解存在偏差，往往以保护其他股东的优先购买权为由认定股权转让合同无效。准确理解该条规定，既要注意保护其他股东的优先购买权，也要注意保护股东以外的股权受让人的合法权益，正确认定有限责任公司的股东与股东以外的股权受让人订立的股权转让合同的效力。一方面，其他股东依法享有优先购买权，在其主张按照股权转让合同约定的同等条件购买股权的情况下，应当支持其诉讼请求，除非出现该条第一款规定的情形。另一方面，为保护股东以外的股权受让人的合法权益，股权转让合同如无其他影响合同效力的事由，应当认定有效。其他股东行使优先购买权的，虽然股东以外的股权受让人关于继续履行股权转让合同的请求不能得到支持，但不影响其依约请求转让股东承担相应的违约责任。

关于第二个法律问题，肯定股权转让合同的效力不等于片面保护转让股东自由转让股权的权利而置公司人合性于不顾，因此，在法律上应赋予其他股东相应的救济权，以达到转让股东与其他股东利益的平衡。具体来说，在该股权转让合同生效但尚未实际履行的情况下，其他股东可事后不予追认同意而自己要求购买或者行使优先购买权，来阻止该合同的履行；或者事后追认同意并放弃优先购买权，使得该合同得以正常履行。在该股权转让合同因通过假冒其他股东签名等方式而得以实际履行的情况下，如其他股东事后不予追认同意而自己要求购买或者行使优先购买权，则应赋予其他股东对该履行行为的撤销权；如其他股东事后追认同意并放弃优先购买权，则应维持该履行行为的法律效果。

在法理上，其他股东的前述撤销权可参照《民法典》第五百三十八条、第五百三十九条、第五百四十条及第五百四十一条规定的债权人法定撤销权进行构建。具体来说，因转让股东擅自对外转让股权并完成股权变更登记，导致其他股东不能正常行使优先购买权，对其他股东造成不能增加股权比例而引起股东权益损失，故其他股东可以请求人民法院撤销股权变更的履行行为。但是，从维护商事交易安全和公司经营稳定性的角度考虑，其他股东的撤销权自其知道或者应当知道撤销事由即转让股东擅自对外转让股权之日起一年内行使；自履行行为发生之日即股权变更登记之日起五年内没有行使撤销权的，该撤销权消灭。

二、出资瑕疵股东转让股权的合同效力

公司成立时，公司的股东未向公司出资的情况大量存在，在实践中，许多

法院也将实际出资作为确认股东资格的决定性要件，因为虚假出资而导致股东资格被否认的判例也常见于审判实务中。根据《公司法》的有关规定，瑕疵出资股东向公司补缴出资，并向其他股东承担违约责任，甚至要承担相应的行政及刑事责任，但股东资格并不应受到影响。认定瑕疵出资的股东仍具备股东资格正是其承担补缴出资义务的前提和基础，如果否认股东资格，将导致对公司的出资义务无人履行，从而损害债权人和社会公共利益。可见，出资人并不因瑕疵而丧失股东权。

出资人并不因瑕疵出资而丧失股东权，也就有权转让该股权，股权转让行为并不因瑕疵出资而无效。如果转让人在与受让人签订转让合同时，将瑕疵出资的事实如实告知了受让人，受让人仍同意受让其股权的，转让合同有效，受让人将被确认为公司的股东。根据"任何人不得将大于自己的权利转让他人"的基本法谚，受让人所享有的股权会受到瑕疵出资的限制，如表决权、利润分配请求权等，即转让人因为瑕疵出资来提出股权瑕疵，再向转让人追偿。瑕疵出资的补足义务不影响股权的确认。

如果转让人在与受让人签订股权转让合同时，隐瞒了瑕疵出资的事实，从而使受让人作出错误的判断和意思表示的，属于《民法典》第一百四十八条规定的欺诈情形，受让人有权请求人民法院或仲裁机构变更或撤销该股权转让合同。山东省高级人民法院《通过审理公司纠纷案件若干问题的意见（试行）》也将出资瑕疵的转让认定为可撤销合同，第五十条规定："瑕疵出资股权转让股权的，人民法院不得以出资存在瑕疵为由认定股权转让合同无效。""股东转让股权是隐瞒瑕疵出资的，受让人可以受欺诈为由请求撤销股权转让合同。"股权转让合同被撤销的，恢复到合同签订之前的状况，出让人仍为公司的股东；如果受让人没有主张股权转让行为存在欺诈，在超过合同规定的除斥期间后，如无其导致合同无效的情形时，受让人将被确认为公司的股东。

三、名义股东股权转让合同的效力

《公司法》第三十二条规定，股东姓名或名称未在公司登记机关登记的，不得对抗第三人。所以第三人凭借登记内容的信赖，一般可以合理地相信登记的股东（名义股东）就是真实的股权人，可以接受该名义股东对股权的处分，实际出资人不能主张处分行为无效。但是实践中，有的情况下名义股东虽然是登记记载的股东，但第三人明知该股东不是真实的股权人，股权因归属于他人（实际出资人），在名义股东向第三人处分股权后如果认定该处分行为有效，实际上就助长了第三人及名义股东的不诚信行为，这是应当避免的。实际出资人主张处分股权行为无效的，应按照《民法典》第三百一十一条规定的善意取得制度处理，即登记的内容构成第三人的一般信赖，第三人可以以登记的内容来主张其不知道股权归属于实际出资人，并进而终局地取得该股权；但实际出资人可以举证证明第三人知道或应当知道该股权归属于实际出资人。一旦证明，该第三人就不构成善意取得，处分股权行为的效力就应当被否定，其也不能终局地取得该股权。当然，在第三人取得该股权后，实际出资人基于股权形成的利益就不复存在，其可以要求作出处分行为的名义股东承担赔偿责任。

四、转让部分股权权能的合同效力

转让股权中的部分权能（如剩余财产分配请求权、表决权）的股权转让合同是否有效？对此问题，关于股权性质的不同学说就有不同的结论。

部分否定的观点：股东以社员的资格所拥有的盈余分配请求权、利息分配请求权和剩余财产分配请求权等金钱债权，是自益权，是私权，依股东的意思表示可以转让；而与自益权相对应的是共益权，它是法律为了保护股东的利益而赋予的一种公共权利，属于与国家参政权的本质相同的专属性的公权、人格权，是不可转让的。

肯定的观点：股权是指因股东地位而享有的社员权，包括盈余分配请求权、剩余财产分配请求权等自益权和表决权，各种提诉权等共益权。股份的债权化现象，仅在股东事实上和行使共益权无关时发生，这时也不是说股东拥有的股份本身已经变质。股东是公司的社员，股权是股份公司社员的地位，应允许共益权转让或继承。

我们认为，上述观点实际上是从股权的不同层面上对股权中单一权能的可转让性进行分析的。就股权中包含的各种抽象权能，即期待性权利的转让而言，否定说是合理的，但就股权的各种具体权能，即既得性权利的转让而言，肯定说更能令人接受。依据公司法基础理论及我国现行法律的规定，股权内容包括自益权和共益权两种性质的权利。自益权是指股东为自身利益而可单独主张的权利，主要包括公司盈余分配请求权、剩余财产分配请求权、股份转让过户请求权等财产权利。共益权是指股东为公司利益兼为自己利益而行使的权利，主要包括股东会议出席权和表决权、知情权、查阅权和诉讼权等参与性权利。抽象的自益权可直接转化为具体的权利，抽象的共益权必须基于股东大会或董事会的决议才能具体化。因此，尽管自益权是一种财产性权利，但抽象的盈余分配请求权、剩余财产分配请求权等只是股东潜在的特有的权利，不能独立于股东而存在，也不得与股份相分离而转让、放弃。若允许抽象的盈余分配请求权等权能单独转让，由于受让人不享有表决权，其盈余分配请求权等权能的实现仍受制于转让人（股东），给受让人增加了不适当的风险，也难以避免转让人（股东）对特定表决权的滥用。只有当这些权利已经被具体化并独立，成为"债权性权利"后，才可以成为转让的对象。如以盈余分配请求权为例，只有通过召开股东大会作出分配决议，才能使股东的盈余分配请求权得以现实化。当股东大会通过关于盈余分配的决议时，股东就取得特定数额的盈余分配请求权。这特定数额的盈余分配请求权虽出于作为股东权内容的抽象的盈余分配请求权，但是已从股东的地位中分离出来，即使股东转让股权，也不理所当然地随之转移，并且不受股东大会的决议的侵害，可以单独被转让。

表决权可否成为单独买卖的标的？答案应当是否定的。表决权是指股东通过股东大会上的意思表示，按所持股份参加共同意思决定的权利。任何意思决定，由对该决定承担风险者持有决定权是法理上的原则，公司进行意思决定关系到股东应承担的风险，表决权的分配向参与资本市场的投资者们赋予了行使与出资风险相应的影响力的机会，从而起到保护投资者的比例性利益的作用。如果允许表决权自由买卖，则公司重大活动的决策内容和价值取向极易走向广大股东利益的反面，最终损害出卖表决权的股东的利益。同时，表决权作为共益权，其行使既涉及股东自身利益，又涉及公司整体利益，如果允许表决权在股份之外自由转让，也可能导致在公司持有很少股份甚至根本不持有股份的人操纵公司重大决策，任意摆布公司广大股东的投资利益，这显然有违表决权的共益权本质。许多国家的立法对表决权的单独转让也是加以否定的。表决权是股东最本质性的权利，股东不得将表决权和股份分开，放弃表决权。而且，由于表决权不能像盈余分配请求权那样转化为具体的债权性权利，即便是特定股东大会上的表决权也不得与股份相分离而转让。

五、公司章程限制股权转让下的效力讨论

公司章程是公司的组织和行为规则，是发起设立公司的投资者就公司的重要事务及公司的组织和活动作出的具有规范性的长期安排，这种安排体现了很强的自治性。在公司章程对人的效力方面，一种观点认为：公司章程只对公司内部人发生效力，对于公司外部人，如债权人或者其他任何第三人不发生拘束力。也就是说，公司章程不能对抗善意第三人。善意第三人指的是不知道、也不应当知道公司章程内容的人。[1]另一种观点认为：章程乃公司申请设立登记事项之一，随着公司设立登记公示完成，其规定即取得对抗善意第三人，具有所谓之对世效力。[2]我们同意第二种观点。因为依《公司法》的规定，章程是设立公司的法定登记事项，而且公司和登记机关应当采取措施，方便公司的股东及潜在的投资者、债权人及交易对象以不同的方式从不同的途径了解公司章程的内容。因而，公司章程经登记已达到公示之目的，具有对抗第三人的效力。

另外，在判定公司章程限制股权转让的效力问题上，一个不能回避的问题就是可以通过公司章程变更的公司法规范是强制性规范还是任意性规范。关于《公司法》中的强制性规范和任意性规范，立法者有时也未对强制性条款和任意性条款作出非常明确的界分，但从法律条文的对比中去推导立法者对该条文强制性或

---

[1] 施天涛:《公司法论》，法律出版社 2005 年版，第 156 页。
[2] 王文宇:《公司法论》，中国政法大学出版社 2004 年版，第 80 页。

任意性的认识是不合适的。这需要从法理的深层次上做分析判断。当前，较有说服力的一个判别标准是：当某个规范所规定的问题属于公司内部问题时，通常可以作为任意性规范；当某个规范所规定的问题属于公司外部问题时，涉及公司之外的第三人时，则作为强制性规范。对于任意性规范，公司章程可予以变更；对于强制性规范，公司章程不能变更。❶总的来说，有限制责任公司的任意性规范较多，强制性规范有限。

《公司法》第七十一条第一款规定，"有限责任公司的股东之间可以相互转让其全部或者部分股权。"依该规定，股东之间可以自由转让股权，未对有限责任公司股东间股权转让加以限制。同时，该条第四款规定："公司章程对股权转让另有规定的，从其规定"。依该规定，允许章程作出例外规定，这属于任意性条款，股东可以基于该规定对股权内部转让进行限制。因此，对于公司章程的特别规定，各方都应当尊重。从公司合同理论的视角分析，在《公司法》规定之外对股东转让股权设定特定的条件，是符合合同自由原则的。实践中，一些公司股东基于对公司控制权之争往往对股权转让另加限制，如在章程中约定"公司股权在股东间转让时，必须经其他股东过半数同意。经同意可以转让的股份，各股东按照持股比例在同等条件下享有优先购买权"。这样规定的目的是保持各股东间利益的平衡，防止恶意股东借股权转让之机拥有多数股权，达到控制公司、损害其他股东的情形发生。基于有限公司人合性、封闭性的考量，对上述情形中关于公司法任意性条款的变更应得到充分地尊重，对其股权转让的限定条件是有效的，违反该限定条件的股权转让是无效的。

公司章程可以对股权转让作出限制性的约定，这种约定相比《公司法》关于股权转让的一般性规定，提出了更为苛刻的条件，是章程制定者为了维护自身及公司利益达成合意的体现。在肯定章程可以对股权转让作出限制性约定的同时，必须明确，这一限制性约定是受到制约的，对于违法的或者违反公司法原理的限制性条款，不应当认定其效力。具体而言：（1）公司章程对股权转让的限制

---

❶ 赵旭东：《新公司法实务精答》，人民法院出版社2005年版，第180页。

性规定与法律和行政法规的强制性规定相抵触的，应确认该公司章程条款无效，对股东没有法律约束力，股东违反该条款转让股权而签订的股权转让合同有效。（2）公司章程的限制性条款造成股权禁止转让后果的，这种约定违反股权自由转让的基本原则，剥夺了股东的基本权利，属无效，股权转让不因违反这些限制性约定而无效。❶

六、股权转让中的瑕疵担保责任

瑕疵担保是源于罗马法的一项制度。我国《民法典》第六百一十二条至第六百二十四条对瑕疵担保责任作出了规定，包括物的瑕疵担保和权利瑕疵担保。股权作为合同转让标的时，其瑕疵应属于权利瑕疵。根据《民法典》第六百一十二条、第六百一十三条对权利瑕疵担保责任的规定及合同法原理，权利瑕疵担保的构成要件主要包括：（1）转让标的具有权利瑕疵；（2）权利瑕疵在合同订立前即已存在，且在交付时仍未消除；（3）受让人在订立合同时不知道或不应当知道标的存在权利瑕疵。上述要件齐备的，受让人可以向出让人主张瑕疵担保责任，即根据《民法典》第六百一十四条的规定行使中止支付价款权。

未满出资期限的股权是否存在权利瑕疵？《公司法司法解释（三）》第十八条第一款规定："有限责任公司的股东未履行或者未全面履行出资义务即转让股权，受让人对此知道或者应当知道，公司请求该股东履行出资义务、受让人对此承担连带责任的，人民法院应予支持；公司债权人依照本规定第十三条第二款向该股东提起诉讼，同时请求前述受让人对此承担连带责任的，人民法院应予支持。"由上述规定可知，对于公司而言，瑕疵出资股权的出让人对公司的填补出资义务是绝对的，不因股权转让而免除；而受让人对出让人填补出资义务承担连带责任则是附条件的，须以受让人主观上对出让人瑕疵出资的事实是知道或者应当知道为前提。对于公司债权人而言，瑕疵出资股权的出让人对公司不能清偿的债务所承担的赔偿责任属于补充责任、有限责任和一次性责任，但受让人对出让人所负的

---

❶ 陕西省高级人民法院：《股权转让纠纷疑难问题分析及应对》，2011年6月21日发布。

连带责任是无条件的。换言之，股东未尽出资义务即转让股权，使得公司、债权人在标的股权之上具有请求受让人承担补足出资责任或在瑕疵出资范围内补充赔偿的权利，这无异于为受让人在标的股权之上设定法律上的负担，足以据此认定标的股权具有权利瑕疵。尤其是，由于认缴制下股东在认缴期满前无须履行出资义务，导致标的股权的权利瑕疵在订立转让合同时即已存在，且在股权变更后仍未消除的现象更加普遍。而在诉讼阶段，只要公司注册资本的空洞状态仍未消除，法院即可认定标的股权存在权利瑕疵，受让人根本无需再对此进行举证。

受让人主观心理状态如何认定？受让人主观上知道或者应当知道存在权利瑕疵的，出让人不承担瑕疵担保义务。换言之，受让人主张出让人承担瑕疵担保责任须以其不知道或者不应知道转让标的权利瑕疵的存在为前提。然而，受让人的主观心理状态应由哪方承担证明责任？该要件真伪不明时如何解决？实践中存在较大分歧。

从证据规则上看，受让人不知道或者不应知道股权存在权利瑕疵属于消极事实，本身确实难以证明，责令受让人对此承担证明责任并不合理。当然，倘若受让人明确主张合同存在重大误解或者欺诈行为的，则应当对其主张的事实承担证明责任，两者并不矛盾。与此同时，出让人有确切证据证明订立合同时明确告知受让人股权存在瑕疵的，或者出让人与受让人就免除权利瑕疵担保责任存在特别约定的，亦可以直接免除出让人的瑕疵担保义务。但是，这并不意味着应当由出让人对该主观要件的真伪不明承担不利后果。有观点认为，受让人在受让股权时，有义务去核实出让人转让的股权是否存在瑕疵，法律没有必要对其加以特别保护。笔者认为该观点具有一定合理性。事实上，当前企业的注册资本、出资期限等公示信息完全可以借助多种互联网查询渠道便捷地获取，因此除非受让人能够举证证明在合同订立过程中存在重大误解或者出让人存在欺诈行为，否则可以推定受让人知道或者应当知道公司股权的瑕疵出资事实，如此处理更加符合实际。

如前所述，在认缴出资期限届满前，公司注册资本存在的空洞为法律所允许，法律亦不禁止股东转让未届出资期限的股权，而受让人对于购买此类股权的法律风险可能缺乏足够的认知，且法律上缺乏令出让人的出资义务加速到期或者将股权转让款优先用于填补出资的制度，使得受让人既要向出让人承担支付对价义务，又不得不面临被公司或债权人追索瑕疵出资责任的风险，决定了受让人在此类股权交易中处于不利地位。目前，按照《公司法司法解释（三）》的有关规定，瑕疵股权的受让人仅能援用抗辩权和追偿权寻求利益保护。具体言之：瑕疵出资股东对公司债权人承担的是补充赔偿责任，其承担责任的前提是以债权人经过强制执行公司财产仍不足以清偿债务为前提，故瑕疵出资股东及瑕疵股权的受让人对公司债权人享有先诉抗辩权。另外，受让人因股权瑕疵出资而代为承担民事责任后，依法可以向出让人行使追偿权。然而，上述救济手段的效果完全取决于公司或者出让人的财产状况，具有一定局限性。如何有效防范和化解此类合同蕴藏的交易风险？笔者建议可以考虑采取以下措施：其一，可以规定出让人转让未届出资期限的股权时，其出资义务应当加速到期，以防止出让人转嫁风险，进而从根本上防范纠纷发生。其二，法律可以明确规定出让人在订立合同过程中负有提示标的股权存在瑕疵出资事实的义务，抑或明确规定受让人自负核实股权是否存在瑕疵出资的义务。如受让人仍然同意购买此类股权的，视为双方对瑕疵出资的风险负担存在约定，应当尊重当事人的意思自治。其三，就诉讼角度而言，可以规定股权转让双方发生纠纷时，公司应当作为有独立请求权的第三人参加诉讼，并在实体上享有对股权转让款进行提存进而用于填补出资空洞的权利。

第三节　股权变动的效力

股权转让效力，又可称为股权变动效力，是指股权经转让后在原股东与受让人之发生移转，原股东丧失转让股权，受让人取得股权和相应股东资格，以股东身份对公司行使股权。股权为无体物，同时股权蕴涵着股东、公司和第三人等公司内外部法律关系，股权转让应以一定的公示方式表现出来，便于各方当事人及第三人周知并行使权利和履行义务，防止权利被剥夺或限制等不测之害，维护交易安全，仅有股权转让协议不能直接导致股权变动。股权转让效力的发生依据有三种：交付、股东名册变更登记和工商变更登记。交付是指标的物是现实移转，转让人在将表彰股份的权证交付给受让人时，产生股权转让效力。我国《公司法》第一百四十条规定："无记名股票的转让，由股东将该股票交付给受让人后即发生转让的效力。"交付仅对股份有限公司的无记名股票产生效力，对于股份有限公司记名股票和有限责任公司股权，则不能以交付作为股权变动效力依据，应当在转让后由公司进行股东名册的变更登记，有限责任公司股权转让还要进行工商变更登记。

一、股东名册变更登记效力

我国《公司法》第三十二条第一款、第二款规定："有限责任公司应当置备股东名册，记载下列事项：（一）股东的姓名或者名称及住所；（二）股东的出资额；（三）出资证明书编号。记载于股东名册的股东，可以依股东名册主张行使股东权利。"本法第七十三条规定："依照本法第七十一条、第七十二条转让股权后，公司应当注销原股东的出资证明书，向新股东签发出资证明书，并相应修改公司章程和股东名册中有关股东及其出资额的记载。对公司章程的该项修改不需要再由股东会表决。"由上述规定可以看出，股东名册具有特定的效力，股权转让必须进行股东名册变更登记，变更登记是公司的一项法定义务，公司如不履行该项义务应负法律责任。

关于股东名册的效力，目前主要存在两种观点。一种观点认为，有限责任股东名册登记属于设权性登记，或称生效性登记，即登记具有创设权利和法律关系的效力。登记的性质决定了相关权利何时产生。股权是股东对公司的权利，股权转让合同成立后，仅在原股东和受让人之间生效，尚不能认定受让人已经取得股权和股东资格，还应得到公司的认可。公司有权根据公司法及公司章程的规定进行审查，经审查同意将受让人登记于股东名册后，受让人取得股权并以股东身份对公司主张权利。只有在公司同意或认可并进行股东名册变更登记后，新老股东的交替方才在法律上真正完成。另一种观点认为，股东名册属于宣示性登记，或称对抗性登记。股东名册本身并不创设权利，不具有授予股东权利的功能，也不能确定股权的真实性，只具有确认和证明以及公示的效力。其效力主要包括推定力和免责力。凡在股东名册上登记的股东，公司将其推定为真实股东，没有调查的义务，股东可凭记载向公司主张股东权利。公司依股东名册确定股东身份并履行义务，即便股东名册记载的股东并非真正的股东，公司可凭股东名册免除责任。

股权转让合同生效后，股权转让未经股东名册变更登记，不得对抗公司。

第一，公司法规定公司备置股东名册的目的是便于公司确认自己的股东以及起到一定范围的公示作用，以此保护公司和其他人的合法利益，同时公司法规定了公司章程和股东出资证明书等对股东的记载，以股东名册作为股东资格生效的唯一标准未免独断和不妥。公司法未明文规定未进行股东名册登记的股权转让无效，以股东名册登记作为股权转让生效标准过于严苛。

第二，股东名册登记是公司的法定义务，公司法未赋予公司审查股权转让是否符合公司法或者公司章程的权利。股东向股东以外的人转让股权，已经股东同意和行使优先购买权，存在再行审查有无必要，公司审查与股东同意不一致时应如何处理的问题。即便公司有审查和拒绝登记的权利，但也不意味公司具有创设股东权利的能力，股东权利实际上是转让人和受让人通过协议或非协议创设的。如果公司通过审查发现股权转让不符合公司法或公司章程规定，可将其归属转让协议无效或可撤销，而非公司有权禁止或宣告股权转让无效。否则，无法解决股权转让协议已经生效的问题。

第三，公司法规定，股东转让股权后，公司应当修改股东名册中有关股东及其出资额的记载，对于"转让股权后"可以理解为股权已经发生了转让效力，在股权转让后公司修改股东名册。

第四，主张股东名册的对抗效力并无明显不当之处，符合公司立法意旨和有关规定。不会损害公司及其他人的合法利益，有助于减除公司审查义务所带来的风险，也有利于促进股权自由转让和资本流动。采取股东名册的对抗效力，更加符合现实的需要。目前公司股东名册的备置及记载不规范或不存在的现象大量存在，以股东名册记载作为股权生效要件显然不现实，不利于维护交易安全和秩序。公司法虽规定公司应当备置股东名册，但并非禁止性规定，即无股东名册或无记载，相关行为即无效。股东名册变更登记采用对抗效力，在处理上述问题无疑较和缓适中，也为以其他公司文件，如公司章程、出资证明书和会议纪要来综合认定股权转让的效力留下回旋余地。

第五，国外或其他地区立法例可资参照。如法国《商事公司法》第48条、第20条规定了转让的效力：公司股份的转让应以书面形式予以确认。此种转让以法国《民法典》第1690条的形式对抗公司，但向公司住所提交一份转让契约原件，可替代转让的通知手续，经理为此出具一份确认提交契约原件的证明。股份转让只有在履行上述手续并在商业和公司注册登记簿上进行公告后，才可对抗第三人。日本《有限公司法》第20条规定了股份转移的对抗要件：移转股份时，非将取得人姓名、住所、移转出资股数记载于股东名册，不得以之对抗公司及其他第三人。我国台湾地区《公司法》第104条、第165条规定：转让之记载，股单转让，非将受让人之姓名或名称记载于股单，并将受让人姓名或名称、住所或居所，记载于股东名簿，不得以其对抗公司。

二、公司登记机关变更登记的效力

关于公司登记机关对股权转让变更登记的效力，也曾经存在着是属于设权登记还是属于宣示登记两种观点之争。我国公司法的修订结束了这场争论，我国《公司法》第三十二条第三款规定："公司应当将股东的姓名或者名称及其出资额向公司登记机关登记；登记事项发生变更的，应当办理变更登记。未经登记或者变更登记的，不得对抗第三人。"该法采纳了公司登记具有对抗性效力的意见。

公司变更登记属于宣示性登记的依据是：首先，股权转让是转让人和受让人之间合意的结果，当事人之间通过协议确立了股权转让的权利和义务，即便需要经过公司股东会同意，也是股东和公司之间的关系，股东资格也是公司予以确认的。股权转让变更登记并非行政授益行为，股权亦非行政授予。其次，公司登记部门对于股权转让具有消极登记义务，仅对股权转让行为进行形式审查，如审查是否有股权转让协议、是否经股东会决议同意等，对形式上合法的行为必须予以登记，不得将自己的意志强加于当事人之间，登记机关既没有权利对申请登记的实质权利义务内容进行调查，也无权对当事人之间的法律关系进行变更。

公司变更登记的目的是使股权转让这一事实及新股东姓名或名称等告之于社会公众，以便于公众了解公司股权的基本状况，从而维护社会交易的安全。社会公众可以通过登记机关或其他途径合法地查阅公司股权和股东的情况，如未进行公司变更登记，股权转让不得对抗善意第三人。

三、股权转让的效力

股权转让的效力可分为以下三个层次：

其一，对于转让人和受让人的效力，受让人股东承继股东权后，转让人不得就已转让股权再生主张，如不具有公司红利分配请求权，即便股权转让前公司已经存在盈利并且公司决定分配这一盈利。

其二，对公司的效力，公司应确认受让人的股东身份，受让人依其转让而享有股东权对抗公司，公司也享有依股东名册对抗转让人和受让人的权利和免责力。

其三，对第三人的效力，受让人可以其股东身份对抗善意第三人，第三人也可以此对抗公司和受让人。

在股权转让后，有些公司并未办理股东名册变更登记手续，或者未办理公司变更登记，甚至有些公司没有备置股东名册。如何认定股权转让的效力及相关法律责任，应就具体问题进行具体分析。因转让人或受让人过错而未完成变更登记，应根据过错情形由转让人和受让人双方分别或共同承担责任，两种变更登记未办理，股权转让不具有对抗公司和善意第三人的效力。因公司过错而未完成变更登记或未设置股东名册，公司应承担因此给受让股东造成的损失，并且承担未履行备置股东名册和办理变更登记的法定责任。在未进行股东名册变更登记的情况下，受让人尚未被公司确定为形式上的股东，因此不能行使股权，但可向公司请求损害赔偿，转让人应根据诚实信用原则，将行使自益权所得利益交付受让人，在行使共益权时应告之并征得受让人同意，不得恶意行使股权而获得不当利益，这是股权转让在转让人和受让人之间的效力使然，否则转让人亦应承担一定的责任。在未办理公司变更登记的情况下，受让人和公司不得对抗善意第三人。

股东名册和公司登记在一般情况下对股权转让的记载事项应当是一致的，但现实中存在着不一致的情形，如股东名册和公司登记记载不一致，或一个记载而另一个没有记载。由此产生的问题是：以何种记载作为判断的标准来加以解决？这里也应分别情况予以处理。股东名册和公司登记都具有权利的推定力，其各自的效力分别及于公司内部和公司外部。如果涉及公司外部关系，应推定公司登记有效，以公司登记记载为准；如果涉及公司内部关系，则可推定股东名册记载有效；如果仅涉及转让人和受让人的关系，则应综合股权转让协议及其实际履行情况、股东名册记载来加以认定。

第四节　有限责任公司股权的内部转让

《公司法》第七十一条规定："有限责任公司股东之间可以相互转让其全部或者部分股权"。有限责任公司的股权转让分为对内转让（又称内部转让）和对外转让（又称外部转让）。股权对内转让是指股东将所持股权转让给公司其他股东的行为。股权对外转让则是指股东将所持股权转让给公司股东之外的第三人的行为。因为两种转让对公司产生的影响不一，各国法律及公司本身章程对两种转让分定规则，对内部转让法律多采用自由主义，允许股东依当事人意思自治规则处理；对于外部转让多采用限制主义，均规定了较为严格的限制转让条件。

一、股权内部转让的限制

所谓内部转让，即公司内部股东之间的转让，是指股东将自己的股权全部或部分转让与公司的其他股东。在部分转让的情况下，公司股东的股权结构会发生变化，但股东人数不会因该转让而改变；在全部转让的情况下，股东人数会相应减少，受让股东的股权比例则会增加。由于股权的内部转让不会改变公司的信用基础，且股权在股东间转让不会对公司产生实质性影响，因而大多数国家公司法对此都没作出很严格的限制。

纵观各国（地区）公司立法，对有限责任公司股东之间股权转让的立法例主要有以下三种：一是股东间可自由转让其股权的全部或部分，无需经股东会同意，如日本《有限公司法》第十九条的规定。二是原则上股东之间可以自由转让其股权的全部或部分，但公司章程可以对股东之间转让股权附加其他条件，如法国《商事公司法》第三章（有限责任公司）第四十七条的规定。三是规定转让股权须经股东会同意，如我国台湾地区《公司法》第一百一十一条的规定。按照我国《公司法》第七十一条第一款的规定："股东之间的转让享有完全的自由，法律没有作出任何限制。"学界对于本条规定所采用的自由转让原则，多持认同态度。他们认为，有限责任公司股权的内部转让，因没有外人的加入，不会影响股东间的信任协作关系，所以没有必要加以限制。

也有少数学者认为，有限责任公司股东之间的转让不应当是无限制的，而应由股东通过一定的机制来表决通过。这一说法具有一定的合理性，虽然我国《公司法》对股东间转让股权没有做出限制性规定，但从立法取向上似有规定的必要。股权的转让，即存在股东持股比例的变化，则必然影响其在公司中的地位，进而影响其利益的实现。从这个角度上讲，对股东而言，内部转让和外部转让并无区别。而且在有限责任公司设立时，各股东的出资比例往往是由股东根据需要精心设计的，它是公司得以设立并存续的一个重要基础。如允许股东间自由转让股权，则可能改变原有的资本结构，破坏权力平衡，进而影响公司股东间的信赖关系。此外，"外部侵入"也非有限责任公司人合性遭到破坏的唯一的方式，股权对内转让也会造成同样后果。因此，决定对股权对内或对外转让进行限制似无不妥。

实际上，在有限责任公司股东间转让股权问题上，即便是规定比较宽泛的日本和法国公司法，也规定了一些限制条款。在日本，公司法上赋予了其他股东转让股权异议权，即当其他股东不同意转让该股权的，公司应另行指定受让权。我国台湾地区《公司法》则规定："股东之间转让出资须经股东大会同意。"由此可看出，在日本、法国的有限责任公司法中，股东之间相互转让股权不是不受限制、绝对自由的。只是这种转让股权的自由比向非股东转让股权的限制相对宽松而已。

我国《公司法》虽然没有对股东间转让股权作限制性的规定，但从其第七十一条最后一款的规定可以看出，公司法对于股东之间自由转让股权的问题并非强制性规定，允许股东在章程中作出限制性的规定。公司章程是公司内部的自治规则，是股东共同意志的体现，只要不违反《公司法》及其他法律法规的强制性规定，就应当肯定其效力。因此，如果公司章程对股东间股权转让有限制性规定，应遵从其规定。但章程作出的限制也不能违背《公司法》关于股东间自由转让股权的基本原则，如限制过多过严，高于向股东之外的第三人转让股权的条件，是不允许的。国外的公司法对此也有相应的规定，如法国《商事公司法》第四十七条第一款规定了股份可以在股东间自由转让，随即在第二款又规定了公司章程可对股东之间转让股份加以限制，但应低于向与公司无关的第三人转让出资的限制。

二、内部转让时其他股东购买权的保护

各国公司法在股东向股东外的第三人转让股权时，均不约而同地规定了其他股东的优先购买权。但股权在股东内部转让时，转让双方是否可以不顾及其他股东利益而随意自行转让呢？如果股权在股东内部转让时，在同等条件下，其他股东也主张要求购买转让的股权，这又该如何处理？对此，日本、法国公司法对股东间转让股份规定了一些限制条款。在日本《有限公司法》中，公司法赋予了其他股东对转让该股份的异议权，在其他股东不同意转让该股份时，公司应另行指定其他受让方。在法国《商事公司法》中，有限责任公司章程可以制定一些限制股东之间转让股份条款，并规定当股东间转让股份时，转让计划应通知公司及其他每个股东，其他股东对该转让出资持有异议的，可以请求公司拒绝该出资的转让。但是这些规定均没有解决股东之间转让股权的公平性、合理性和可操作性问题，实务中因为该问题的存在，股东矛盾的纷起和激化难以避免。其实，在股东内部转让股权的问题上，公司章程可以预先对此作出较为详细的规定。在公司章程无规定的情况下，可以参照股权在对外转让时的处理原则。允许其他异议股东行使优先购买权。但与对外转让股权不同的是，介于原受让股东与其他异议股东均是公司股东，故他们均应享有购买权，可协商确定各自的购买比例；如果他们之间对股权受让协商不成，则可按照原持股比例受让所转让股权。

三、因股权转让而产生的一人公司的法律适用

存续形成的一人公司是指两个以上股东设立的合资公司在存续期间因股权转让使公司的全部资本归于一人的情况。当然这种情况不仅仅存在于股权内部转让中，但实践中多见于因内部转让而形成的情况，故放在此进行讨论。

我国《公司法》已明确确立了"一人有限责任公司"的法律地位，因此，当公司全部资本因股权转让归于一人时，并不会影响公司的存续。但因存续形成的一人公司是归类于"一人有限责任公司"还是划归于一般的有限责任公司？因存续形成的一人公司在公司资本归于一人时，并不当然意味着其就符合一人有限责任公司的法定条件，如何解决这一法律冲突，目前理论界提出两种解决方案：

一种方案认为，将存续形成的一人公司划归为一般有限责任公司的范围。其理由为：《公司法》中关于"一人有限责任公司"的条件应为公司的设立条件，并非存续条件。法律对公司存续期间股份转移归并为一人时，并无禁止性规定。依据"法无禁止即自由"的法律原则，存续一人公司原有的法律地位仍应保留或者说仍应适用公司法关于调整一般有限责任公司的相关规定。

另一种方案认为，应将存续形成的一人公司划归入"一人有限责任公司"的范围。因为《公司法》中的"一人有限责任公司"既包括设立产生的公司，也应包括存续期间形成的公司。存续形成的一人公司符合"一人有限责任公司"的条件的，则适用《公司法》有关"一人有限责任公司"的规定；不符合法定条件的，应要求其在公司变更登记时达到，如不愿达到或无能力达到法定条件的，则应解散公司。

比较两种方案，后一种较为合理，但对于存续形成的一人公司达不到"一人有限责任公司"法定条件则予解散的做法，并非合理。《公司法》之所以对"一人有限责任公司"规定了较为严格的成立和存续条件，主要目的在于防止股东滥用公司人格、规避合同债务和侵权债务，保护交易相对人和社会公共的利益。但如果能够兼顾此利益，那就没有必要解散，达不到"一人有限责任公司"法定条件的存续形成的一人公司。其一，解散公司对整个社会而言，意味着效率的损失。

存续形成的一人公司如出现股东规避法律、损害债务人利益的行为，完全可适用《公司法》第六十四条的规定，由股东对公司债务承担连带责任。其二，设立的"一人有限责任公司"在存续期间也完全可能因经营困难或其他原因出现达不到设立时法定条件的情况，而此时显然不会因此而解散公司。故在法律尚无明确规定的情况下，可采用适当的方式引导公司在制定章程时对可能出现存续形成一人公司的情形进行适当的限制性规定。当出现存续形成的一人公司，而又无法达到"一人有限责任公司"设立的法定情形时，则同样应允许其作为特殊的"一人有限责任公司"而存续，并适用"一人有限责任公司"的相关规定。

第五节　有限责任公司股权的外部转让

一、股权外部转让的法律规定

《公司法》第七十一条第二款、第三款、第四款规定："股东向股东以外的人转让股权，应当经其他股东过半数同意。股东应就其股权转让事项书面通知其他股东征求同意，其他股东自接到书面通知之日起满三十日未答复的，视为同意转让。其他股东半数以上不同意转让的，不同意的股东应当购买该转让的股权；不购买的，视为同意转让。经股东同意转让的股权，在同等条件下，其他股东有优先购买权。两个以上股东主张行使优先购买权的，协商确定各自的购买比例；协商不成的，按照转让时各自的出资比例行使优先购买权。公司章程对股权转让另有规定的，从其规定。"

《公司法司法解释（四）》第十七条规定："有限责任公司的股东向股东以外的人转让股权，应就其股权转让事项以书面或者其他能够确认收悉的合理方式通知其他股东征求同意。其他股东半数以上不同意转让，不同意的股东不购买的，人民法院应当认定视为同意转让。经股东同意转让的股权，其他股东主张转让股东应当向其以书面或者其他能够确认收悉的合理方式通知转让股权的同等条件的，人民法院应当予以支持。经股东同意转让的股权，在同等条件下，转让股东以外的其他股东主张优先购买的，人民法院应当予以支持，但转让股东依据本规定第二十条放弃转让的除外。"

《公司法司法解释（四）》第十八条规定："人民法院在判断是否符合公司法第71条第3款及本规定所称的'同等条件'时，应当考虑转让股权的数量、价格、支付方式及期限等因素。"

《公司法司法解释（四）》第十九条规定："有限责任公司的股东主张优先购买转让股权的，应当在收到通知后，在公司章程规定的行使期间内提出购买请求。公司章程没有规定行使期间或者规定不明确的，以通知确定的期间为准，通知确定的期间短于三十日或者未明确行使期间的，行使期间为三十日。"

《公司法司法解释（四）》第二十条规定："有限责任公司的转让股东，在其他股东主张优先购买后又不同意转让股权的，对其他股东优先购买的主张，人民法院不予支持，但公司章程另有规定或者全体股东另有约定的除外。其他股东主张转让股东赔偿其损失合理的，人民法院应当予以支持。"

二、对外转让股权的理解

在股权的对外转让过程中，转让股东要保证不侵害其他股东在同等条件下的优先购买权，转让股东在保障其他股东优先购买权的主要义务就是体现在"通知"上。

（一）转让股东的通知不以一次为限

《公司法司法解释（四）》第十七条第一款规定转让股东对外转让，应就其股权转让事项通知其他股东；第二款规定经股东同意的对外转让，其他股东还可以要求转让股东告知转让股权的同等条件。所以，转让股东对外转让时，其对其他股东的通知并不限于一次。在不同的交易模式中，转让股东可以根据实际情况需要决定作出一次或者多次通知以及每次通知的具体内容，但是，转让股东的不同通知行为、通知形式会产生不同的法律后果。

在多次通知的情形，就第一次通知来讲，此阶段转让股东主要是要告知其他股东自己欲对外转让股权，至于具体的受让人和转让价格，并不要求一定在该次通知中列明。因为此时股东的对外转让可能仅仅是一种战略考虑，还没有形成具体方案，强制性地要求转让股东在通知中同时披露（外部）受让人和转让价格，并不现实。此外，从某种意义上讲，转让股东没有披露（外部）受让人，一般都表明其并未完成股权的外部询价工作，或者还没有对外就股权形成确定的价格，此时是其他股东介入谈判的最佳时机，也是其他股东可能以较低成本维系公司人合性的难得机遇。因此，其他股东可以充分利用这一阶段认真思考自己是否购买股权、是否能够接受股权发生对外转让这一局面等问题，并同时推进与转让股东的谈判。相反，如果要求转让股东必须第一次通知其他股东时就披露（外部）受让人、转让价格等，可能就会逆向激励转让股东先与外部人进行谈判、协商并敲定各种交易条件，然后在第一次通知中告知其他股东，此时其他股东只能被动地接受一个既定价格来实现自身利益以及维持公司人合性，这显然对其他股东是不利的。

所以，无论是从法律目的还是从实际商业运作看，都没有必要强制性要求第一次通知所有转让条件。第一次通知后，其他股东就可以行使其同意权（即表示同意或不同意），也就可以决定如何与转让股东进行后续谈判，《公司法》第七十一条第二款的目的即已完成。比如，当股东甲欲对外转让股权时，其在第一时间书面通知股东乙，但未告知受让人和价格条款。乙收到通知后未作任何表示。后来甲将股权转让给股东之外的买受人丁，价款为100万元，在转让前甲再次通知乙，并告知价款。乙在甲第二次通知前即以120万元的价格从另一股东丙处取得了同样数量的股权。乙即以甲在第一次通知时未告知其价款为由要求甲承担相应责任（即从丙处取得同样数量股权多支付的20万元）。甲的通知并不违法，乙多支付的20万元属于第一次通知后未及时与甲进行谈判所应承担的风险。

第一次通知后，如果半数以上股东同意对外转让，那么转让股东就可以与外部人进行谈判，但是其最终达成的股权转让条件、内容，还需要告知其他股东，以便其他股东行使优先购买权。因为优先购买权行使后必然会在转让股东与某位（或几位）其他股东之间形成转让关系，所以在该其他股东行使优先购买权之前，转让股东进行的通知（即第二次通知）就非常重要，该通知必须包括受让人、转让价格,履行期限等主要内容。

(二)同意对外转让的股东对股权的优先购买权并不丧失

股权对外转让时,对于不同意对外转让的股东可以购买该股权并无争议。但是,同意对外转让的股东,是否因其"同意"就概括性地放弃了对该股权的购买利益,还存有一些争议。我们认为,对这一问题需要从尽量维系公司人合性的目的来理解。股东过半数同意对外转让,每个表示同意的股东还可以行使优先购买权。对此,《公司法司法解释(四)》第十七条第三款进行了明确。理由如下:

其一,同意权和优先购买权本身就是法律赋予其他股东的两项权利,行使任何一项权利、如何行使该项权利,并不当然影响其享有的另一项权利。所以从理论上讲其他股东在同意后仍享有优先购买权。

其二,《公司法》第七十一条第二款没有要求转让股东在征求对外转让的同意时要召集其他股东开会表达意见。实践中,很多转让股东都是就转让事项分别通知其他每位股东,收到通知的股东往往也是分别向转让股东表达意见而并不知道其他股东的意见。即使最终同意对外转让的其他股东人数过半,但转让股东在实际对外转让时,某位不同意对外转让的股东可以行使优先购买权。这种情况下,一旦该股东优先购买成功,那么该股权实际上并没有发生对外转让,而是发生了对内转让。此时,各股东原先的股权比例就会发生变化。这就对每位股东(含先前同意对外转让的股东)的利益都有影响,原先公司的人合性局面也可能受到影响。例如,公司有7位股东,股东甲持股比例为40%,股东乙持股比例为20%,其余5位股东持股比例均为8%。在股东乙就对外转让征求意见时,股东甲不同意转让但其表示不购买,但其余5位股东分别都表示同意,所以该股权可以对外转让。当股东乙与外部人达成股权转让协议后,股东甲主张优先购买该股权。此时,一旦股东甲优先购买成功,那么其就享有60%的持股比例,也就会在很多事务上完全控制公司,这对其他5位股东的利益有直接影响,甚至是他们不愿看到的。所以,这5位股东中的1位即股东丙也主张优先购买。这种情况下,为了维持公司良好的人合性,应当允许股东丙参与购买该股权。当然,在股东甲和股东丙的优先购买数额应当按照《公司法》第七十一条第三款中"两个以上股东主张行使优先购买权的，协商确定各自的购买比例；协商不成的，按照转让时各自的出资比例行使优先购买权"。需要特别说明的是，此时股东丙购买股权并不是对原先同意之"反悔"，因为其原先同意的是"对外转让"，而此时却是因股东甲的优先购买而将对外转让转化为了对内转让，股东丙进行购买当然就不属于"反悔"。

其三，如前所述，转让股东欲对外转让时，其向其他股东发出的通知可能很简单（比如仅仅表示其要对外转让），凭借如此简单的通知，其他股东很多时候难以对未来的影响作出全面衡量，所以即便其他股东同意，那么其作出的"同意"也具有相当程度的条件性和前提性。比如，某股东持股比例为20%，其在最初向其他股东征求对外转让的意见时，其他股东表示同意。但是，该股东在实际对外转让时，其将股权分别以持股比例1%为份额转让给20位外部人。如果该对外转让一旦成功，那么公司将猛然增加20位新股东，这可能是其他股东在同意时无法预见到的。此时，如果不允许其他股东行使优先购买权，极有可能会破坏未来公司的良好运营。❶

三、司法实践运用

转让股东通知其他股东可以采取其他能够确认收悉的合理方式。具体地讲，《公司法》第七十一条规定转让股东应当以书面通知的方式通知其他股东。之所以强调要采取书面通知，一是便于对股东间是否达成了（同意对外转让等）合意进行判断，从而具备证据效力；二是当股权出让导致股东身份变化时，也会引起后续的一系列法定程序的启动（如修改章程、变更公司的注册登记事项、向原审批机关办理变更审批手续等），而这些程序都需要以书面材料作为事实依据。由此可见，法律是从证据保留和便利办理登记手续两方面综合考虑而要求采用书面通知形式。法律对此作出的规定无疑对股权对外转让全过程具有积极的指导作用。

实践中，如果仅从通知内容应实际被其他股东所知晓的角度来考虑，转让股

---

❶ 杜万华：《最高人民法院公司法司法解释（四）理解与适用》，人民法院出版社2017年版。

东向其他股东的告知方式则可以拓宽。根据《公司法解释（四）》第十七条第一款和第二款规定，在认定转让股东是否恰当告知其他股东有关信息方面，除了转让股东直接向其他股东"点对点"地作出书面形式的通知外，还可以采取"其他能够确认收悉的合理方式通知其他股东"。实践中，所谓"其他能够确认收悉的合理方式通知其他股东"，一般如下：一是向其他股东发出了公告，并且为其他股东所知晓。有的公司股东常年未在公司出现，转让股东也并不清楚该股东的住所和通信地址，要求转让股东逐一书面通知可能存在难度。此时，转让股东如果采取发布公告的形式告知有关内容，并且有证据证明其他股东知晓了该公告内容（比如其他股东在公告后就公告内容向转让股东或他人提出了异议或意见），就应当等同于书面通知之效果。二是在诉讼、仲裁等法律程序中转让股东陈述股权对外转让事项或者优先购买权相关事项，并且为其他股东所知晓。因诉讼、仲裁等法律程序具有正式性、规范性、严肃性等特点，所以转让股东在这类法律程序中作出的陈述，只要为其他股东所知晓，就应当推定履行了通知义务，当然也就可以发生相应后果。三是转让股东虽以口头方式通知其他股东，但有证据证明其他股东已经知晓。这种情况下，因通知的功能是完成信息传递，所以在信息传递已经准确完成的情况下，也应当视为转让股东已尽到通知义务。

第六节　股权转让合同的撤销

一、对股权转让合同撤销的理解

（一）股权转让合同撤销的情形

在民法理论上，可撤销的民事法律行为包括：基于重大误解实施的民事法律行为、以欺诈手段实施的民事法律行为、受第三人欺诈的民事法律行为、以胁迫手段实施的民事法律行为、显失公平的民事法律行为。

《民法典》对以上可撤销的民事行为做了较为详尽的规定。《民法典》第一百四十七条规定："基于重大误解实施的民事法律行为，行为人有权请求人民法院或仲裁机构予以撤销。"第一百四十八条规定:"一方以欺诈手段,使对方在违背真实意思的情况下实施的民事法律行为,受欺诈方有权请求人民法院或者仲裁机构予以撤销。"第一百四十九条规定:"第三人实施欺诈行为,使一方在违背真实意思的情况下实施的民事法律行为,对方知道或者应当知道该欺诈行为的,受欺诈方有权请求人民法院或者仲裁机构予以撤销。"第一百五十条规定:"一方或者第三人以胁迫手段,使对方在违背真实意思的情况下实施的民事法律行为,受胁迫方有权请求人民法院或者仲裁机构予以撤销。"第一百五十一条规定:"一方利用对方处于危困状态、缺乏判断能力等情形,致使民事法律行为成立时显失公平的,受损害方有权请求人民法院或者仲裁机构予以撤销。"

我们认为符合上述条件的股权转让合同也属于民法理论中的可撤销范畴。除此之外,在公司法理论上,侵害其他股东优先购买权的股权转让合同也可以被撤销。《公司法司法解释(四)》第二十一条第一款规定:"有限责任公司的股东向股东以外的人转让股权,未就其股权转让事项征求其他股东意见,或者以欺诈、恶意串通等手段,损害其他股东优先购买权,其他股东主张按照同等条件购买该转让股权的,人民法院应当予以支持,但其他股东自知道或者应当知道行使优先购买权的同等条件之日起三十日内没有主张,或者自股权变更登记之日起超过一年的除外。"虽然前述规定没有如《民法典》的规定一样采用"撤销"一词,但其对于侵害股东优先购买权的行为手段的列举的表述与《民法典》是一致的。另外,在股东优先购买权受到损害的情形下,其他股东主张优先购买权法院应当予以支持。否定合同效力的路径在民法理论上即为无效和撤销两种,显然损害其他股东优先购买权的股权转让合同不属于合同无效的情形,因此此类合同应当属于可撤销合同的范畴。《九民纪要》第九条是关于侵犯优先购买权的股权转让合同的效力。该条规定,审判实践中,部分人民法院对《公司法司法解释(四)》第二十一条规定的理解存在偏差,往往以保护其他股东的优先购买权为由认定股权转让合同无效。准确理解该条规定,既要注意保护其他股东的优先购买权,也要注意保护股东以外的股权受让人的合法权益,正确认定有限责任公司的股东与股东以外的股权受让人订立的股权转让合同的效力。一方面,其他股东依法享有优先购买权,在其主张按照股权转让合同约定的同等条件购买股权的情况下,应当支持其诉讼请求,除非出现该条第1款规定的情形。另一方面,为保护股东以外的股权受让人的合法权益,股权转让合同如无其他影响合同效力的事由,应当认定有效。其他股东行使优先购买权的,虽然股东以外的股权受让人关于继续履行股权转让合同的请求不能得到支持,但不影响其依约请求转让股东承担相应的违约责任。

(二)撤销权的行使及法律后果

《公司法司法解释(四)》第二十一规定:"有限责任公司的股东向股东以外的人转让股权,未就其股权转让事项征求其他股东意见,或者以欺诈、恶意串通等手段,损害其他股东优先购买权,其他股东主张按照同等条件购买该转让股权的,人民法院应当予以支持,但其他股东自知道或者应当知道行使优先购买权的同等条件之日起三十日内没有主张,或者自股权变更登记之日起超过一年的除外。前款规定的其他股东仅提出确认股权转让合同及股权变动效力等请求,未同时主张按照同等条件购买转让股权的,人民法院不予支持,但其他股东非因自身原因导致无法行使优先购买权,请求损害赔偿的除外。股东以外的股权受让人,因股东行使优先购买权而不能实现合同目的的,可以依法请求转让股东承担相应民事责任。"上述司法解释全面地规定了股权转让合同撤销的具体方式和相应的法律效果。由此可见:

(1)撤销权的行使主体是股东优先购买权受到损害的人。第一,有限责任公司的股东向股东以外的人转让股权,未就其股权转让事项征求其他股东意见,或者以欺诈、恶意串通等手段,损害其他股东优先购买权,其他股东主张按照同等条件购买该转让股权的,人民法院应当予以支持。这里列举了损害其他股东优先购买权的两种情况。第一种情况,转让股东违反了《公司法》第七十一条第二款的规定,未就其股权转让事项征求其他股东意见,损害了其他股东的优先购买权。这种情况使其他股东失去了表示是否购买转让股权的机会。对于有意愿购买转让股份的其他股东,是一种严重损害。对于没有意愿购买转让股份的其他股东,谈不上损害。因此,也不会提起主张按照同等条件购买该转让股份的诉讼。第二种情况，转让股东以欺诈、恶意串通等手段，损害其他股东的优先购买权。转让股东的欺诈，主要是指转让股东告诉其他股东的转让股权的所谓的"同等条件"，不是其与第三人交易的同等条件，使其他股东因受欺诈而放弃了行使优先购买权的机会。所谓恶意串通，是指转让股东与第三人为了达到使其他股东放弃优先购买权的目的，串通抬高转让股权的交易价格，或者其他交易条件的行为。这里特别注意，本条第一款在欺诈、恶意串通后面有一个"等"字，这个"等"字表示不限于欺诈、恶意串通损害其他股东的优先购买权，其他手段损害其他股东优先购买权的，其他股东主张按照同等条件购买该转让股权的，人民法院都应当支持。这里的核心是，"损害其他股东优先购买权"。

（2）行使撤销权的时间限制。在转让股东未就其股权转让事项征求其他股东意见，或者以欺诈、恶意串通等手段，损害其他股东优先购买权的情况下，其他股东应当自知道或者应当知道行使优先购买权的同等条件之日起三十日内主张，或者自股权变更登记之日起超过一年内主张。这里规定的"三十日"，主要参照了《公司法》第七十一条第二款中规定的"三十日"，即"股东应就其股权转让事项书面通知其他股东征求同意，其他股东自接到书面通知之日起满三十日未答复的，视为同意转让"。既然其他股东知道或者应当知道自己的优先购买权受到了损害，那么，他就应该及时行使权利，而不应当拖延太长的时间，使法律关系处于不稳定状态。至于在损害其他股东优先购买权的情况下，为什么还要规定其他股东自股权变更登记之日起一年之内必须主张，是因为股权变更登记之后，新的股东进入公司，公司的生产经营会可能会发生较大变化，如果时间太长，还允许推翻已经形成的法律关系，不利于公司的稳定经营，也不好再将新进入的股东强制令其退出公司，因为新股东进入后，其投入、产出很多时候很难计算。权衡利弊，相对稳妥的一个办法就是，股权变更登记之日起超过一年的，维持现有关系，但优先购买权受到损害的其他股东，仍然可以依法向转让股东或者受让人主张相应的民事权利，转让股东或者受让人应当承担相应的民事责任。至于这里为什么规定是"一年"，也是综合考虑各种因素权衡的结果，特别是商业上的因素。这个时间不能太短，否则损害优先购买权人的权利，不利于对优先购买权人的充分保护。这个时间也不能太长，否则很容易推翻新股东进入公司后形成的新的权利义务关系，不利于公司的稳定。同时，也要充分考虑股东优先购买权的性质。

值得注意的是，这里规定的"三十日"和"一年"，属于不变期间，不适用中止、中断和延长的规定。

（3）行使撤销权的同时须行使优先购买权。优先购买权受到损害的其他股东，如果仅提出确认股权转让合同及股权变动效力等请求，未同时主张按照同等条件购买转让股权的，其请求不应支持。这是因为，其他股东主张优先购买权受到损害，那么，法律要做的就是保护其优先购买权，对其权利进行救济。而优先购买权的救济方式首先应当是支持其行使优先购买权的主张。如果其他股东主张其优先购买权受到损害，同时，又不主张优先购买权，而提出其他主张，那么其他主张就没有依据，除非其他股东非因自身原因导致无法行使优先购买权，请求损害赔偿。

（4）无法主张优先购买权的权利救济方式。优先购买权受到损害的其他股东，如果不是因为自身原因导致无法行使优先购买权，就只能请求损害赔偿，因为已经无法主张优先购买权了。比如，股权变更登记已经超过1年，其他股东才知道或者应当知道其优先购买权受到损害，但是这是根据本条司法解释的规定，他不能主张优先购买权，显然也不是他自身原因造成的，这时他只能请求损害赔偿。如果是他自身原因没有行使优先购买权，例如，在知道或者应当知道其优先购买权受到侵害之日起30日内没有主张优先购买权，那么他就不能请求损害赔偿。

（5）股东以外的受让人的权利救济。如果股东以外的股权受让人，因股东行使优先购买权而不能实现合同目的的，那就意味着转让股东与股东以外的股权受让人所签订的股权转让合同被撤销。《民法典》第一百五十七条规定："民事法律行为无效、被撤销或者确定不发生效力后，行为人因该行为取得的财产，应当予以返还；不能返还或者没有必要返还的，应当折价补偿。有过错的一方应当赔偿对方由此造成的损失；各方都有过错的，应当各自承担相应的责任。法律另有规定的除外，依照其规定。"根据《民法典》的规定来看，在股权转让合同被撤销后，股东以外的受让人可以要求转让人返还股权转让价款、赔偿损失等。

二、股权转让合同撤销的法律风险

（一）股权转让中的"恶意串通"的认定

根据《公司法司法解释（四）》第二十一条第一款的规定，转让股东与第三人恶意串通损害其他股东优先购买权的行为，对其他股东优先购买的主张，应予支持。审判实践中的一个难点就是如何认定转让股东与第三人恶意串通？我们认为，转让股东与第三人签订的合同是否构成恶意串通，主要要看双方是否真正履行了该合同，特别是该合同的价格条款。如上例，本来转让股权的市场交易价格大约为2000万元，转让股东和第三人为了达到不让公司其他股东购买的目的，将交易价格约定为4000万元。而双方实际履行的仍然是2000万元。上述案例的假设前提是"转让股权的市场交易价格大约为2000万元"，实际上这个假定是有问题的，因为转让股权的市场交易价格应该由市场来决定，转让股权不同于不动产，也不同于动产，特别是转让股权牵涉公司的控制权，因为控制权本身也是有市场价值的，这时转让股权的市场价格就更不易确定。因此，审判实践中只能根据双方当事人的实际履行情况，特别是价款支付情况来认定转让股东与第三人是否构成恶意串通。如果没有按照签订的合同履行，特别是按照其中的价格条款履行，就可以认定转让股东与第三人构成恶意串通。其他股东如果举出了转让股东与第三人签订的另外一份"阴"合同，合同价款比"阳"合同低，这也是证明转让股东与第三人恶意串通的有力证据。当然，最后还是依照第三人实际履行合同的情况，特别是实际价款支付情况判定。

（二）"三十日"和"一年"的关系

在转让股东未就其股权转让事项征求其他股东意见，或者以欺诈、恶意串通等手段，损害其他股东优先购买权的情况下，其他股东应当自知道或者应当知道行使优先购买权的同等条件之日起三十日内主张，或者自股权变更登记之日起超过一年内主张。这里的"三十日"，是从其他股东自知道或者应当知道行使优先购买权的同等条件之日起计算。但是，如果股权变更登记之日起超过一年的，无适用"三十日"的余地。也就是说，适用"三十日"的前提条件是股权没有办理变更登记，或者虽然办理了变更登记，但没有超过一年。

（三）损害优先购买权的首要救济方式

如果其他股东仅主张否定对外转让合同的效力及股权登记效力，而不主张优先购买转让股权，则转让股东履行通知义务后仍可对外转让股权，其他股东的合同效力或者股权变动诉讼并无实际价值，反而浪费司法资源，故本条第二款作此规定。因此，其他股东因优先购买权受到损害，其首要的救济方式应当是主张按照同等条件购买转让股权。只有在提出这个主张后，其才能同时提出确认股权转让合同及股权变动效力等请求。如果其没有提出这个主张，而仅提出确认股权转让合同及股权变动效力等请求，那么，对其主张人民法院不予支持。这时需要法院作出释明。如果原告坚持不改变诉讼请求的，那么对其诉讼请求只能驳回。例外情况是，在非因自身原因导致无法行使优先购买权的情况下，其可以提出损害赔偿，同时，也可以提出确认股权转让合同及股权变动效力等请求。

（四）股东以外的股权受让人的权利的保护

本条司法解释对此作出明确规定，如果股东以外的股权受让人因股东行使优先购买权而不能实现合同目的，可以依法请求转让股东承担相应民事责任。审判实践中最难确定的，就是赔偿损失的数额。换言之，转让股东应当赔偿原告多少钱？例如，某公司，转让股东采取欺诈的方式损害了其他股东的优先购买权，但新股东的股权变更登记还没有到一年时，其他股东知道了自己的优先购买权受到损害，提起诉讼，法院支持了其他股东优先购买权的主张。但对于第三人的损失，转让股东应当如何赔偿？赔偿其作为股东期间的实际利益损失？可得利益损失要不要赔偿？如果要赔，怎么赔？这些问题都需要根据案件的具体情况进行分析。

对于可得利益损失，要看转让股东与第三人在股权转让合同中如何约定。如果没有约定，则应当按照违约责任中关于可得利益的一般理论进行处理。又比如，第三人给公司带来了新技术，公司的效益因此大增。如果因为转让股东损害了其他股东的优先购买权，其他股东行使优先购买权后，第三人必须退出公司。这时，转让股东应该赔偿第三人的哪些损失？再比如，第三人给公司找到了一个很好的项目，如果转让股东损害了其他股东的优先购买权，其他股东行使优先购买权后第三人必须退出公司，项目如何处理？等等。因此，还是要根据案件的具体情况，根据双方当事人举证情况，根据案件事实，按照民事赔偿的一般原理，正确适用法律，对案件作出公正处理。

第七节　股东资格的继承

遗产继承是财产转让的合法形式之一。根据《继承法》的规定，遗产是公民死亡时所遗留的个人合法财产。而就其本质属性来说，既包括股东的财产权，也包括基于财产权产生的身份权，即股东资格，该身份权体现为股东可以就公司的事务行使表决权等，有权参与公司决策。就股权所具有的财产权属性而言，其作为遗产被继承是符合我国现行法律规定的。而股东资格的继承问题，则有必要在公司法中做出规定。《公司法》第七十五条规定："自然人股东死亡后，其合法继承人可以继承股东资格；但是，公司章程另有规定除外。"这确定了股权继承的一般原则，即自然人股东的合法继承人可以继承股东资格，同时也允许公司章程作出其他安排。

关于因继承取得股权的问题，司法解释中持有的立场是股权继承自被继承人死亡时开始，股东死亡后除公司章程另有规定外，其合法继承人自然取得股东资格，该股东资格的取得无须履行其他手续。其他股东或者第三人不能以未办理股东名册或者工商登记对其股东资格进行抗辩。

自然人股东的合法继承人可以继承股东资格。这样规定一方面考虑到股东身份即股东资格是基于股东的财产权利而产生的，一般来说，其身份权应当随其财产权一同转让；另一方面，也考虑到被继承人作为公司的股东，对公司曾做过贡献，其死后如无遗嘱另作安排，由其法定继承人继承其股东资格有合理性，也符合我国传统。

第八节　法律风险案例及评析

案例一：国家开发银行与沈阳某开关有限责任公司等借款合同、撤销权纠纷案

案情介绍：1998年8月21日，国开行与沈阳某开签订一份《基本建设借款合同》，约定：沈阳某开向国开行借款人民币15 300万元用于土建工程及购买设备等，借款期限为9年，即从1998年7月1日起至2007年7月1日止，利率为年息8.01%，国开行应于1998年7月至12月发放人民币4000万元，于1999年发放人民币6500万元，2000年发放人民币4800万元，沈阳某开应自2001年11月至2007年11月分七次偿还国开行的上述款项的本金及利息，在本合同有效期内，沈阳某开发生承包、租赁、兼并、合并、分立、合资、联营、股份制改造、优化资本结构、资产重组等经营方式变更和产权变动时，应提前60天通知国开行，并征得国开行的书面同意或双方达成新的协议，否则，国开行有权提前收回贷款。合同还对双方的其他权利义务、违约责任等作出了约定。同日，国开行、沈阳某开、沈阳某压签订了一份《保证合同》，沈阳某压同意对沈阳某开在该合同项下全部贷款本息承担连带清偿责任。合同签订后，国开行陆续向沈阳某开发放贷款。沈阳某开对国开行其中支付的人民币10200万元没有异议。对于其余的人民币5100万元款项，沈阳某开认为国开行并未支付。理由是国开行提供的中国建设银行沈阳铁西支行人民币3000万元的贷款转存凭证本身不是原件，且复印件本身看不出转贷的时间，不应是该笔合同项下给我方的贷款。另人民币2000万元的贷款，国开行举证的不是贷款凭证，不能证明已向沈阳某开实际发放了人民币2000万元的贷款。国开行认为沈阳某开在给国开行的对账单上盖章确认至2002年12月31日尚欠国开行人民币14000万元，故国开行已经按约发放了贷款。

沈阳某开在偿还了国开行2001年到期的人民币500万元和2002年到期的人民币800万元贷款后，其余贷款本息未还。

2003年5月13日，国开行与沈阳某开签订一份《短期借款合同》，约定：沈阳某开向国开行借款人民币1000万元，借款期限为1年，即从2003年5月13日起至2004年5月12日止，利率为年息5.31%，沈阳某开应于2004年5月12日偿还国开行的上述款项的本金及利息，合同还对双方的其他权利义务、违约责任等作出了约定。同日，国开行、东北某安签订了一份《保证合同》，东北某安同意对沈阳某开在该合同项下全部贷款本息承担连带清偿责任。合同签订后，国开行向沈阳某开支付了人民币1000万元。合同到期后，沈阳某开未能偿还该笔贷款本息。

另查明：（1）2003年5月15日，沈阳某开以实物资产出资125万美元与他人合资成立了东北某电；（2）2004年2月26日，沈阳某开以实物资产出资1600万美元与他人合资成立了某新高压，沈阳某开取得了某新高压74.4%的股权；（3）2004年3月15日，沈阳某开以实物资产出资人民币8551.06万元与他人合资成立了某诚能源，沈阳某开取得了某诚能源95%的股权；（4）2004年3月24日，沈阳某开以实物资产及土地出资人民币16 160.59万元与他人合资成立了某泰仓储，沈阳某开取得了某泰仓储95%的股权。

2004年3月19日，沈阳某开与东北某电签订股权转让协议，将其持有的某新高压74.4%的股权转让给东北某电。2004年3月24日，沈阳某开与东北某电签订股权转让协议，将其持有的某诚能源95%的股权转让给东北某电。2004年3月25日，沈阳某开与东北某电签订股权转让协议，将其持有的某泰仓储95%的股权转让给东北某电。2004年4月7日，东北某电将其持有的沈阳某添通讯设备有限公司（以下简称沈阳某添）98.5%的股权转让给沈阳某开作为收购沈阳某开持有的某新高压74.4%的股权的对价。2004年4月14日，东北某电将其拥有的对东北某某电设备集团公司（以下简称东北某某电）人民币7666万元的债权及利息作为收购沈阳某开持有的某诚能源95%的股权和某泰仓储95%的股权的对价。

裁判索引：最高人民法院（2008）民二总字第23号

裁判结果： 本案中，债务人沈阳某开经过一系列的投资、转让、股权变更、资产置换等方式，将一个具有优良资产、良好业绩、生产经营正常、由大量国有银行贷款形成的企业，转化成了一个没有偿债能力只拥有大量不良资产的空壳企业，巨额债务被留下，其恶意显而易见，应推定其具有逃债的恶意。

本案中，沈阳某开将其1300万元的资产与东北某电价值约2787.88万元的资产相置换，据东北某电公开的《东北某电发展股份有限公司2004年年度会计报表及审计报告》可以证实，东北某电明知自己与沈阳某开交易支付的十台汽轮发电机组价值仅为2787.88万元，还仍然与沈阳某开进行股权置换，其受益事实成立。该交易行为严重损害了沈阳某开债权人国开行的利益，无论东北某电自己是否具有危害国开行债权的恶意，该受益行为已构成危害债权人的债权。

本案中，沈阳某开首先举证证明沈阳某德与东北某电之间的股权交易额为13000万元，继而国开行又根据该院依职权调取的账目及资金流向证明该股权交易额不真实。对此，东北某电及沈阳某开又抗辩称该账目系企业间的正常经济往来，但未能举证证实。鉴于沈阳某开、东北某电的抗辩已不足以否定该院二审阐明的事实及国开行的该项上诉理由，依据《最高人民法院关于民事诉讼证据的若干规定》第二条之规定，该院要求沈阳某开继续举证。但是，在该院规定的举证期限内，沈阳某开以与本案无关为由未能提交双方之间存在相关交易行为的证据。针对现有的证据，该院依据《最高人民法院关于民事诉讼证据的若干规定》第六十四条之规定：审判人员应当依照法定程序，全面、客观地审核证据，依据法律的规定，遵循法官职业道德。运用逻辑推理和日常生活经验，对证据有无证明力和证明力大小独立进行判断，并公开判断的理由和结果。该院认为，因13000万元的股权交易款的百分之八十在交易当日又转回至资金划出方辽宁某泰，东北某电及沈阳某开关于沈阳某开以收到沈阳某德支付的13000万元股权交易款的抗辩理由因证据不足，不能成立。国开行关于沈阳某德与沈阳某开之间13000万元股权转让存在价值严重不对等的上诉理由成立。

继而，在本案两份有关股权价值的评估报告的证明力被否定的情况下，东北某电在其向社会公开披露的审计报告中，认可十台发电机组的价值为2787.88万元。结合日常生活经验，其自行披露的资产价格更接近于真实价值。尽管该价值额难以做到精准，但应当更接近于客观事实。故根据该笔股权交易的资金流向，该院认定股权转让价值严重不对等，危害债权的事实成立。

笔者点评：对于恶意，立法上有两种观点，一为意思注意，即债务人须有损害的故意，此注意发源于罗马法。二为观念注意，即债务人对其行为可能引起或增加自己资历不足的状态并有害于债权人的利益有所认识为已足。法国、日本采取此主义。《民法典》没有明确债务人是否应具有损害债权人的故意，在解释上，自然不应以此故意为要件。可见，《民法典》系采取观念主义判断债务人的恶意。

债务人的恶意，以其行为之时为准，行为时不知而后知，不成立危害债权的行为；且其行为时不知是否出于过失，在所不问。债务人有他人代理行为的，其恶意的有无，应就其代理人判定。债务人恶意的证明，应实行推定规则。债务人的财产对于特定债权人设有担保物权外，应为一切债务的总担保。债务人明知其财产不足以清偿全部债务而处分财产或权利，即可推定其具有恶意。

受益人的恶意，指其于受益时知道债务人的行为有害于债权，而无须受益人自己具有危害债权人的恶意。受益人可能危害债权的事实没有认识的，债权人不得行使撤销权。受益人对于债务人是否具有危害债权的故意，也不须有所认识。在受益人为第三人的情形，以该第三人有恶意为撤销原的形式要件，至于债务人行为的相对人是否具有恶意，在所不问。受益人的恶意，以受益时为标准，其余收益时不值得，不得对其行使撤销权。

因当事人低价转让股权的手段非常隐蔽，故该院依据《最高人民法院关于民事诉讼证据的若干规定》的规定依职权调取证据成为查清本案事实的关键环节。同时，由于证明活动直接关系着事实的认定，并进而决定着诉讼的最终结果，所以，正确适用《最高人民法院关于民事诉讼证据的若干规定》的举证责任分配原则、认证规则，将举证责任在诉讼当事人之间不断转换，从而使争议事实不断趋于明确。

案例二：启东市某都房地产开发有限公司与周某股东资格纠纷案

案情介绍：某都公司原名启东市某都房产项目开发有限公司，成立于1997年10月10日，原注册资本200万元，其中启东市某筑安装工程公司（先后更名为启东市某筑安装工程有限公司、启东某筑集团有限公司）出资160万元，启东市某某装饰工程成套公司出资40万元。经营范围：房地产开发、销售。经营期限20年，自1997年10月10日至2017年10月9日止。以后逐渐演变，至2007年9月，某都公司注册资本为5000万元，股权结构变更为启东市某博投资发展有限公司（系启东市某筑安装工程有限公司下属公司，后更名为江苏某博集团有限公司）出资2500万元，启东市某筑安装工程有限公司出资2500万元。

自2009年2月起，某都公司实行股权改制，江苏某博集团有限公司将其占注册资本50%的出资额2500万元、启东某筑集团有限公司（以下简称某筑集团）将其占注册资本16.4%的出资额820万元通过签订《股权转让合同》转让给公司职工共计3320万股。其中，周某新出资2100万元从江苏某博集团有限公司受让2100万股，双方于2009年2月18日签订了《股权转让合同》。后某都公司经多次股权转让，至2014年12月20日，公司股东演变为31名自然人股东，其中周某新出资额为2100万元，占注册资本42%。某都公司工商登记上记载1997年10月至2016年3月法定代表人为周某新。2016年3月变更法定代表人为陈某飞。

某都公司自2009年改制以来至诉讼前先后四次修改章程。其中2009年2月11日、2009年4月29日、2012年3月29日的章程在第四章第七条规定："股东之间经股东会批准，可以相互转让其全部或者部分股权。股东不得向股东以外的人转让股权。股东出资的股份在经营期内不保本、不保息。股本金实行动态持股管理办法。对免职、调离、终止合同、退休（退休后继续任职的除外）等人员及时办理股权转让手续，由公司其他股东按原出资额受让，转让股权的股东，除公司发生累计亏损外（经会计师事务所审计确认），其持股期间每年另按出资额的8%享受公司增值资产固定回报。对不及时办理转让手续的股东，自股东会批准转让之日起不再享受分红，也不享受银行存款或贷款利息的回报。股东由于主观原因造成公司重大损失或因严重违反财经法纪，徇私舞弊，中饱私囊构成违法、违纪被处理的人员也将被取消股东资格，其股金及分红应首先用于弥补公司损失。"

2015年1月，某都公司经股东会决议修改公司章程，在原章程第四章第七条中增加规定"对正常到龄退休（返聘除外）、长病、长休、死亡的股东，应及时办理股权转让手续，股东退股时，公司累计有盈余的（经会计师事务所审计确认），持股期间按本人持股额每年享受20%以内回报"，该内容作为第七条第三款。

周某新生于1948年10月，与曹某如系夫妻关系，周某系二人唯一女儿，生于1980年2月。周某新自1997年10月至去世之前一直担任某都公司法定代表人。2011年初，周某新经诊断患病。2015年11月23日，周某新在钟鸣、宋洁琼（均为复旦大学附属中山医院医护工作人员）见证下订立遗嘱，遗嘱中明确遗嘱执行人为上海某律师事务所邵某雷律师、田某冰律师。遗嘱内容："鉴于本人身患重症，特立此遗嘱，表明本人就自己拥有的股权财产在去世后的处理意愿。一、股权财产情况：本人拥有的公司股权财产包括：1. 投资于某都公司的全部股权，出资额贰仟壹佰万元人民币，占某都公司初始注册资本的42%。2. 投资于某筑集团的全部股权，出资额壹仟万元人民币。二、股权财产继承：本人去世后，以上投资于某都公司和某筑集团的股权均由本人女儿周某继承。与以上股权相对应的股东权利均由周某享有并承受。本人在此明确，订立本遗嘱期间本人神智清醒且就订立该遗嘱未受到任何胁迫、欺诈，上述遗嘱为本人自愿作出，是本人内心真实意思的表示。本人其他亲属或任何第三人均不得以任何理由对继承人继承本人以上遗产及权益进行干涉。以上任一条款无效的，不影响整个遗嘱或其他条款的效力。立遗嘱人签字：周某新。日期：2015年11月23日。"见证人也在该遗嘱上签字。同年12月4日，周某新逝世。2016年2月25日，周某新配偶曹某如出具说明，对周某新2015年11月23日订立的遗嘱无异议，并同意将周某新名下某都公司42%股权变更登记在周某名下。钟某、宋某琼也分别出具声明，证明周某新遗嘱的订立及见证过程。

某都公司至目前先后有郁某新、曹某华、张某萍、陆某昌四位股东离开公司。四位股东离职后，其股权处理如下：郁某新于2011年12月31日与某筑集团签订《股权转让合同》，将其持有的某都公司0.8%股权计40万元股金作价40万元转让给某筑集团（某都公司股东）。某筑集团向郁某新支付股本金40万元，某都公司按照每年8%支付郁某新持股期间的股权回报合计6.4万元、利息18586.67元。曹某华于2014年12月20日与张某萍签订《股权转让合同》，将其持有的某都公司0.4%股权计20万元股金作价20万元转让给张某萍（某都公司股东）。同日，曹某华与顾某辉（某都公司股东）签订《股权转让合同》，将其持有的某都公司0.2%股权计10万元股金作价10万元转让给顾某辉。张某萍、顾某辉分别向曹某华支付了转让金20万元、10万元。某都公司按照每年8%支付了曹某华持股期间的股权回报合计12万元。张某萍因退休于2016年7月14日与某都公司签订《股权转让合同》，将其持有的1%股权计50万元股金作价50万元转让给某都公司。某都公司按照每年10%向张某萍支付了持股期间的股权回报合计180732.8元，另退股本金50万元。陆某昌（某都公司副总经理）因退休于2016年12月31日与某都公司签订《股权转让合同》，将其持有的4%股权计200万元股金作价200万元转让给某都公司。某都公司按照每年15%支付了陆某昌持股期间的股权回报合计1183232元，另退股本金200万元。根据2017年10月16日查询的工商登记信息，郁某新、曹某华不再是某都公司的在册股东，张某萍、陆某昌仍然是某都公司的在册股东。

裁判索引：（2018）最高法民终88号

裁判结果：本案二审争议焦点为：周某要求确认其股东资格，并要求某都公司办理股权变更手续是否有事实和法律依据。

《公司法》第七十五条规定："自然人股东死亡后，其合法继承人可以继承股东资格；但是，公司章程另有规定的除外。"根据该条规定，《公司法》赋予了自然人股东的继承人继承股东资格的权利，但是同时也允许公司章程对死亡股东的股权处理方式另行作出安排。因此，判断本案中周某是否有权继承其父周某新的股东资格，关键在于解读某都公司章程有无对股东资格继承问题作出例外规定。

本案中，2007年9月12日某都公司章程第二十条规定"自然人股东死亡后，其合法继承人可以继承股东资格"。2009年2月11日、2009年4月29日、2012年3月29日某都公司章程删除了2007年9月12日章程第二十条股东资格允许继承的条款；同时第七条规定："股东不得向股东以外的人转让股权……股本金实行动态持股管理办法。对免职、调离、终止合同、退休等人员及时办理股权转让手续……" 2015年1月10日某都公司章程第七条在前述章程规定基础上增加第三款规定"对正常到龄退休、长病、长休、死亡的股东，应及时办理股权转让手续，股东退股时，公司累计有盈余的，持股期间按本人持股额每年享受20%以内回报"。周某新自2011年诊断患病，至2015年12月4日去世，前述章程的修订，其作为法定代表人均有参与，且签字确认。公司章程作为公司的自治规则，是公司组织与活动最基本与最重要的准则，对全体股东均具有约束力。正确理解章程条款，应在文义解释的基础上，综合考虑章程体系、制定背景以及实施情况等因素加以分析。首先，如前所述，某都公司自2007年以来先后经历五次章程修订。自2009年起章程中删除了继承人可以继承股东资格的条款，且明确规定股东不得向股东以外的人转让股权，可以反映出某都公司具有高度的人合性和封闭性特征。其次，周某新去世前，2015年1月10日的公司章程第七条第三款对死亡股东股权的处理已经作出了规定，虽然未明确死亡股东的股东资格不能继承，但结合该条所反映的某都公司高度人合性和封闭性的特征，以及死亡股东应及时办理股权转让手续的表述，可以认定排除股东资格继承是章程的真实意思表示。再次，周某新去世之前，股东郁某新、曹某华在离职时均将股权进行了转让，不再是某都公司的在册股东，某都公司也根据章程规定支付了持股期间的股权回报款。该事例也进一步印证了股东离开公司后按照章程规定不再享有股东资格的实践情况。因此，纵观某都公司章程的演变，并结合某都公司对离职退股的实践处理方式，本案应当认定公司章程已经排除了股东资格的继承。

排除股东资格继承后，标的股权如何处理属于公司治理事项，不影响本案股东资格的判断。某都公司作为有限责任公司，具有独立的法人人格和治理结构，案涉股权排除继承后，究竟是由公司回购还是由其他股东受让，均可通过公司自治实现。这两种方式均有利于打破公司僵局，维持公司的人合性和封闭性，体现公司意志，保护股东权益。此外，周某虽无权继承股东资格，但其财产权利可以得到保障。根据2015年1月10日公司章程第七条的相关规定，其依然能取得退还的股本金和按照持股额每年计算一定比例的回报款。本案中，某都公司提供的相关决议及庭审陈述表明，某都公司将周某新的股权退股2100万元，并根据周某新持股期间按持股额每年享受20%的比例计算回报，该计算标准是2015年1月10日公司章程规定的较高标准。因此，周某作为周某新的继承人，将能够从某都公司获取较为丰厚的财产收益，对其权益的保护也属合理。同时，某都公司目前离职的股东均采取这种收回股本金和领取一定比例回报款的方式获得补偿，遵照公司章程对股东权益平等予以保护，符合本案实际情况。

笔者点评：《公司法司法解释（四）》第十六条规定："有限责任公司的自然人股东因继承发生变化时，其他股东主张依据公司法第七十一条第三款规定行使优先购买权的，人民法院不予支持，但公司章程或全体股东另有约定的除外。"根据该司法解释的规定来看，在公司章程或全体股东没有约定的情况下，股权继承发生时，其他股东没有优先购买权。上述案例即是公司章程在股权继承发生之前就股权的处分问题进行了约定。

值得探讨的是对"全体股东另有约定"的理解。《公司法司法解释（四）》第十六条明确规定"全体股东另有约定"时可以对股东资格作出另行处理。这是因为考虑到目前有限责任公司这种企业形态的实践中，股东的章程意识并不像案例中的股东那么强烈，很多股东并没有结合自身的特点制定公司的章程条款。在很多公司中，股东也并不知道章程的意义和法律效果，在公司实务上较多采用股东约定的形式来处理公司实务。若全体股东采用了约定的方式就股东资格继承作出了不同的约定，其实质也相当于全体一致同意通过了该项事务的章程，虽然没有严格完成章程的变更，但其作为多方的协议已经在全部股东内部产生约束力。当然，这种约定应当是在继承事由发生之前已经产生，否则"全体股东"中的"全体"则无法落实。

第七章　公司法人人格否认的风险和实务

第一节　公司法人人格否认的法律含义

一、公司法人人格的概念

公司是企业的一种形式，是从事商业活动的经济组织。传统分类大致将企业分为个人独资、合伙、公司三大类。[1]公司区别于其他形式的企业，关键在其是法人，具有法人资格。法人是法律拟制的人，是具有民事权利能力和民事行为能力，依法独立享有民事权利和承担民事义务的组织。法人的本质特征是它具有区别于其发起人、股东、董事、高级管理人员及其他成员的独立人格。公司的独立人格是指公司能够独立地作为一个法律主体以自己的名义参与民事活动，独立享有民事权利和承担民事义务，其有独立的法人财产，享有法人财产权，并以其全部财产对公司的债务承担责任。

"人格"，是指法律上作为人的资格，也即作为民事主体的资格。人和人格的概念不是完全相同的。在人格学说起源的罗马法中，自然人不一定具有人格，奴隶和非罗马人就不具有人格，只有罗马市民才具有人格。也就是说，自然人是否具有人格需要得到法律认可。近代社会，人格在身份上的差异被废除，自然人自出生时起即享有权利能力；团体作为法律主体参与民事活动也逐渐得到了法律的认可。但是，各国法律对团体是否具有人格的规定有所不同，英美法系的国家通

---

[1] 朱锦清：《公司法前沿问题研究》，浙江大学出版社2014年版，第1页。

常将法人团体和非法人团体都作为"人",而大陆法系国家只认可法人团体具有人格,非法人团体则不作为具有法律人格的"人"。因而对于团体是否具有人格,也即是否能够作为独立的法律主体,取决于法律规定。只有符合一定法律规定的团体才能够获得法人人格,而不具备法律规定条件的团体则不被认为具有法人人格。❶

我国《公司法》第二条规定:"本法所称公司是指依照本法在中国境内设立的有限责任公司和股份有限公司。"该法第三条规定:"公司是企业法人,有独立的法人财产,享有法人财产权。公司以其全部财产对公司的债务承担责任。有限责任公司的股东以其认缴的出资额为限对公司承担责任;股份有限公司的股东以其认购的股份为限对公司承担责任"。因此,我国目前所确认的公司法人只限于有限责任公司和股份有限公司,符合这两种公司形态法律要求的企业才具有公司人格。但是《民法典》将法人分为营利法人、非营利法人和特别法人,其中营利法人包括有限责任公司、股份有限公司和其他企业法人等。非营利法人包括事业单位、社会团体、基金会、社会服务机构等。特别法人包括机关法人、农村集体经济组织法人、城镇农村的合作经济组织法人、基层群众性自治组织法人。学界普遍的观点是公司法人人格否认制度当然适用于营利法人。

二、公司法人人格的制度要素

法人是法律拟制的人,公司作为法人,是一种法律的创造物,没有自然人赖以实施理性行为的大脑和四肢,不能天然地拥有一种理解财富、风险、责任的有机的生态系统,❶其设立、运行、"消亡"得依赖自然人进行。法律赋予公司独立的法律人格,使其作为独立的民事主体参与民事活动,拥有自己独立的权利能力和行为能力,独立享有收益,独立承担责任。公司的设立、运行、组织机构等也必须符合法律的要求,只有公司法人真正符合这些要求才被认可其具有独立人格。

(1)依法成立。依法设立是公司成立的首要条件。我国1993年颁布的《公

---

❶ 甘培忠、周淳、周游:《企业与公司法学》,北京大学出版社2018年版,第326页。

法》第二条❶就规定了公司应当依法设立。我国公司法经过数次修改，该条一直未变。2020年5月28日颁布的《民法典》第五十八条规定，法人应当依法成立。法人应当有自己的名称、组织机构、住所、财产或者经费。法人成立的具体条件和程序，依照法律、行政法规的规定。设立法人，法律、行政法规规定须经有关机关批准的，依照其规定。

（2）有独立的法人财产。公司成为独立法律主体的关键在于享有独立的法人财产，公司的独立财产是公司独立承担责任的物质保证，公司的独立人格也突出地表现在财产的独立上。公司财产不仅独立于股东的固有财产，也独立于代理人（董监高）的自有财产。公司对其享有的财产可以自由地占有、使用、处分、收益，并可以排除第三人包括股东、债权人、经营者的干涉、妨碍和限制。公司财产，不论是货币，还是实物，抑或是债权、股权、知识产权、著作权、商标权、专利权等财产权利，都是公司进行经营活动的生产资料，是公司能够独立承担责任的基础。没有财产，公司就无法进行独立经营，无法独立承担责任，公司就无从存续和发展，就无从谈起具有独立人格。因此，对于公司来讲，财产是公司人格的物质基础。公司的财产由股东的投入资产和经营积累的财产组成。❷

（3）独立地对外承担责任。公司独立承担责任有两方面的含义，一方面是公司以自己的全部财产（包括现有财产以及将来能够取得的财产）对公司的债务承担责任，公司的设立人和股东、经营者（含董事、监事、高级管理人员）、成员对公司债务不承担责任；另一方面是指公司只为自己的行为承担责任，而不为他人，包括公司设立人、股东、经营者和其他公司成员的行为后果承担责任。

（4）有规范的组织机构，公司决策和管理符合法律要求。公司作为法律拟制的人，其意思表示的形成并付诸实施，须依赖其组织机构，这与自然人意思表示的形成以及其行为表现具有共通之处。自然人通过其身体的各器官产生意思并实施行为，公司则通过其组织机构，公司与公司组织机构的关系，在一定程度上就

---

❶ 《公司法》（1993年12月29日颁布）第二条："本法所称公司是指依照本法在中国境内设立的有限责任公司和股份有限公司。"

❷ 甘培忠、周淳、周游：《企业与公司法学》，北京大学出版社2018年版，第326页。

像个人与其器官之间的关系。但公司的组织机构通常是由个人产生的，为了避免个人的意志控制、替代公司意志，保证公司决策、管理、行为的独立性。公司法规定有限责任公司、股份有限公司必须设立权力机构、执行机构、监督机构，并对相关组织机构的产生、构成、职权分配、议事规则等作出了详细的规定。对于其他不影响公司外部交往的事务，法律允许公司在公司章程中予以规定。

三、公司法人人格否认的法律含义

法律承认合法成立的公司具有独立于股东和公司职员的主体地位，是为了方便公司以自己名义独立开展营业活动，独立承担法律责任。如果公司的独立地位被用于不正当目的，成为侵害他人的工具，或者用于妨碍公共政策的事实，那么，在具体案件中，法院就有理由不承认该公司的法人独立地位。[1]

公司法人人格否认又被称为揭开公司面纱制度、公司法人资格否认、股东有限责任待遇之例外、股东直索责任等。对于公司人格否认的法律含义，理论界没有统一的标准，主要有以下几种：

一是指控制股东为逃避自己的义务而违反诚实信用原则，滥用公司法人资格或股东有限责任待遇，致使债权人利益严重受损时，法院或仲裁机构有权责令控制股东直接向公司债权人履行法律义务、承担法律责任。[2]

二是指为了制止滥用公司人格，保护公司债权人利益或社会公共利益，司法机关可以在特定情况下否认公司的独立人格和股东的有限责任，判令公司控股股东或实际控制人对公司债务承担连带责任的一种法律救济制度。[3]

三是指在公司依法成立后，在特定事件中（如子公司与母公司之间或股东与公司之间）因有滥用公司法人格之情事时，若在该事件中仍完全承认该公司具有形式上的独立人格，将违反公平正义原则或侵害第三人的交易安全，则暂时性否认在该特定事件中公司与其背后的股东各自独立的人格及股东的有限责任，责令

---

[1] 王军：《中国公司法》，高等教育出版社2017年版第2版，第50页。
[2] 刘俊海：《现代公司法》，法律出版社2015年版第3版，第662页。
[3] 甘培忠、周淳、周游：《企业与公司法学》，北京大学出版社2018年版，第326页。

公司的股东（包括自然人股东和法人股东）对公司债权人或公共利益直接负责的一种法律措施。❶

公司人格否认制度首先在英美法系国家以判例的形式得以确立，在经过长期积累的基础上，有些国家已将公司人格否认通过一定成文法形式确立下来。我国 2005 年通过修改公司法正式以法律形式规定揭开公司面纱制度。《公司法》第二十条第三款规定："公司股东滥用股东权利给公司或者其他股东造成损失的，应当依法承担赔偿责任。公司股东滥用公司法人独立地位和股东有限责任，逃避债务，严重损害公司债权人利益的，应当对公司债务承担连带责任。"

四、公司法人人格否认制度的特征

公司法人人格独立和股东有限责任是公司法的基本原则。否认公司独立人格，由滥用公司法人独立地位和股东有限责任的股东对公司债务承担连带责任，是对公司、股东与债权人一种风险与权利的平衡，以实现"矫正的公平"。

（1）公司法人格否认以健全的法人人格之存在为前提，要求公司已经取得了法人资格，且公司的法人资格自始至终都合法有效。如果公司从未取得法人资格或法人资格一直存在瑕疵，公司法人格否认也就从无谈起。

（2）公司法人格否认是公司人格制度的例外，只适用于特定的法律关系中，不能普遍适用。承认公司法人独立地位是原则，在具体案件中，为实现公平或公共政策而否认公司人格是例外。公司人格否认是在具体个案中对特定的法律关系中公司人格的否认，是"一时一事"地否认公司法人人格，具有相对性和特定性，而具有绝对性和对世性。公司人格否认不是对公司人格存在事实的全面否认，即不是对公司人格全面、根本、永久的取缔，公司在人格未被滥用的情况下，在其他法律关系中，依然是正常的人格状态。这与公司注销，从而在制度上绝对、彻底地丧失法人资格的情形完全不同。

（3）公司法人人格否认只针对滥用公司人格的股东或实际控制人。公司法人

---

❶ 范健、王建文：《公司法》，法律出版社 2018 年第 5 版，第 221-222 页。

人格否认的结果是要求滥用公司人格的控制股东或实际控制人承担法律责任。只有公司的控制股东或实际控制人才能操纵公司的重大实事务,滥用公司法人独立地位和股东有限责任为自己牟利,由公司的控制股东、实际控制人为其滥用公司法人人格的行为所产生的后果承担法律责任才会使正当的法律利益得以保护。❶ 公司法人人格否认的不利后果只降临到有过错的股东头上,而不殃及无辜,依法行使股东权利的其他股东则仍受股东有限责任制度的保护。

（4）公司法人人格否认是对股东、债权人、社会公共利益的平衡,旨在实现社会的公平和正义。公司法人独立地位和股东有限责任在保护股东利益的同时,可能被恶意利用损害债权人的利益。债权人与公司进行交易是基于对公司独立人格的信任,若任由股东滥用公司人格损害债权人利益,势必会使公司法人人格受到质疑,公司制度的基础受到侵蚀,严重扰乱市场经济秩序。公司人格否认能够弥补公司法人制度的不足,将公平、公正的原则运用于具体判例之中,对股东滥用公司法人人格来逃避义务的行为予以惩治,取消该股东有限责任的保护,使之对债权人利益或公共利益的损失承担责任。公司法人人格否认制度有助于维护市场经济秩序的良性运转,同时给公司的控制者、债权人以明确的指引,共同警惕和防止公司法人人格被滥用的现象发生,实现各方当事人对公司法人人格制度的准确预期。

五、我国的公司法人人格否认制度

我国于1993年颁布的《公司法》并未规定公司法人人格否认。1999年、2004年公司法经修正也未引入公司人格否认制度。实践中,一些控制股东绞尽脑汁运用"草船借箭""借尸还魂""坚壁清野""金蝉脱壳""瞒天过海""天女散花""暗度陈仓"等阴谋诡计,大肆玩弄"拉线木偶游戏",滥用公司的法人资格,违法侵占和转移公司财产、悬空债权、欺诈坑害债权人。有些奸诈股东为逃避投资风险、欺诈公司债权人,不惜注册多家"糖葫芦公司",以便上下其手滥用公司

---

❶ 甘培忠、周淳、周游:《企业与公司法学》,北京大学出版社2018年版,第328页。

法人资格。其中，第一家公司专门接收别人的定金和预付款，然后传给第二家公司。作为二传手的第二家公司再传给第三家公司，依次类推，最后跑到控制股东或者实际控制人的私人腰包。❶ 对这些侵害债权人利益、危害市场经济秩序的良性运转的行为，债权人和法官往往一筹莫展、无计可施。

2002 年 12 月 3 日，最高人民法院《关于审理与企业改制相关的民事纠纷案件若干问题的规定》中导入了揭开公司面纱制度。该规定第三十五条规定"以收购方式实现对企业控股的，被控股企业的债务，仍由其自行承担。但因控股企业抽逃资金、逃避债务，导致被控股企业无力偿还债务的，被控股企业的债务则由控股企业承担"。2005 年，我国通过修订公司法正式以法律形式规定揭开公司面纱制度。《公司法》第二十条规定"公司股东应当遵守法律、行政法规和公司章程，依法行使股东权利，不得滥用股东权利损害公司或者其他股东的利益；不得滥用公司法人独立地位和股东有限责任损害公司债权人的利益。公司股东滥用股东权利给公司或者其他股东造成损失的，应当依法承担赔偿责任。公司股东滥用公司法人独立地位和股东有限责任，逃避债务，严重损害公司债权人利益的，应当对公司债务承担连带责任"。

我国 2005 年《公司法》修改前，学界对我国是否引入该项制度存在长时间分歧，特别是对是否在制定法上作出原则性规定争论不休。反对引入公司法人人格否认制度的理由有：我国公司制度欠发达，引进该制度的时机不成熟；引入该制度会使我国公司在对外交往中作茧自缚，反被域外法院利用该制度判令我国控制股东对域外债权人承担债务清偿责任；引进该制度会阻碍国有企业公司制改革等。支持者认为，我国社会经济现实中已经出现不少滥用公司法人人格和股东有限责任逃避债务、侵害债权人利益或公众利益的事件，而现有制度难以解决此类问题，因而借鉴外国经验引进公司法人人格否认制度，有助于保证交易安全和维护债权人利益，更好地体现公平和公正。笔者认为，完善的公司制度应当平衡股东、债权人及社会的利益，鼓励诚实信用等商业道德，维护交易安全与市场经济秩序的

---

❶ 刘俊海：《现代公司法》，法律出版社 2015 年第 3 版，第 662 页。

良性循环。在现有公司制度出现漏洞，而其他国家已有先进经验的时候，应当大胆借鉴，小心求证，并结合实际建立符合我国国情的公司人格否认制度。对于是否应当将公司人格否认制度上升为成文立法有以下几种观点：一是公司法对此作出规定；二是公司法不宜对此作出规定，而应当以司法解释对此作出规定；三是公司法和司法解释都不宜对此作出规定，只应由最高法院在个案批复中界定；四是立法者应授权受案法院在个案中行使自由裁量权，而公司法、司法解释和个案批复都不宜规定该制度。❶ 我国 2005 年修订《公司法》时，立法机关采用了第一种观点，在《公司法》第二十条对公司法人人格否认制度作了原则规定。公司法人人格否认制度发端于判例法国家，也主要以判例的形式表现出来，而各国在经济背景、法律制度、社会心理等方面均存在较大差异，对于他国的经验、做法，我们不能照搬、照用，我国《公司法》对该制度仅作出原则性规定，为我国在吸收国内外理论及实践经验的基础上建立符合国情的中国特色社会主义公司法法人人格否认制度留下了空间。

第二节　发达国家公司法人人格否认的理论和实践

一、美国

在美国判例法中，法官否认公司法人独立地位的做法被称为"刺穿法人面纱"（piercing the corporate veil）。法人公司仿佛是股东用来隐藏自己的"面纱"。"刺穿面纱"便将股东暴露出来，使之成为公司行为后果的承担者。"刺穿面纱"是"避免不公正结果的衡平救济措施"。有时候，法官也以公司是股东的"分身"（the corporation is the "alter ego" of the shareholder）或者公司仅是外壳、傀儡或虚构物（shell, dummy or fiction）等修辞手法表述其否认公司独立地位的理由。❷

19 世纪下半叶，随着公司法人制度的不断成熟，公司独立人格和股东有限责任原则得以稳固确立，公司在美国进入蓬勃发展时期。与此同时，公司股东滥

---

❶ 刘俊海：《现代公司法》，法律出版社 2015 年第 3 版，第 664 页。
❷ 王军：《中国公司法》，高等教育出版社 2017 年第 2 版，第 48、51 页。

用公司独立人格和股东有限责任的问题也日益突出，股东利用公司形式规避债务以及欺诈第三人等情况大量出现。这种情形严重地危害了经济的发展，破坏了商业社会的秩序，当然也催生了司法实践对公司人格滥用的制止立场。于是，在20世纪初"揭开公司面纱"的法律理念被法官所创造出来。1905年，桑伯恩法官（Sanborn）审理的美国诉密尔沃基冷藏运输公司（U.S. v. Milwaukee Refrigerator Translt Co.）之铁路运送回扣一案，开创了公司法人格否认制度之先河。审理该案的桑伯恩指出"就一般规则而言，公司应该被看作法人而具有独立的人格，除非有足够的相反理由出现；然而公司的法人特性如被作为损害公共利益，使非法行为合法化、保护欺诈或为犯罪抗辩的工具，那么，法律上则应将公司视为无权利能力的数人组合体"。这一论断被学者和法院奉为圭臬，常常在学说和判例中加以引用。❶1912年，沃塞尔（Wormser）发表的文章《Piecing the Veil of Corporate Entity》中，将这一原则形象地比喻为"揭开公司面纱"，之后逐渐成为人们广泛接受的概念。

"揭开公司的面纱"原则在美国主要是以判例形式体现的，随着判例增加逐渐得以完善，而法官在审理有关的案件时"揭开公司面纱"的理由也逐步丰富。据美国罗伯特·汤普森教授的研究，有关理由达到85个之多，主要涉及资本严重不足、工商管理缺乏手续、股东与公司账户或人事混同、对公司资产及财务状况的虚假陈述、股东过度控制公司、公司与股东缺乏实质分离等。法官往往以独立性和公平性测试作为裁决标准断案。独立性是看公司是否被股东当作一种另一个"自我"而无视其人格的独立性，而公平性则是考察公司和股东是否存在欺诈行为，公司的经营风险是否与资本极不相称。在美国，"揭开公司面纱"原则的适用范围比较广泛，涉及契约、侵权、破产、税收等领域，特别是公司的自然状况、组织体系或交易活动处在一人公司、家族公司母子公司等情形时很容易引起法院的警惕。

除了判例以外，美国通过总结长期的司法实践，将建立在大量判例基础上

---

❶ 范健、王建文：《公司法》，法律出版社2018年第5版，第226页。

的原则逐渐上升为成文法上的规定。例如，美国《标准商事公司法》第六章第二十二条第一款规定："对公司股票的购买人，就其所购股票而言，除了付清对价之外，不对公司或公司的债权人承担任何责任"。该条第二款规定："除非在公司组织章程中另有规定，公司的股东并不对公司的活动或债务承担个人责任"。这一规定首先是贯彻了股东有限责任的原则，然后又对否认有限责任即揭开公司面纱的情形进行了原则性的补充。在处理具体案件时，如何判断股东的活动或行为是为公司还是为股东自己的利益，则留待法官针对个案中的诉讼请求和事实证据进行具体分析和判断。

美国学者对于公司人格否认问题进行了广泛探讨，形成了一些核心观点：

（1）代理说。代理说认为，如果一个公司的设立、存续和经营完全是依附于控制股东的指令，则该公司只是以控制股东的代理人身份存在，实质上已经丧失了独立性的一种"外壳公司"，其背后的控制股东才是"未露身份的本人"。这种代理关系未必依授权而生，只要控制已达相当程度，被控制公司的经营行为完全为控制股东的目的服务，即可推定为事实代理。在此情况下，公司实际上已丧失了独立人格，因此应否定公司人格，而使本人——控制股东承担责任。

（2）企业整体说，也称同一体说。这是由美国法学家伯利（Berle）教授提出的。他认为，股东如果设立若干以经营同一事业，或者各公司之间存在着经营业务和利益的一致性，这些公司实质上为同一企业的不同部门而已。这些公司以各自独立的形式存在，只是为了使企业整体逃避可能发生的契约责任或侵权责任，从而导致自愿债权人或者非自愿债权人无法获得补偿。

（3）工具说。工具说为美国学者鲍威尔（Powell）提出。工具说认为当公司已成为控制股东的"工具"或"另一个自我"时，就应当揭开公司面纱，由控制股东对公司债务直接承担责任。一般地，引用工具说作为判决之理论依据需具备三个要素：一是过度控制，导致公司在财务、交易方针、经营决策等方面被全面控制，已完全丧失了其独立意志和自身的存在；二是违法或不公平行为，即这种控制是控制股东用来实施欺诈、规避法律义务或侵犯公司权利等不诚实或不正当行为；三是控制与公司损失之间存在因果关系，即这种过度控制的违法行为是被控制公司遭受损失和不合理损失的直接原因。

（4）另一自我说。美国布拉姆伯格（Blumberg）教授提出，如果两个关联公司在所有权和利益方面非常一致，以至于失去独立性，或者一公司（子公司）完全为另一公司（母公司）的利益而存在，则该公司被认为是该另一公司的另一个自我。如果承认其为各自独立的实体，则将支持欺诈并导致不公平的结果，因而要刺破公司面纱。另一自我说与工具说基本一致，没有什么本质区别。❶

二、英国

同样作为判例法国家，英国关于否认公司法人人格法理的适用要晚于美国和其他大陆法系国家，这可能与英国人注重"实体法则"的理念和相对谨慎的性格有关。然而，客观经济现实中，屡屡出现的利用公司独立人格和股东有限责任进行的不法行为，使得立法机关不得不举起重锤砸开公司外壳，直接追究藏在公司面纱后面股东的责任；当具有法人资格的公司以它形式上的独立性存在，会导致非正义与非公平的结果时，就可针对特定的法律关系否认公司的独立性，将公司和股东看做同一主体，也即否认公司人格，英国也称之为"刺破公司面纱"。

英国在公司法和破产法中对于适用否认公司人格作出了规定，根据2006年《公司法》第993条、1986年《破产法》第213条至第215条等规定，如果发现资不抵债的公司实施了有意欺诈其债权人的活动，或虽无意欺诈，但实施了非法行为，法院可以应清算人、债权人或其他关系人的请求，以适当的方式判定实施该欺诈交易行为的积极股东承担对公司资产进行资助的责任，以保护受侵害的债权人。

除成文法规定外，揭开公司面纱制度主要源自英国法院的判例。基于Salomon v. Salomon案所确立的原则，英国法对揭开公司面纱较为谨慎，只在几种情形中适用：（1）公司作为欺诈和非法目的的工具。公司被用于非法目的，公司的行为就被视为以实现该非法目的而组成该公司的人的活动，公司的面纱就要

---

❶ 甘培忠、周淳、周游：《企业与公司法学》，北京大学出版社2018年版，第330-331页。

被揭开。（2）公司成立的目的在于伪装或者逃避法律的强制性规定。如果公司的设立具有非法的宗旨，那么法院就会追究公司的真正目的而不是一般目的。此外，在公司集团中，若母子公司、姐妹公司之间的人格如此混同，只是虚构了相互独立的人格，其实本质上是一个经济单元，法院可能会揭开公司面纱，要求母公司对子公司的债务承担责任。❶

三、德国

19世纪末，德国经济也进入了一段迅速发展时期，公司的经济活动非常活跃，既出现了卡特尔、康采恩等巨型企业形式，也出现了大量的"稻草人式"的一人公司。稻草人式的一人公司是指为了规避法律上的规定，某些公司设立时在形式上符合公司法对发起人人数的最低要求，而实际上在成立后，受真正单独股东之托参与公司设立的发起人，即按照事先的约定将全部股份转让给该单独股东，该公司成为实际上的一人公司。为处理卡特尔、康采恩和一人公司大量出现的滥用公司独立人格和股东有限责任的情况，德国最高法院于1920年的一个案例中，首次将单独股东与公司视为一体，开创了德国公司人格否认法理适用的先例，为形成德国的"透视理论"打下了基础。❷ 联邦最高法院曾指出，"如果现实生活、经济上的需求和事实的力量要求法官忽视有限责任公司及其唯一股东各自在人身权和财产权上的独立性，那么法院就必须将法人及其股东视作一个整体"。联邦最高法院还认为，如果适用法人概念"与法律制度的目的相矛盾，就不应该尊重法人这一法律实体"。❸

德国对适用公司法人人格否认制度非常严格，只要能够依据相关法律处理问题，法院很少去"揭开公司面纱"直接追索股东责任。例如，德国在《股份法》中设有关系企业一章，对何种情形下母公司对子公司债务负责作了直接规定。在涉及追索控制股东责任的案件中，只有在现有法律没有明确规定，股东行为同时

---

❶ 甘培忠、周淳、周游：《企业与公司法学》，北京大学出版社2018年版，第331页。
❷ 甘培忠、周淳、周游：《企业与公司法学》，北京大学出版社2018年版，第332页。
❸ 王军：《中国公司法》，高等教育出版社2017年第2版，第51页。

违反了善良风俗和诚实信用原则，并且具备了财产混同、股东操纵经营、有限责任制度被滥用等要件时，法院才会考虑否认公司人格，直接追索支配股东的财产责任。

四、日本

日本有关公司法人人格否认理论是由该国学者大隅健一郎教授和松田二郎教授，参考美国刺破公司面纱理论及德国法人穿透理论，于 1950 年前后正式引入该国。[1] 刚开始，该理论并不被日本的理论界及法院所普遍接受。但随着大量中小型公司的涌现，出现了母子公司、关联企业的法律人格被滥用的问题，适用公司法人人格否认理论的必要性得到凸显。实践中出现了很多适用公司人格否认理论的判例。但无论是理论界还是实务界都未对法人人格否认理论的适用范围、实体法依据形成一致看法。以适用范围划分，日本有关公司法人人格否认的理论有中义说、广义说和狭义说。其中，中义说认为法人人格否认法理的适用主要有两种场合，一是为回避法律的适用而滥用法人人格的场合；二是法人人格被纯粹形骸化的场合。

与德国类似，日本适用公司法人人格否认制度十分严格。在法院判例中，主要以公司被实质上形骸化作为适用公司法人人格否认的要件，表现为公司机关运营有名无实，股东和公司的业务、财产相混淆以及公司资本不足等情形。[2]

第三节　公司法人人格否认制度的适用

公司法人独立地位和股东有限责任是公司制度的基本原则。否认公司独立人格，由滥用公司法人独立地位和股东有限责任的股东对公司债务承担连带责任，是股东有限责任的例外情形，旨在矫正有限责任制度在特定法律事实发生时对债权人保护的失衡现象，维护交易安全和良好的市场经济秩序，实现社会公平、正

---

[1] 范健、王建文：《公司法》，法律出版社 2018 年第 5 版，第 226 页。
[2] 甘培忠、周淳、周游：《企业与公司法学》，北京大学出版社 2018 年版，第 332 页。

义。我国《公司法》对公司法人人格否认作出了原则性的规定，但对具体适用未进行规定，实践中在适用公司法人人格否认时，既要严格审查，审慎适用，避免损伤作为公司制度根基之一的股东有限责任制度；又要灵活把握，当用则用，以全面规范不断发展、变化的滥用公司法人人格侵害债权人利益的行为。

一、适用原则

公司法人人格否认作为在特定情形下对股东有限责任的排除适用，修正和平衡公司、股东与债权人的利益，以实现"矫正的公平"。在具体适用时，应当遵守以下原则：

第一，审慎适用。毫无限制地否认公司法人人格可能严重打击股东投资热情，人民法院原则上应当尊重公司的法人资格，严格把握否认公司资格的构成要件，将否认公司法人资格的情形控制在例外情形下，避免揭开公司面纱的判决遍地开花。《公司法》第二十条第三款将揭开公司面纱制度上升为成文法律制度，但并不等于说揭开公司面纱已经成为公司法的一条基本原则。实际上，立法者之所以将揭开公司面纱制度成文化的重要理由不仅仅在于引进揭开公司面纱制度，更在于预防揭开公司面纱制度之滥用。[1] 对于公司法人人格否认应当采取谨慎的态度，综合多方面判断股东是否滥用公司人格严重损害债权人的利益，不宜简单、一刀切地对公司法人人格进行否认，同时在公司人格可否定也可不否定的情况下，坚决不否定，只有受损害的权益无法通过其他途径救济时，才能否认公司法人人格。

第二，当用则用。我国《公司法》对公司法人人格否认的规定较为原则、抽象，公司法司法解释也未对公司人格否认进行细化规定，在实践中存在适用标准不好把握，适用难度大等问题，容易导致不善适用、不敢适用的现象。但公司法人人格否认制度对于我国公司制度的完善具有重要意义，公司法人人格否认制度与股东有限责任制度一张一合，共同构成了我国现代公司制度的核心内容，在符合公司法人人格否认适用条件且通过其他途径无法对权益进行救济的时候，应当

---

[1] 刘俊海：《现代公司法》，法律出版社2015年第3版，第673页。

大胆适用公司法人人格否认,以保障当事人的合法权益,实现公平正义,促进社会市场经济的健康有序发展。

第三,个案认定。公司法人人格否认只是在具体案件中依据特定的法律事实、法律关系,突破股东对公司债务不承担责任的一般规则,例外地判令其承担连带责任。人民法院在个案中否认公司人格的判决的既判力仅仅约束该诉讼的各方当事人,不当然适用于涉及该公司的其他法律关系、其他诉讼,并且不影响公司独立法人资格的继续存在。如果其他债权人提起公司法人人格否认诉讼,已生效判决认定的事实可以作为证据使用。

二、适用要件

我国《公司法》第二十条三款规定:"公司股东滥用股东权利给公司或者其他股东造成损失的,应当依法承担赔偿责任。公司股东滥用公司法人独立地位和股东有限责任,逃避债务,严重损害公司债权人利益的,应当对公司债务承担连带责任。"据此,可以归纳出我国公司人格否认的适用要件包括主体要件、行为要件、目的要件、结果要件。

(一)主体要件

主体要件包括公司人格否认的主张者和适用对象。

公司法人人格否认的主张者,一般是指因股东滥用公司人格使其利益遭受严重损害的债权人。这里的债权人既包括民事关系中的各类债权人(包括但不限于契约之债的债权人、侵权之债的债权人、无因管理之债的债权人、不当得利之债的债权人)也包括劳动关系中的债权人(劳动者),还包括行政关系中特殊债权(如国家税收债权)人。[1] 同时,对于债权人还要区分自愿债权人与非自愿债权人。有学者认为,合同债权人一般是自愿的,在合同的谈判过程中,对方有机会调查公司的资产情况,发现资产不足,可以要求支付现金或者提供担保,如果这一要求遭到拒绝,可以放弃交易。如果不放弃,就摆明其主动地承担了风险。如果不

---

[1] 刘俊海:《现代公司法》,法律出版社2015年第3版,第665页。

做调查也不要求担保，那也是自动承担风险。❶笔者认为对于签订合同的当事人均要求其对交易方进行调查，不符合经济、效率的原则，同时交易方的现实资产状况、管理情况以及是否股东滥用公司法人人格等情况可能也不是交易方轻易能够调查清楚的。对于合同之债中的自愿债权人应当限定为明知或应当存在滥用公司法人人格行为仍进行交易的债权人为宜。这样的债权人对于风险是能够预期的，选择进行交易，代表其自愿承担风险。合同之债的债权人有选择交易对象并要求提供担保等方式维护自身权益，在合同之债的债权人主张否认公司法人人格时，标准应严格把握。侵权之债的债权人难以预料侵权行为的发生，不可能预先选择侵权人，对侵害结果也难以预估，故一般认定侵权之债的债权人为非自愿的，适用公司法人人格否认的标准应放宽松些。

公司法人人格否认的适用对象。公司法人人格否认的适用对象一般为公司的控制股东或实际控制者。公司法人人格之所以会被滥用，是因为公司受到人为操控，而有可能、有机会对公司决策活动施加决定性影响的，主要是控制股东或实际控制人。❷同时对股东还要区分积极股东与消极股东。积极股东，参与公司的经营、管理，能够对公司运营施加影响，可以利用公司人格损害债权人利益，能够成为公司法人人格否认的适用对象；消极股东，没有管理权，不参与公司经营，无法利用公司法人人格损害债权人利益，不是公司法人人格否认的适用对象。公司的董事、监事、经理和其他高级管理人员，掌握公司的资源，具体执行公司的诸多事务，存在滥用权力为自己谋取利益，损害公司债权人利益的机会和空间。对于他们违反忠实义务和注意义务的行为，可以依据《民法典》合同编、《公司法》其他条款追究其责任，而不适用公司法人人格否认制度。当然若股东担任董事、监事、经理或其他高级管理人员职务，则债权人可以提起否认公司人格之诉。

（二）行为要件

行为要件，是指行为人实施了滥用公司人格的行为。这不仅要求股东实施了

---

❶ 朱锦清：《公司法前沿问题研究》，浙江大学出版社 2014 年版，第 168 页。
❷ 甘培忠、周淳、周游：《企业与公司法学》，北京大学出版社 2018 年版，第 333 页。

利用公司法人独立地位和股东有限责任行为，而且要求这种利用行为达到了滥用的程度。对于股东合理、正当使用权利、利用公司人格的行为是受到保护的，对法人独立地位和股东有限责任的合理、正当适用也正是现代公司得以在全球扩张的制度秘籍。权利禁止滥用，股东滥用公司法人人格规避法律，损害债权人或社会公共利益，导致权力失衡，法律必然要对此进行规制。

（三）目的要件

目的要件，是指滥用公司法人人格者想要达到的目的。公司法人人格否认要求股东滥用公司的法人独立地位和股东的有限责任的目的是逃避债务。这就要求股东在主观上要有违法或不当利用公司人格的意图。

（四）结果要件

结果要件，是指滥用公司法人人格的行为造成了严重损害，且滥用行为与损害结果之间存在因果关系。这就意味着，首先要求股东实施滥用法人独立地位和股东有限责任的行为对债权人造成了实际民事损害；其次损害后果要达到严重的程度，但法律及相关司法解释对严重没有明确的界定，在实践中需要根据实际灵活把握；最后要求这种严重的损害后果与股东滥用公司法人人格的行为之间存在因果关系。

三、公司法人人格滥用行为的判断依据

公司法人人格否认适用的关键在于如何判断是否存在公司人格被滥用的行为。我国《公司法》对滥用公司法人人格的行为未给出判断标准和依据。我国理论界根据审判实践对滥用公司人格的行为进行了一定的总结，最高人民法院于2019年11月8日印发的《九民纪要》也对滥用公司人格常见情形作出了规定，主要包括公司资本显著不足、人格混同、过度控制。

（一）公司资本显著不足

公司资本是否充足是公司人格独立的重要方面，公司以资本作为其对外承担

责任的最低担保，公司资本显著不足，则其没有足够的能力进行运营并承担经营风险。资本显著不足指的是，公司设立后在经营过程中，股东实际投入公司的资本数额与公司经营所隐含的风险相比明显不匹配。股东利用较少资本从事力所不及的经营，表明其没有从事公司经营的诚意，实质是恶意利用公司独立人格和股东有限责任把投资风险转嫁给交易人，不利于交易安全和交易公平。现实中，一些公司在设立之初就没有与其运营相应的资本，这样股东就可以规避经营风险，当经营成功时享有收益，而经营失败时则以股东有限责任逃避责任，转嫁风险于交易人及社会。公司人格是否独立的判断标准在于判断公司设立时的资本是否与其所经营事业、规模及经营风险等相比显著不足。由于资本显著不足的判断标准有很大的模糊性，要与公司采取"以小博大"的正常经营方式相区分，在适用时要十分谨慎，应当根据各方面因素综合判断。

（二）人格混同

认定公司法人人格与股东人格是否存在混同，最根本的判断标准是公司是否具有独立意思和独立财产，最主要的表现是公司的财产与股东的财产是否混同且无法区分。在认定是否构成人格混同时，应当综合考虑以下因素：

（1）股东无偿使用公司资金或者财产，不作财务记载的；

（2）股东用公司的资金偿还股东的债务，或者将公司的资金供关联公司无偿使用，不作财务记载的；

（3）公司账簿与股东账簿不分，致使公司财产与股东财产无法区分的；

（4）股东自身收益与公司盈利不加区分，致使双方利益不清的；

（5）公司的财产记载于股东名下，由股东占有、使用的；

（6）人格混同的其他情形。

在出现人格混同的情况下，往往同时出现以下混同：公司业务和股东业务混同；公司员工与股东员工混同，特别是财务人员混同；公司住所与股东住所混同。人民法院在审理案件时，关键要审查是否构成人格混同，而不要求同时具备其他方面的混同，其他方面的混同往往只是人格混同的补强。

(三) 过度支配与控制

公司控制股东对公司过度支配与控制，操纵公司的决策过程，使公司完全丧失独立性，沦为控制股东的工具或躯壳，严重损害公司债权人利益，应当否认公司法人人格，由滥用控制权的股东对公司债务承担连带责任。实践中常见的情形包括：

（1）母子公司之间或者子公司之间进行利益输送的；

（2）母子公司或者子公司之间进行交易，收益归一方，损失却由另一方承担的；

（3）先从原公司抽走资金，然后再成立经营目的相同或者类似的公司，逃避原公司债务的；

（4）先解散公司，再以原公司场所、设备、人员及相同或者相似的经营目的另设公司，逃避原公司债务的；

（5）过度支配与控制的其他情形。

控制股东或实际控制人控制多个子公司或者关联公司，滥用控制权使多个子公司或者关联公司财产边界不清、财务混同，利益相互输送，丧失人格独立性，沦为控制股东逃避债务、非法经营，甚至违法犯罪工具的，可以综合案件事实，否认子公司或者关联公司法人人格，判令承担连带责任。

四、特殊结构的公司法人人格否认

(一) 一人公司

一人公司由于只有一个股东，不可能像有数个股东的公司一样建立规范的公司机构，股东之间进行相互监督和相互制约，往往一人公司的股东既是决策者又是管理者，其个人的意志和行为完全能够左右、控制公司的意志、行为，公司更容易成为股东的"外壳""傀儡"，股东滥用公司人格的门槛更低、概率更大。我国《公司法》第六十三条规定："一人有限责任公司的股东不能证明公司财产独立于股东自己的财产的，应当对公司债务承担连带责任。"公司法对一人公司人格否认采取了举证责任倒置，一人公司人格否认是常态，公司人格独立是例外。

（二）母子公司

母子公司在法律上是相互独立的，均为独立法人，但由于母公司是子公司的股东，且很多子公司是母公司的全资子公司，因此母公司可以利用其控股地位，为了自身利益完全控制子公司的决策、经营，甚至通过合同等划拨、转移子公司的财产。在符合以下条件的情况下，就可认定子公司处于母公司的过度控制之下，完全成为了母公司的代理人，债权人可以请求法院否定子公司的人格，由母公司对债权人承担连带法律责任。第一，母公司对子公司拥有完全的支配，且这种支配具有连续性、持久性、广泛性的特点；第二，母公司对子公司的控制系为不正当之利益，即控制权之行使，系为母公司之利益以损害子公司；第三，母公司对子公司之控制，对子公司的债权人或少数股东造成损害。除母公司过度控制这一因素外，诸如子公司之资本不足、存在诈欺、严重失职或子公司形骸化等，都可能导致揭开公司面纱，由母公司承担直接责任。❶

（三）姐妹公司

姐妹公司也称为兄弟公司，是指由同一股东控制的数个公司。姐妹公司表面上彼此独立，但由于各公司的经营决策权利掌握在同一个股东手中，容易导致各公司在财产、盈利分配等方面形成一体，从而在各个姐妹公司之间以及各公司与该控股股东之间发生人格混同。如果姐妹公司受到控制股东的过度控制，公司之间转移利润的交易极易发生。因此，根据企业整体说，可以将人格混同的姐妹公司视作一个整体，要求其共同对债权人承担连带责任。❷姐妹公司之间的人格否认也称为"横向人格否认"，要求受同一股东或实际控制人控制的公司对其姐妹公司的债务承担连带清偿责任。

---

❶ 朱慈蕴：《公司法人格否认法理在母子公司中的运用》，《法律科学》1998 年第 5 期。
❷ 甘培忠、周淳、周游：《企业与公司法学》，北京大学出版社 2018 年版，第 336-337 页。

(四) 公司人格的逆向否认

在实践中，公司股东可能滥用公司人格，将自己的财产无偿转移给公司，以逃避债务，损害债权人的利益。为了维护债权人的利益，此时可否定被操纵的公司人格，即由股东无偿转让财产的公司以其所接受的财产为限向股东的债权人承担债务清偿责任。此为逆向否认公司法人资格，通常适用于股东人为制造"父（股东）瘦、子（公司）肥"的情形。这种反向否认被称为"外部人反向否认"，其与公司人格否认一样，都要求存在公司人格被滥用的情形，其适用原理也与公司人格否认一致。公司法人格反向否认还有一种类型，即"内部人反向否认"，内部人反向制度产生于美国的判例法，是指公司特定股东提起的反向否认，公司股东主动要求无视公司独立人格，将公司与该股东视为一体。目前，我国公司法对公司人格的逆向否认未作出规定，对于利用外部人反向否认维护债权人利益的情形，债权人也可运用民法典中的撤销权实现债权。只不过，此种撤销权要受制于一年的除斥期间。

第四节 法律风险案例及分析

案例一：邵某与云南通海某昆工贸有限公司、通海某某达工贸有限公司民间借贷纠纷一案

案情介绍：某某达公司于2009年9月14日成立，法定代表人为陈某明，公司股东为陈某明、岳某1、黄某。某昆公司的法定代表人为岳某2，股东为岳某宽、张某芬。

2011年3月29日，邵某与某某达公司签订《借款协议》一份，约定某某达公司向邵某借款2920万元，借期12个月，借款利息按同期银行贷款利率计算，到期归还本息。某昆公司法定代表人岳某2在该协议上签名。后，邵某通过转账、汇款、现金支付等方式向某某达公司或某某达公司法定代表人陈某明交付出借款项2920万元。2010年4月1日邵某支付现金400万元给某某达公司时，某昆公

司给邵某出具《担保承诺书》一份，承诺某昆公司为某某达公司向邵某借款承担连带责任。

2011年3月29日，邵某与某某达公司签订《借款协议》一份，约定某某达公司向邵某借款1716万元，借期12个月，借款利息按同期银行贷款利率计算。某昆公司法定代表人岳某2在该协议上签名。后，邵某转账、汇款、银行承兑汇票背书转让、委托他人支付等方式向某某达公司或某某达公司的法定代表人陈某明交付款项17332560元，比《借款》协议载明的借款1716万元多了172560元。

2011年3月18日，某某达公司出具给邵某《收据》一份，载明某某达公司收到借邵某现金490.5万元，有某某达公司印章及法定代表人陈某明签名，某昆公司法定代表人岳某2签名。

2011年10月10日，某某达公司出具给邵某《收款收据》一份，载明某某达公司收到邵某借款18895000元，有某某达公司印章及法定代表人陈某明签名，某昆公司法定代表人岳某2签名。后，邵某通过委托他人汇款、银行承兑汇票背书转让、应某某达公司要求代付款等方式陆续向某某达公司或某某达公司的法定代表人陈某明交付了出借款项。

2011年9月28日，赵某宙借款200万元给某某达公司。2011年10月10日，某某达公司向赵某宙出具收到借款200万元的《收款收据》一份，该《收款收据》上有某某达公司印章及法定代表人陈某明签名，某昆公司法定代表人岳某2签名。2011年10月28日，赵某宙出具《债权转让通知》一份，将该200万元债权转让给邵某。

2011年2月1日，某某达公司向陈某华出具《收据》二份，载明某某达公司收到陈某华借款200万元。2011年10月28日，陈某华出具《债权转让通知》一份，将该200万元债权转让给邵某。

2011年10月17日，某某达公司与某某华公司对账后形成《对账确认函》一份，内容为：截至2011年10月17日止，某某达公司欠某某华公司32568125.44元（其中货款27568125.44元，借款500万元）。2011年10月28日，某某华公司出具《债权转让通知》一份，将该32568125.44元债权转让给邵某。

一审法院认为借款合同的相对方是某某达公司，判决由某某达公司归还借款本金7416万元并支付利息。

一审判决后，邵某申请再审。

再审查明，某某达公司一审、再审对邵某提出的通过借款给某某达公司和受让取得他人对某某达公司债权的方式，对某某达公司享有106728125.44元债权的主张予以认可，云南高院再审确认邵某对某某达公司享有106728125.44元的债权。

一审法院再审认为，邵某及某某达公司关于某某达公司是某昆公司的代理人，某某达公司是代理某昆公司向邵某借款的主张不能成立。对原判决予以维持。

邵某对再审判决不服向最高人民法院上诉。

最高人民法院经审理另查明，某昆公司的法定代表人自2007年11月18日变更为岳某2，岳某2系该公司两股东岳某宽与张某芬之子。岳某1系某昆公司监事，杨某华系某昆公司工作人员，孔某菠系某昆公司财务人员。某某达公司于2009年8月27日申请设立登记。岳某1同时为某某达公司的股东，杨某华担任某某达公司的监事，孔某菠也担任某某达公司的财务人员，岳某1系代理某昆公司持有某某达公司的股权。

2009年6月10日在玉溪市中级人民法院的主持下形成《涉及通海某昆工贸公司债权人会议纪要》，该纪要显示由于某昆公司被法院查封难以继续经营，为使债权人债权得到清偿，由某某华公司与某昆公司合作，某昆公司资产交由某某华公司代为管理，对外债务由某某华公司汇入法院账户协助执行。后，某某华公司与某昆公司之后未按照上述会议纪要的内容合作。

2009年7月18日和2009年9月20日某昆公司与某某达公司签订两份租赁协议，约定某昆公司将其"公司内货场以南的11间房屋及300平米的货场和第二层料场"以及"公司大门左侧房屋三间"出租给某某达公司作办公室使用，租金为每年各3000元。

某昆公司和某某达公司于2009年9月16日及2011年10月25日联合向通海县国税局、秀山分局呈报的《关于某昆公司和某某达公司生产经营情况的报告》和《关于某昆公司和某某达公司税负情况形成原因的报告》的内容显示，某昆公司在 2009 年已因拖欠税款被国税部门扣留税控机，自 2009 年 9 月某某达公司对外采购原材料销售给某昆公司，某昆公司所产产品销售给某某达公司，由某某达公司再对外销售。某某达公司作为"某昆公司原、辅料的采购及产品（副产品）销售商，不以盈利为目的，因此对某昆公司的采购和销售采取（1）原材料平进平出；（2）产品销售提留微量进销差价（以维持某某达公司日常基本费用）的方式"。

案例索引：（2015）民一终字第 260 号

裁判要点：本案一审及一审再审过程中，云南高院以邵某所受让的某某华公司的 32568125.44 元债权与本案所涉债权非同一法律关系为由，对该部分请求未作出审查和认定，同时阐明邵某可另行起诉。因在二审中对该部分请求的审理将会涉及到某昆公司与某某达公司的抗辩权的行使以及审级利益，因此二审也不应予以审查，邵某可另行提起诉讼。

根据查明的事实可知，某昆公司与某某达公司在财务人员、在主要工作人员以及股东的构成上，存在相互交叉或者相互重合的情形。某某达公司虽然承租某昆公司的办公用房及货场和料场，但从其租金约定的数额畸低这一事实来看，双方实际上存在着办公地点、经营设备、生产场地混同的情形。某昆公司由于被人民法院查封和被国税部门扣留税控机无法继续经营，在与某某华公司未实际履行上述会议纪要的前提下，又通过岳某 1 和罗某东代持股权的方式与陈某明设立某某达公司，某某达公司设立的目的是恢复某昆公司的生产经营。

邵某与某某达公司于 2011 年 3 月 29 日签订的两份《借款协议》，数额分别为 2920 万元和 1716 万元，两份《借款协议》上除陈某明作为借款方某某达公司法定代表人签字之外，还有某昆公司法定代表人岳某 2 和岳某 3（系岳某 2 之弟）的签名。2011 年 4 月 18 日某某达公司向邵某出具的数额为 490.5 万元的收据上，除了陈某明签名之外，岳某 2 也在该收据上签名。2011 年 10 月 10 日，某某达公司向邵某出具的数额为 1889.5 万元的《收款收据》上，除了陈某明签名之外，岳某 2 也在该收据上签名。上述签名的法律含义可以解释为一审法院所认定的岳某 2 系作为见证人签名。另外一种则是结合前述某昆公司与某某达公司在股东持股、财务人员、办公场所等方面存在高度混同的事实，将该签名的法律含义解释为,某某达公司与邵某签订借款协议时,均明知某某达公司的设立目的是通过某某达公司实现某昆公司的经营,所出借的款项实际用途也都是用于某昆公司的恢复生产及经营。因此,岳某2在上述借款凭证签名的行为实际上是代表某昆公司确认借款关系的行为。最高人民法院认为,将岳某2签名的法律意义认定为是见证行为,无其他证据辅佐,也与前述一系列证据所证明的事实形成冲突。岳某2在前述借款凭证上签名的行为也从另外一个侧面说明,某昆公司与某某达公司存在着高度混同的现象。

综合上述全案证据,可以认定,某某达公司的设立目的是通过某某达公司恢复某昆公司的生产经营,某昆公司通过岳某1、罗某东等持股的方式成为某某达公司的股东,两公司在财务人员、工作人员、经营场所、生产经营等方面存在高度混同的现象。某昆公司通过此种方式设立某某达公司并利用了某某达公司的法人独立地位和股东有限责任,损害了邵某作为债权人的利益。根据《中华人民共和国公司法》第二十条第三款的规定,某昆公司应当对以某某达公司的名义向邵某的借款债务承担连带责任。

裁判结果: 由云南通海某昆工贸有限公司与通海某某达工贸有限公司连带偿还邵某借款本金7416万元及利息。

笔者点评: 本案一审判决未能结合多个证据作出综合判断,未能对证据作出准确评价,导致认定事实错误,仅以某某达公司非某昆公司的代理人为由驳回邵某要求某昆公司承担连带责任的请求。最高人民法院在审理案件时,结合全案证据,认定某某达公司的设立目的是通过某某达公司恢复某昆公司的生产经营,某昆公司通过岳某1、罗某东等持股的方式成为某某达公司的股东,两公司在财务人员、工作人员、经营场所、生产经营等方面存在高度混同的现象。从而揭示某昆公司的行为符合《公司法》第二十条第三款规定的情形,否定某某达公司的人格,要求某某达公司背后的实际控制人——某昆公司对某某达公司的债务承担连带清偿责任。

实践中,在适用《公司法》第二十条第三款规定,否认公司人格判令公司背后的控制股东或实际控制人承担责任时,应综合多种因素进行判断。公司设立的背景或目的，公司的股东、控制人以及主要财务人员，公司的主要经营业务以及公司与其他公司之间的交易目的，公司的纳税情况以及具体债权人与公司签订合同时的背景情况、履行情况等因素，都应纳入考察范围。

案例二： 徐工集团某某机械股份有限公司与成都某川工贸有限责任公司等买卖合同纠纷案

案情介绍： 某交机械公司成立于1999年，股东为四川省某某桥梁工程总公司二公司、王某礼、倪某、杨某刚等。2001年，股东变更为王某礼、李某、倪某。2008年，股东再次变更为王某礼、倪某。某瑞公司成立于2004年，股东为王某礼、李某、倪某。2007年，股东变更为王某礼、倪某。某川工贸公司成立于2005年，股东为吴某、张某蓉、凌某、过某利、汤某明、武某、郭某，何某庆2007年入股。2008年，股东变更为张某蓉（占90%股份）、吴某（占10%股份），其中张某蓉系王某礼之妻。

在公司人员方面，三个公司经理均为王某礼，财务负责人均为凌某，出纳会计均为卢某，工商手续经办人均为张某；三个公司的管理人员存在交叉任职的情形，如过某利兼任某川工贸公司副总经理和某交机械公司销售部经理的职务，且免去过某利某川工贸公司副总经理职务的决定系由某交机械公司作出；吴某既是某川工贸公司的法定代表人，又是某交机械公司的综合部行政经理。

在公司业务方面，三个公司在工商行政管理部门登记的经营范围均涉及工程机械且部分重合，其中某川工贸公司的经营范围被某交机械公司的经营范围完全覆盖；某交机械公司系某某机械公司在四川地区（攀枝花除外）的唯一经销商，但三个公司均从事相关业务，且相互之间存在共用统一格式的《销售部业务手册》、《二级经销协议》及结算账户的情形；三个公司在对外宣传中区分不明，2008年12月4日重庆市公证处出具的《公证书》记载：通过因特网查询，某川工贸公司、某瑞公司在相关网站上共同招聘员工，所留电话号码、传真号码等联系方式相同；某川工贸公司、某瑞公司的招聘信息，包括大量关于某交机械公司的发展历程、主营业务、企业精神的宣传内容；部分某川工贸公司的招聘信息中，公司简介全部为对某瑞公司的介绍。

在公司财务方面,三个公司共用结算账户,凌某、卢某、汤某明、过某利的银行卡中曾发生高达亿元的往来,资金的来源包括三个公司的款项,对外支付的依据仅为王某礼的签字;在某川工贸公司向其客户开具的收据中,有的加盖其财务专用章,有的则加盖某瑞公司财务专用章;在与某某机械公司均签订合同、均有业务往来的情况下,三个公司于2005年8月共同向某某机械公司出具《说明》,称因某交机械公司业务扩张而注册了另两个公司,要求所有债权债务、销售量均计算在某川工贸公司名下,并表示今后尽量以某川工贸公司名义进行业务往来;2006年12月,某川工贸公司、某瑞公司共同向某某机械公司出具《申请》,以统一核算为由要求将2006年度的业绩、账务均计算至某川工贸公司名下。另查明,2009年5月26日,卢某在徐州市公安局经侦支队对其进行询问时陈述:某川工贸公司目前已经垮了,但未注销。又查明某某机械公司未得到清偿的货款实为10511710.71元。

案例索引:(2011)苏商终字第0107号

裁判要点:某川工贸公司与某瑞公司、某交机械公司人格混同,某瑞公司、某交机械公司应对某川工贸公司的债务承担连带清偿责任。一是三个公司的人员混同。三个公司的经理、财务负责人、出纳会计、工商手续经办人均相同,其他管理人员亦存在交叉任职的情形,某川工贸公司的人事任免存在由川交机械公司决定的情形。二是三个公司业务混同。三个公司实际经营中均涉及工程机械相关业务,经销过程中存在共用销售手册、经销协议的情形;对外进行宣传时信息混同。三是三个公司财务混同。三个公司使用共同账户,以王某礼的签字作为具体用款依据,对其中的资金及支配无法证明已作区分;三个公司与某某机械公司之间的债权债务、业绩、账务及返利均计算在某川工贸公司名下。因此,三个公司之间表征人格的因素(人员、业务、财务等)高度混同,导致各自财产无法区分,已丧失独立人格,构成人格混同。

某川工贸公司、某交机械公司、某瑞公司在经营中无视各自的独立人格,随意混淆业务、财务、资金,相互之间界线模糊,无法严格区分,使得交易相对人难以区分准确的交易对象。在均与徐工科技公司有业务往来的情况下，三公司还刻意安排将业务统计于某川工贸公司的名下，客观上削弱了某川工贸公司的偿债能力，有滥用公司独立人格以逃废债务之嫌。三公司虽在工商登记部门登记为彼此独立的企业法人，但实际上人员混同、业务混同、财务混同，已构成人格混同，损害了债权人的利益，违背了法人制度设立的宗旨，其危害性与《中华人民共和国公司法》第二十条规定的股东滥用公司法人独立地位和股东有限责任的情形相当。为保护债权人的合法利益，规范公司行为，参照《中华人民共和国公司法》第二十条的规定，某交机械公司、某瑞公司应当对某川工贸公司的债务承担连带清偿责任。

裁判结果：（1）某川工贸公司向某某机械公司支付货款10511710.71元及逾期付款利息；（2）某交机械公司、某瑞公司对某川工贸公司的上述债务承担连带清偿责任。

笔者点评：多个公司系同一住所地、同一法定代表人、使用同一财务报表和账户，管理层和基本职能机构相同，构成人格混同。本案中，某川工贸公司与某交机械公司、某瑞公司存在人员混同、业务混同、财务混同的情况，导致三个公司之间表征人格的因素（人员、业务、财务等）高度混同，各自的财产无法区分，已丧失独立人格，构成人格混同。从该案可见，关联公司的人员、业务、财务等方面交叉或混同，导致各自财产无法区分，丧失独立人格的，构成人格混同；关联公司人格混同，严重损害债权人利益的，关联公司相互之间对外部债务承担连带责任。

第八章　公司终止的风险和实务

第一节　公司解散概述

一、公司解散的概念

公司制度以确立股东有限责任原则的形式极大地激发了投资者的创业热情，快速推动了社会经济的进步与发展。但同自然人一样，公司也有"生死"。投资人出资设立公司，在登记公示后，这种具有法律意义的民事行为即视为公司的"出生"。无论何种缘由，使公司法人资格归于消灭的行为，即可视为公司的"死亡"。

有学者认为，公司法人资格消灭的原因是公司解散，认为"公司之解散，非公司法人人格之消灭，乃公司法人人格之消灭之原因。详言之，即已成立之公司，发生法律上之原因，而丧失其营业上之能力"。[1] 也有学者认为公司解散是公司法人资格消灭的一种程序。[2]

从公司解散的过程来看，一方面，公司解散本身并不意味着公司的终止或者消灭，并不立即导致公司人格发生消灭，而只是公司人格消灭的原因。另一方面，公司解散既是一种行为，也是一种程序。解散公司行为的性质比较复杂，可能系公司自身行为，也可能系行政行为或者司法行为。如我国《公司法》第一百八十条规定："公司因下列原因解散：（一）公司章程规定的营业期限届满或者公司章程规定的其他解散事由出现；（二）股东会或股东大会决议解散；（三）因公司合并或

---

[1] 张国键：《商法概论》，三民书局1980年版，第186页。
[2] 江平：《法人制度论》，中国政法大学出版社1994年版，第154页。

者分立需要解散;(四)依法被吊销营业执照、责令关闭或者被撤销;(五)人民法院依照本法第一百八十二条的规定予以解散。"同时,无论是自愿解散还是强制解散,均应当遵守和履行相应的程序。综上,本书认为,公司解散是已经成立的公司,基于一定的合法事由,使其法人人格归于消灭的一种事实状态、法律行为以及法律程序。

二、公司解散的原因

公司解散是商事主体退出市场的正常程序,只有经过合法的"淘汰",才能使得不愿继续从事商事活动的主体彻底退出,同时也保证市场的健康发展。在市场经济中,优胜劣汰以及市场竞争都是市场经济的普遍规律,通过市场竞争而淘汰一些公司,必然会缩短社会劳动时间的尺度,从而提高社会劳动生产率、发展生产力,最终更好地实现市场对资源配置的作用,促进经济发展。根据《公司法》对公司解散的相关规定,公司解散可以分为自愿解散与强制解散两种类型。

(一)公司自愿解散的原因:自愿解散

自愿解散(voluntary dissolution),又称任意解散,是指基于公司自己的意思解散公司的情形,通常包括基于公司章程规定解散或者股东会决议解散。自愿解散,更多地体现的是公司和股东自己的意志。

1. 公司章程规定的营业期限届满或者其他解散事由出现

我国包括公司在内的多数组织,都会确定经营期限,但经营期限之确定实际并非公司设立的必然条件。世界上很多国家并不会对公司的经营期限进行规定。如果公司确定了经营期限,期限届满后,理论上公司就不能继续经营,并且应当解散。当然,经营期限并非完全固定,在经营期限届满前,依照法律规定修改公司章程,并且变更工商登记,则无须解散。如果有限责任公司经持有三分之二以上表决权的股东通过,或者股份有限公司经出席股东大会会议的股东所持表决权的三分之二以上通过修改公司章程的决议,公司也可以继续存在。

一般来讲,在不违反法律的前提下,允许公司在章程中载明公司的解散事由。

例如，公司章程中可以规定公司经营的事业已经成就或者不能成就而解散公司，当经营的事业已经成就抑或在法律或事实上不能成就，公司均无继续存在的必要。当章程规定的解散事由出现时，公司当然解散，无须经股东会或股东大会另行决议解散。

2. 股东会或者股东大会决议解散

公司股东会或者股东大会在必要时可以决议解散公司。公司解散属于公司的重大事项，决定着公司的生死，与公司、股东、高管、员工、债权人等都具有利益关系。所以，公司解散必须经股东会或者股东大会作为特别决议事项进行表决。有些国家的法律规定股东会决议的表决规则只需要简单多数通过即可，但大多数国家法律规定，解散决议需要经过绝对多数通过。[1] 我国《公司法》规定："有限责任公司的解散必须经代表三分之二以上表决权的股东通过，股份有限公司的解散必须经出席会议的股东所持表决权的三分之二以上通过。"

（二）公司强制解散的原因：强制解散

强制解散（involuntary dissolution），是指非因公司自己的意志而解散公司的情形。强制解散又可以区分为两种情形：一种是法定解散；另一种是命令解散。命令解散（dissolution by order），是指基于主管机关或者法院的命令而解散的情形。命令解散主要包括两种情形，一种是基于行政机关的命令而解散，即行政解散；另一种是基于法院的司法裁判而解散，即裁判解散。

1. 法定解散

法定解散（statutory dissolution），是指基于法律规定的公司解散事由之发生而解散公司的情形。法定解散主要包括以下两种情形：

（1）股东经变动不足法定最低人数。如果公司股东人数经变动不足法定人数

---

[1] 大陆法系国家一般区分有限责任公司和股份有限公司。对有限责任公司，瑞士《债务法典》第 820 条规定，决议解散公司的，除章程另有规定外，须经代表至少 3/4 资本的 3/4 以上的多数股东同意。日本《有限公司法》第 69 条规定，解散公司的决议应有全体股东过半数并经代表全体股东表决权的 3/4 以上同意者，方可形成。德国《有限责任公司法》第 60 条规定，如公司章程无另外规定，解散公司的决议须以所投票数的 3/4 多数同意。

的，公司必须解散。例如，在不承认"一人公司"的立法例中，股东经变动只剩一人时即构成解散公司的法定理由。当然，我国《公司法》承认一人公司，故不存在这种情况。对于股份有限公司，我国没有承认一人股份有限公司，对此情形，当股份有限公司股东人数发生变动并且仅剩一人时，变更为一人有限责任公司即可。

（2）因公司合并或者分立需要解散。公司经过股东会或者股东大会决议可以合并或者分立，公司合并或分立可能会导致公司的解散。例如，在吸收合并时，A公司吸收其他参与合并的公司，A公司继续存续，其他公司则被解散；在新设合并时，所有参与合并的公司都被解散，成立新的公司；在新设分立时，原公司解散，成立多家新公司等。在派生分立时，原公司继续存在并且分立出一个新公司。因为合并或者分立而解散的公司，无须经过清算程序。

2.行政解散

行政解散（administrative dissolution），是指因公司的违法行为而导致损害社会公共利益或者公司违反有关行政管理规定而由行政主管机关命令解散的情形，在我国主要包括依法被行政主管机关吊销营业执照、责令关闭或者被撤销三种情形。

任何公司从事营业活动，必须先申领营业执照。未取得营业执照而从事营业活动，构成无照经营。营业执照不但是公司存续的证明，也是公司从业资格的证明。营业执照的申领必须符合《公司法》的规定，若违反相关规定，则可能会被登记机关吊销营业执照。我国《公司法》第七条规定："依法设立的公司，由公司登记机关发给公司营业执照。公司营业执照签发日期为公司成立日期"。

责令关闭也是公司解散的事由之一。责令关闭是公司登记机构以外的其他政府机关根据法律规定作出的行政处罚，迫使公司停止全部或部分营业与经营。例如，当企业的生产、经营行为严重污染环境时，环保主管机关可以对其作出责令关闭的处罚。

关于撤销登记。由于公司登记存在诸如设立登记、变更登记、注销登记等多种形式，因而撤销登记也包括撤销设立登记、撤销变更登记、撤销注销登记等形式。需要明确的是，撤销变更登记系因公司提交的材料不符合要求或通过不正当的手段进行变更等情形，此时产生的后果应为公司恢复到变更之前的状态，并不必然导致公司解散并进入清算程序。而《公司法》规定撤销登记是公司解散的事由，则意味着此处规定的"撤销登记"实际应指撤销设立登记。根据《公司登记管理条例》的规定，构成撤销登记的情形包括：虚报注册资本，取得公司登记，情节严重的；提交虚假材料或者采取其他欺诈手段隐瞒重要事实，取得公司登记，情节严重的。

3. 人民法院裁定解散

人民法院裁定解散（judicial dissolution），是指法院在特定情形下，依申请或者职权作出裁决而解散公司的情形。《公司法》第一百八十二条规定了法院裁定解散："公司经营管理发生严重困难，继续存续会使股东利益受到重大损失，通过其他途径不能解决的……持有公司全部股东表决权百分之十以上的股东……可以请求人民法院解散公司"，本条对请求人民法院裁定解散公司的基础、股东资格和后果进行了粗略规定。

为了正确适用《公司法》，最高人民法院于2008年5月12日发布《最高人民法院关于适用〈中华人民共和国公司法〉若干问题的规定（二）》（以下简称《公司法解释（二）》），并2014年2月20日对之进行修改，对公司司法解散进行细化。

（1）明确了公司司法解散的事由。

《公司法》规定当公司经营管理发生严重困难，继续存续会使股东利益受到重大损失，通过其他途径不能解决的时候，可以请求解散公司。《公司法解释（二）》对这种公司经营管理发生严重困难的情形细化为以下几方面：第一，公司持续两年以上无法召开股东会或者股东大会，公司经营管理发生严重困难的；第二，股东表决时无法达到法定或者公司章程规定的比例，持续两年以上不能做出有效的股东会或者股东大会决议，公司经营管理发生严重困难的；第三，公司董事长期冲突，且无法通过股东会或者股东大会解决，公司经营管理发生严重困难的；第

四、经营管理发生其他严重困难，公司继续存续会使股东利益受到重大损失的情形。同时，股东以知情权、利润分配请求权等权益受到损害，或者公司亏损、财产不足以偿还全部债务，以及公司被吊销企业法人营业执照未进行清算等为由，提起解散公司诉讼的，人民法院不予受理。

（2）明确了提起公司解散诉讼的股东资格。

《公司法》规定持有公司全部股东表决权百分之十以上的股东可以提起公司解散诉讼，该规定很大程度上限制了小股东的权利，为大股东控制公司提供了便利。于是《公司法解释（二）》规定，单独或者合计持有公司全部股东表决权百分之十以上的股东在发生符合公司解散的情形时，可以提起解散公司诉讼。即除了单独持有百分之十以上表决权的股东外，只要多名股东合计持有百分之十以上表决权，也可以提起解散公司诉讼。《公司法解释（二）》对《公司法》第一百八十二条进行了扩张解释，扩大了提起解散公司诉讼的主体范围，更好地保护了公司中小股东的利益。

（3）明确了提起公司解散诉讼的诉讼主体。

裁定解散需要向人民法院提出请求，至于法院是否允许解散公司，则属于法院的自由裁量权。在解散公司诉讼中，原告是提起诉讼请求解散公司的股东，被告是公司。在司法实践中，有的法院将争议指向的股东列为被告，尽管这些股东确实是该种诉讼的实质利害所在，但原告股东提起诉讼的目的是解散公司，而不是解决与争议股东之间的利益关系。正因为该种解散公司的、诉讼的实质关系涉及争议指向的股东，所以争议指向的股东可以作为第三人，而将公司作为被告更多的只是一种程序上的考虑。

三、法律风险案例及评析

案例： 陈某联诉北京某某法国际科技发展有限公司、张某彤、刘某颖公司解散纠纷案

案例介绍： 2006年4月6日，张某彤、陈某联、刘某颖签订《中外合资经营企业合同》，约定设立某某法公司，合营期限11年，并取得外商投资企业批准证

书。某某法公司于 2006 年 4 月 25 日取得企业法人营业执照，经营期限自 2006 年 4 月 25 日至 2017 年 4 月 24 日。

某某法公司工商登记注册资料载明：企业法定代表人为陈某联，公司外方投资者为陈某联，出资额为折合人民币 80 万元的欧元，占公司注册资本的 80%。中方投资者为张某彤、刘某颖，出资额各为人民币 10 万元，各占公司注册资本的 10%，陈某联任公司董事长，张某彤任公司副董事长，刘某颖任公司董事。

2009 年 12 月 22 日，陈某联向某某法公司出具董事委派书，委派晏某宁代表陈某联出任某某法公司董事，并担任董事长。同时撤销对陈某联担任某某法公司董事、董事长职务的委派。2010 年 3 月 9 日，陈某联向北京市工商行政管理局西城分局递交《关于北京某某法国际科技发展有限公司及其总经理张某彤违反公司登记管理规定、提供虚假年检材料的情况反映》。2011 年，陈某联曾起诉某某法公司公司解散纠纷，后陈某联以需要继续收集新的证据材料为由申请撤回起诉。

陈某联分别于 2011 年 11 月 18 日、2011 年 12 月 10 日、2012 年 1 月 19 日发函给张某彤、刘某颖，通知其于 2011 年 12 月 5 日上午 10 点 30 分、2012 年 1 月 16 日上午 10 点 30 分、2012 年 2 月 9 日上午 10 点 30 分参加某某法公司董事会会议，商议公司年检等事宜。张某彤、刘某颖未出席。

2011 年 11 月 24 日，张某彤以国内特快专递邮寄方式寄出某某法公司出具的致陈某联、晏某宁的信件。信件内容为《北京某某法国际科技发展有限公司关于召开 2011 年度董事会会议的通知》，后陈某联和晏某宁到场，表示拒绝参加该董事会，并离开。

2014 年 2 月 15 日、3 月 7 日某某法公司向陈某联、晏某宁分别发出了《北京某某法国际科技发展有限公司关于召开 2014 年度第一次董事会会议的通知》及《北京某某法国际科技发展有限公司关于召开 2014 年度第一次董事会会议的再次通知》，陈某联及晏某宁两次会议均未出席。

2014 年 3 月 12 日，晏某宁以挂号信函的方式向张某彤、刘某颖分别寄送了《北京某某法国际科技发展有限公司董事会 2014 年第一次临时会议敦促通知》，张某彤、刘某颖未出席会议。

在二审庭审中,各方当事人均认可某某法公司于2006年成立后一直处于亏损状态。陈某联当庭表示不同意法院主持调解,因之前双方多次调解均未成功,尝试转让股权给张某彤、刘某颖,张某彤、刘某颖也不同意。(有删减)

案例索引:北京高院(2014)高民终字第1129号

裁判要点:从某某法公司章程规定的议事规程可以看出,对于公司重大经营事项的决定,必须由公司三位董事一致通过或是经中外两方董事通过,中外任何一方单方召开的董事会会议都不可能满足公司章程规定的要求。唯一可以例外的,未达到董事会会议法定人数,亦能作出有效决议的就是公司章程第二十四条、第二十五条规定的董事会特别会议。就某某法公司目前的状况看,从2009年至今,在长达5年的时间里,公司中外股东多次尝试召开董事会来打破公司面临的管理僵局,但均因对方不出席相关会议而未能形成符合章程规定的有效决议。因此可以认定,某某法公司目前已处于《公司法司法解释(二)》第一条第一款第(三)项规定的经营管理严重困难的公司僵局情形,并且不存在相应解决机制。

其次,某某法公司继续存续是否会使股东利益受到重大损失。从某某法公司目前的经营情况看,在公司僵局形成后,公司经营即陷入非常态模式。在中方单方经营管理期间,某某法公司主营业务停滞,持续亏损,公司经营能力和偿债责任能力显著减弱。同时,某某法公司中外股东矛盾冲突严重,股东间已经丧失了信任,合作基础早已破裂。由于双方间的冲突,公司资产也因业务无法正常开展,公司及股东间的长期诉讼而受到严重损耗。陈某联作为持股80%的大股东,不能基于其投资享有适当的公司经营管理权及投资收益权,其股东权益受到重大损失。现某某法公司的持续性僵局已经穷尽其他途径仍未能化解,如继续维系某某法公司,股东权益只会在僵持中逐渐耗竭。相较而言,解散某某法公司能为双方股东提供退出机制,避免股东利益受到不可挽回的重大损失。

综上所述,陈某联持有某某法公司80%股权,具有提出解散公司之诉的法定资格。在某某法公司经营管理发生严重困难,公司的存续将造成陈某联利益继续遭受重大损失,并无法通过其他途径解决公司僵局的情况下,陈某联要求解散某某法公司,符合《公司法》第一百八十二条之规定,应予准许。

笔者点评：本案属于人民法院裁定解散的情形，持有公司全部股东表决权10%以上的股东起诉要求解散公司，经审查符合《公司法》第一百八十二条规定情形的，法院应予支持。

第二节　公司清算

一、公司清算的概念

公司清算，是指在公司解散或被宣告破产后，依照一定的程序了结公司事务，收回债权，清偿债务并分配财产，最终使公司终止消灭的程序。[1] 公司决定解散，即将永久地停止商业活动，在此之前，需要将诸如清收债权债务、结算工资、清缴税款、安置员工等未处理完毕的事项了结。

一般来讲，清算是公司彻底退出市场的必经程序，不经此程序的公司无法正常注销，股东也无法彻底解脱。但是，在公司分立与合并的情形中，债权债务发生概括性转移，故公司合并与分立虽然是公司解散的事由，但无须经过清算程序。

公司经宣告解散后，其公司人格于解散后至清算完结前仍然存在。公司解散只是终止了营业活动，公司法人资格并未消灭，这时公司存续的主要目的即为便于清算。在清算期间，公司的权利能力受到限制，不得从事与清算事务无关的经营活动。同时，公司原有代表及执行业务的机关均丧失职权，而由清算人代表公司行使权利。我国《公司法》第二百零五条规定："公司在清算期间开展与清算无关的经营活动的，由公司登记机关予以警告，没收违法所得。"由此可知，我国对公司在清算期间不能进行业务活动进行了严格规定。

清算工作一般由专门的机构成立清算组，依照法定程序，具体负责清算事宜。清算工作完成之后，清算组制作清算报告，报股东会、股东大会或者人民法院确认，并报送公司登记机关，申请注销公司登记，公告公司终止。

---

[1] 江平、李国光：《最新公司法案例评析》，人民法院出版社2006年版，第613页。

二、清算人

关于清算人,我国法律上的称谓并不统一,《公司法》中称作"清算组",《合伙企业法》《个人独资企业法》等又称为"清算人"。由于关于清算人的各种称谓在内涵上出入不大,称谓上的差异并不会影响大家对于清算人的认知。但是作为法律概念,还是应当精确称呼、贴合实践。从各国立法来看,多数国家都使用"清算人"称谓。❶ 同时,"清算人"这一概念,可以是单数,也可以是双数,可以是一人,也可以两人以上,如此便可避免很多小型公司在清算时不得不组建冗杂的清算班子的问题。故此,为便于统一称谓,本书以下一概使用"清算人"一语。

值得注意的是,清算人是否可以是法人呢?《公司法》规定,有限责任公司的清算人由股东组成,那么,法人股东就自然可以成为清算人。当然,法人作为组织,在成为清算人时,应当指定自然人作为其代理人,参与公司清算。

(一)清算人的性质

对清算人的性质,有两种观点。一种观点认为,公司解散成立清算人的,该清算人取代原公司,行使清算公司的职权,在性质上应是原公司的延续,或者说是原公司在清算阶段的特殊表现形态。故在诉讼中,清算人应作为诉讼主体参加诉讼。

另一种观点认为,清算人的地位应是清算公司执行机关,对内执行清算事务,对外代表公司了结债权债务。在清算目的范围内,清算人与公司解散前的机关具有同等法律地位,只不过二者在事务的执行内容上存在差别,公司解散前的机关主要管理公司、负责经营,而清算人只能开展清算事务。故已依法成立清算人解散公司的,清算人在诉讼中应作为清算公司的机关(相当于法定代表人)代表公司进行诉讼,在责任承担上,则由清算的公司承担最终责任。

---

❶ 《德国股份公司法》第 265 条规定:"公司董事通常作为清算人负责公司的清算事项,章程或股东大会决议也可以任命其他人作为清算人。"《日本公司法典》第 477 条第 1 款和第 478 条第 1 款规定:"清算股份公司必须设置一人或者两人以上清算人,章程规定或股东大会决议选任者为清算人,除此之外,应由董事任清算人。"

清算人并非独立的法人，不具有法人资格，清算人的产生有赖于原公司的解散。即使清算人在清算期间，为原公司开展清算事务，但是清算产生的效果最终归于原公司。清算人在清算阶段参加诉讼，也是为了方便清算事务的执行。因此，清算人并无资格取代原公司，至多可将其视为原公司的执行机关或者代表人，为原公司退出市场而善后。

(二) 清算人的选任

清算人的选任因解散原因、清算人种类的不同而有差异，在不同的情况下由不同的机构选任。从《公司法》的规定来看，我国关于公司清算的清算人选任共有四种方式。

（1）由股东担任清算人。《公司法》第一百八十三条规定，有限责任公司的清算组由股东组成。股东作为清算人直接参与公司清算，有利于保护自身利益、提高工作效率、降低清算成本。但是，对于股东人数较多的公司而言，若所有股东都作为清算人，则可能降低清算效率。因此，对于股东超过一定人数的有限责任公司而言，限制清算人人数较优，由股东大会决议的部分股东担任清算人。

（2）由董事担任清算人。《公司法》第一百八十三条规定，股份有限公司的清算组可以由董事组成。考虑到股份有限公司的资合属性与股东情况，为及时选任清算人、降低清算成本，股份有限公司的清算人可以由董事担任。

（3）由股东大会确定的人员担任清算人。《公司法》第一百八十三条规定，股份有限公司的清算组还可以由股东大会确定的人员组成。股东大会作为公司的最高权力机构，有权通过决议选任清算人，这体现了公司自治原则。

（4）由人民法院指定的人员担任清算人。当公司逾期未选任清算人进行清算，或者虽然选任了清算人但故意拖延清算，或者违法清算可能严重损害债权人或者股东利益的，债权人可以申请人民法院指定相关人员担任清算人，人民法院对于该申请，应当受理并且及时指定清算人。如果债权人未提起清算申请，公司股东可以申请人民法院指定清算人对公司进行清算。[1]

---

[1] 《最高人民法院关于适用〈中华人民共和国公司法〉若干问题的规定（二）》（2020修正）第七条。

对于人民法院指定的清算人员，可以从以下人员中指定产生：(1)公司股东、董事、监事、高级管理人员；(2)依法设立的律师事务所、会计师事务所、破产清算事务所等社会中介机构；(3)依法设立的律师事务所、会计师事务所、破产清算事务所等社会中介机构中具备相关专业知识并取得执业资格的人员。❶

如果清算人在清算过程中没有谨慎履行清算义务或者丧失履行清算义务的能力，具有以下情形的，人民法院可以根据债权人、股东的申请，或者依职权更换清算人：(1)有违反法律或者行政法规的行为；(2)丧失执业能力或者民事行为能力；(3)有严重损害公司债权人利益的行为。❷同时，清算人从事清算事务时，违反法律、行政法规或者公司章程给公司或者债权人造成损失的，公司或者债权人可以主张其承担赔偿责任。

(三) 清算人的职权

公司清算在经济上要公正地处分公司的财产，在法律上要消灭公司的法人资格，是一项繁杂的工作。清算人在履行清算事务的过程中，应当依法履行职责，遵守相关法律、法规、公司章程以及股东会或者股东大会的决议。为了保证清算工作顺利进行，赋予和明确清算人的职权是必要的。

(1) 清理公司财产，分别编制资产负债表和财产清单。清算人就任之后，应当开始清查公司财产，编制资产负债表和财产目录，作为清偿债务和分配剩余财产的依据。查清公司的资产是公司进行清算的前提条件，没有查清公司的资产，清算工作便无法有效开展。同时，清算人还应当依据查清的财产，制作清算方案，报股东会、股东大会或者人民法院确认。

(2) 通知、公告债权人。确定清算人后，应当在十日内通知债权人，并于六十日内根据公司规模和营业地域范围在全国或者公司注册登记地省级有影响力的报纸上进行公告。清算人未按规定履行通知和公告义务，导致债权人未及时申报债权而未获清偿，债权人可以主张清算人对因此造成的损失承担赔偿责任。

---

❶《最高人民法院关于适用〈中华人民共和国公司法〉若干问题的规定（二）》（2020修正）第八条。
❷《最高人民法院关于适用〈中华人民共和国公司法〉若干问题的规定（二）》（2020修正）第九条。

（3）债权人应当自接到清算人的通知之日起三十日内（未接到通知书的自公告之日起四十五日内）向清算人申报其债权。债权人申报债权，应当说明债权的有关事项，并提供证明材料，由清算人对债权进行登记。如果债权人在规定的期限内未申报债权，可在公司清算程序终结前补充申报。债权人补充申报的债权，可以在公司尚未分配财产中依法清偿。公司尚未分配财产不能全额清偿，债权人也可以主张股东以其在剩余财产分配中已经取得的财产予以清偿，但债权人因重大过错未在规定期限内申报债权的除外。[1]

（4）处理与清算有关的未了结公司业务。公司清算期间，不得开展与清算事务无关的经营活动，但启动清算程序的目的即为了妥善处理公司的遗留问题，故清算人在此期间可开展一些必要的"为了结公司业务"范围之内的经营活动。例如对尚未履行完毕的合同进行清理，包括继续履行、终止履行或解除合同。

（5）清缴所欠税款以及清算过程中产生的税款。税收是国家财政收入的重要来源，是保障国家机构正常运转的动力，具有强制性、无偿性和固定性，纳税是任何个人和组织的法定义务。清算过程中，清算人应对公司经营期间所产生的税务进行清查，发现欠缴的税款，应及时报告税务机关，由税务机关进行查实，同时补缴。对于清算过程中所产生的税款，也应当及时缴纳。

（6）清理债权、债务。公司经营期间，往往会因为各种业务产生相关的债权债务。若公司作为债权人，清算人应当依据合同约定或者法律规定，要求债务人履行义务；若公司作为债务人，清算人应当将债权人申报的债权如实记录，为清偿债务做准备。

（7）处理公司清偿债务后的剩余财产。公司的剩余财产，是指公司的财产在支付清算费、职工的工资、社会保险费用和法定补偿金、缴纳公司所欠税款、清偿公司债务后余下的财产。清算人应将剩余财产分派给各股东，有限责任公司按照股东的出资比例分配，股份有限公司按照股东持有的股份比例分配。公司财产在未完全清偿前，不得分配给股东。

---

[1] 《最高人民法院关于适用〈中华人民共和国公司法〉若干问题的规定（二）》（2020修正）第十四条。

（8）代表公司参与民事诉讼活动。在清算期间，清算人代表公司从事对外事务。如果公司需要起诉或者应诉，应由清算人代表公司参与诉讼，清算人在职权范围内代表公司参与民事诉讼活动受法律保护。

除以上职权外，清算人在清理公司财产、编制资产负债表和财产清单后，发现公司财产不足清偿债务的，应当依法向人民法院申请宣告破产。公司经人民法院裁定宣告破产后，清算组应当将清算事务移交给人民法院，其职权也相应宣告终止。❶

第三节 公司的破产清算、和解和重整

一、破产制度概述

"破产"（bankruptcy）一词，属于舶来品，发源于古代欧洲。据考证，破产制度滥觞于古罗马，当时罗马帝国商品经济发达，当债务人无力清偿债务时，经两个以上债权人申请，或由债务人承诺以其全部财产供债权人分配后，裁判官则可扣押债务人的全部财产悉数变卖，公平地分配给各债权人。经过长期发展，个人破产制度已经成为很多市场经济发达国家的基本民事制度。

破产，是指债务人因不能偿债或者资不抵债时，由债权人或债务人诉请法院宣告破产并依破产程序偿还债务的一种法律制度。狭义的破产制度仅指破产清算制度，广义的破产制度还包括重整与和解制度。破产在多数情况下均指一种公司行为和经济行为，但人们有时也惯于将个人或者公司停止继续经营的情形称为破产。

二、破产和解

破产和解制度最早出现于1673年的《法国商事条例》，但作为预防破产的和解制度，首创于1883年比利时的《预防破产之和解制度》。1986年我国《企业破

---

❶ 《公司法》（2018修正）第一百八十七条。

产法（试行）》设立了"和解和整顿"专章，从此拉开了我国破产和解制度发展的序幕。

与债权人利益本位的传统破产制度不同，现代破产理念中的和解制度注重保留债务人的营运价值，尽可能挽救破产企业并赋予其再进或重生的机会。在企业破产清偿过程中，即使剥夺债务人的全部财产，也未必能满足债权利益，反而可能使债务人陷入财务困境，以致发生连锁破产的后果。作为柔性的偿债方式，和解制度提供了一种债权妥协的程序机制，给债务人创造了复苏的机会和条件，减少了社会资源的损失与浪费。

破产和解，是指为避免破产清算，由债务人提出和解申请以及和解协议草案，经债权人会议讨论通过并经法院许可的关于解决债权债务问题的制度。破产和解制度具有追求效率、正义和秩序的基本价值，有着独特的法律特征，具体如下：

第一，和解制度的适用以债务人提出和解申请为必要条件。根据法律规定，和解申请的提出者只能是债务人，债权人不提出申请，法院不能依职权和解。债务人对自身资产负债情况最为清楚，因此由债务人提出和解申请既是充分尊重市场主体的自我意志，也减少了破产和解的内部阻力。

第二，和解制度具有强制性。虽然和解协议属于合同性质，但它的成立只需要一部分债权人同意即可。在和解协议中，所有债权人被视作一个整体，债权人会议则为其代表机关，而不要求债务人征得每个债权人的同意。和解协议经债权人会议表决通过并经法院认可后，对每个债权人（包括不同意和解协议的债权人）均发生效力，债权人的多数意志对少数人的意志产生强制，少数债权人的利益必须置于"私法民主"产生的集体意志之下。❶

第三，和解程序有优先于破产程序的效力。在采取和解前置主义的英美法系国家的破产法中，和解程序有优先于破产程序的绝对效力，无论是自愿破产还是强制破产，都必须先行设置和解程序，只有和解失败后才转入破产程序。

第四，和解协议没有法律强制力。在债务人履行和解协议完毕之前，不具有

---

❶ 李国光：《新企业破产法教程》，人民法院出版社2006年版，第324页。

确定和变更债权债务关系的效力。

（一）和解提出的时间

破产和解可以分为破产程序开始前的和解与开始后的和解。破产程序开始前的和解，是指债务人在出现破产原因时，于破产申请前主动向法院申请的和解，或者在法院驳回或申请人依法撤销破产申请后提出申请和解。如果债权人和债务人同时提出破产申请和和解申请，那么法院应当根据"和解优先原则"优先受理和解申请。和解申请一经法院许可，债权人不得再向法院申请宣告债务人破产，全体债权人必须参加此和解程序。

（二）破产和解申请书

债务人向法院提出破产和解申请，必须提交和解申请书以表明和解意愿，和解申请书需载明自己的财产状况、申请和解的意思表示及事实与理由。其中，债务人财产状况应简要列明财产及债务的总额、类别、现状等。对于有争议的债务，债务人应当单独列明争议数额、争议的原因、是否涉诉等事项。事实与理由部分应说明企业不能清偿到期债务，且资产不足以清偿全部债务或者明显缺乏清偿能力以及企业希望通过和解程序获得继续经营的请求等情况。

（三）和解协议草案

和解协议草案是债务人开展破产和解程序的初步方案，直接决定着和解程序成功与否。司法实践中，部分法院出台了关于破产案件审理的指导文件，其中对于破产和解协议草案内容作出了相应规定，例如《北京市高级人民法院关于印发〈北京市高级人民法院企业破产案件审理规程〉的通知》《山东省高级人民法院关于印发〈企业破产案件审理规范指引（试行）〉的通知》等。[1] 和解协议草案以减债为主要内容，不涉及债务人的经营方案，因此一般至少包括债务清偿方案与执

---

[1] 例如还包括《江苏省高级人民法院〈破产案件审理指南（修订版2017）〉》《河北省高级人民法院关于印发〈破产案件审理规程（试行）〉的通知》《深圳市中级人民法院破产案件审理规程》《东营市中级人民法院破产案件审理规程（试行）》等。

行保障条款两方面主要内容。

1. 债务清偿方案

债务清偿方案是债权人审查和解协议的关键，涉及债务人的财产状况、清偿方案、清偿期限等内容。

（1）债务人的财产状况。债务人清楚如实地列明其财产状况，有利于债权人全面了解债务人财务现状，增进债务人与债权人之间的互信，同时也有利于法院审查破产和解协议草案时，能够正确评估债务人和解价值，正确引导债权人与债务人之间的和解。清偿债务的财产包括债务人现有的企业资产（包括无形资产）、回收债务人应收账款、追讨对外投资收益、转让部分闲置资产、出租或发包厂房或设备等收入方案。[1]同时，债务人取得他人担保作为和解条件的，也应当将担保的性质、范围、担保的实施等事项在和解协议草案中载明。

（2）债务清偿方案。债务清偿方案中应当包含债务清偿的形式以及财产来源，例如是通过金钱清偿债务、抑或是通过实物或股票债券等抵偿债务。债务清偿的财产来源是争取债权人确信及法院认可的重要尺度，因此是必不可少的方案内容。同时，对于债权人通过和解能获得清偿的比例，也应当载入清偿方案之中。对于债权人来说，若不能通过和解程序获得更大比例的清偿，势必不会同意清偿方案，导致和解程序落空。

（3）清偿债务的期限。债的清偿具有时间利益，为保证和解协议按时全面履行，保护债权人的整体利益，对和解协议中的履约期限不宜作无限制的、不确定的约定。如延期进行一次性清偿的，应当有明确的清偿日；进行分期清偿的，应当分别确定每期清偿的期日；对各个和解债权的清偿期不一致的，应当分别加以规定及说明。[2]

除此之外，在清偿方案中载入主要债权人的和解意向也有利于和解协议的通过。按照我国《企业破产法》关于和解协议多数决的表决方式，在进行破产和

---

[1] 李永祥、丁文联：《破产程序运作实务》，法律出版社2007年版，第306页。
[2] 沈志先：《破产案件审理实务》，法律出版社2013年版，第333页。

解申请之前，债务人主动与债权人积极沟通协商，了解债权人对和解的愿望，增进债权人对债务人的了解，如主要债权人均拒绝和解，债务人则应当考虑是否启动和解程序或者新的和解方案，如此不仅节约了司法资源，也有利于和解协议的通过。

2. 执行保障条款

应当承认，仅仅依靠合理的债务清偿方案实际上也难以争取到债权人同意和解的充分意愿，因为债务人在协议草案中的承诺是否会如实履行，债务人未来的清偿能力是否得以保障，以及债务人是否会出现其他影响债权人债权实现的行为或因素都是无法预料的。通过长期的司法实践探索，债务人宜在协议草案中设置执行保障条款，作为债务人清偿债务的保障措施。

设置执行担保。常见的担保方式为设定保证条款，由债务人提供有经济实力的第三人作担保，包括但不限于连带责任保证、差额补足承诺、抵押质押担保等。

设置禁止性条款。禁止债务人在一定期限内转让所持股份、土地、房屋以及价值超过一定金额的资产等，保证和解草案顺利实施。

设置监督权人。和解协议草案中可以规定监督条款，由债权人对债务人执行和解协议情况进行监督，规定债务人应当定期向监督权人报告和解协议执行情况和财务状况等。

设置违约条款。若债务人未履行和解协议中的条款，将承担相应的违约责任，如逾期偿还债务应支付相应违约金等。❶

和解协议草案是债权人与债务人相互妥协的结果，因此草案内容应是双方均可接受的。换言之，债务人提出债务清偿方案时，既要考虑有利于未来自身的恢复和发展，又要考虑债权人的利益不受过分折损。

---

❶ 贺魏、韩乾易:《破产和解协议草案浅析》，微信公众号"破产重整那些事"，2020年9月上传。

三、公司重整

(一) 公司重整概述

公司重整（reorganization），是专门为陷入困境但具有维持价值的公司进行重建所建立的一项法律制度，是指具有一定规模的公司出现破产原因或有破产原因出现的危险时，为预防破产，经公司利害关系人申请，在法院干预下对公司的债权债务关系重新作出安排并对公司实施强制治理，使其复兴的法律制度。由于公司重整的宗旨是防止公司破产，因此又被称为破产保护制度或破产预防制度。

公司重整制度起源于英国，被称为公司整理制度，后被美国、日本等国引进并发展。[1]重整制度作为破产法中的一项创新制度，相对于破产清算制度、破产和解制度而言，有其自身的特点。

第一，申请条件宽松。重整制度的目的是挽救濒临破产的企业债务人，通过对债务人的重整，使之避免解体，从而避免随之产生的社会动荡因素。为使重整制度的目的能更好地实现，与破产、和解申请相比，《企业破产法》放宽了提起重整的条件。《企业破产法》第七十条第一款规定："债务人或者债权人可以依照本法规定，直接向人民法院申请对债务人进行重整。"可见，符合一定条件的债权人或债务人均可向人民法院申请对债务人进行重整。同时根据《企业破产法》第七十条第二款之规定，债权人申请对债务人进行破产清算的，在人民法院受理破产申请后、宣告债务人破产前，债务人或者出资额占债务人注册资本十分之一以上的出资人，可以向人民法院申请重整。此种情况下，区别于前款规定，法律未限制申请条件，债务人可以主动寻求重整保护，债权人也可以在债务人不能清偿到期债务时向人民法院提出对债务人进行重整或者破产清算的申请。

根据《企业破产法》第二条第二款规定，如果企业法人有明显丧失清偿能力的可能的，可以依照本法规定进行重整。此处强调的是"可能性"，即完全依凭债务人的主观判断。例如，尽管债务人的经营状况尚可，但其完全可以为避免陷入

---

[1] 英国在其《公司法》第四编中规定了重整制度，美国在其《破产法》第十一章中规定了公司重整制度。但是，最早将重整制度发展为一项独立的制度予以规定的立法例是日本，日本于1951年修正其《商法》时，将公司重整部分提出，于1952年制定了专门的《会社更生法》。

可能面临的经营困境而申请适用重整程序，使企业的挽救时机充分前置，将重整关系人可能受到的损失降到最低限度。

第二，权利行使受限制。重整程序的启动，使相关权利受到限制。根据《企业破产法》第七十三条至第七十七条规定，在重整期间，公司管理权、担保权行使、出资人收益权、高管人员股权转让、取回权都受到不同程度的限制。尤其是根据《企业破产法》第七十五条规定，在重整期间，对债务人的特定财产享有的担保权暂停行使。尽管这些限制看似与其他法律相冲突，但是此种规定更利于实现重整目的。

第三，重整计划的强制性，包括重整计划的强制批准和强制执行。根据《企业破产法》第八十六条第二款之规定，重整计划草案未获得各表决组一致通过时，如果符合法律规定的条件，法院可以直接以裁定的方式批准通过该重整计划。此即为重整计划的强制批准。经人民法院裁定批准的重整计划，对债务人和全体债权人均具有法律约束力，各方当事人必须遵照执行。

第四，重整计划的多样性。重整计划是有关公司重建的基本计划，包括重整债权人、重整担保人和股东的全部或者部分权利的变更。如公司在重整过程中涉及公司营业或财产的转让，产权的变更，资本减少或新股、债券的发行，兼并，分立，公司的新设等措施。

（二）公司重整的程序

1. 提出重整申请

公司法人的重整申请可由债务人、债权人以及出资额占债务人注册资本十分之一以上的出资人提出。申请人应向被申请人所在地的法院提出重整申请，并递交书面申请书。申请书应当载明如下事项：(1) 申请人、被申请人的基本情况；(2) 申请目的；(3) 申请的事实和理由；(4) 人民法院认为应当载明的其他事项。债务人提出申请的，还应当向人民法院提交财产状况说明、债务清册、债权清册、有关财务会计报告、职工安置预案以及职工工资的支付和社会保险费用的缴纳情况。

2. 法院对重整申请的受理

（1）法院接收申请人的重整申请后，应当对申请进行审查。审查包括两方面：一方面是形式审查，包括审查申请人和被申请人资格、审查法院有无管辖权、申请书的形式是否符合法律的规定；另一方面是实质审查，包括审查重整原因、公司是否具有挽救的必要性。

（2）法院的调查。法院受客观条件限制，无法全面了解公司情况，因此法院在进行实质审查时，除了需要征询主管机关的意见，还要选任检查人对公司进行调查。检查人应是对公司业务和财务具有专门知识和经营经验的自然人。检查人在具体查明公司的财力和经营状况后，将调查报告提交给人民法院。

（3）法院接到申请到作出受理裁定期间内，为防止公司转移财产或实施其他影响债权人利益的行为，可以依职权或依申请人申请，中止对公司的其他民事执行程序或对公司财产采取保全措施。

（4）法院在对重整申请进行审查后，依据检查人的报告，并参考主管机关的意见，需要对是否受理公司重整申请作出裁定。一般而言，重整申请符合法律规定且具有重整必要性的，法院会裁定予以受理。

（5）受理重整申请裁定的效力。法院裁定准许重整后，即正式启动重整程序。法院应在法定期间内公告准许重整的裁定，并将裁定书及公告事项以书面形式通知重整监督人、重整人、已知的债权人、股东及主管机关，重整裁定即对其产生法律拘束力。

第一，对公司的效力。一般而言，重整裁定送达公司后，公司的营业事务便由重整人接管，原有的公司机关职权停止，公司文件、财产也移交至重整人。但是，经公司申请、人民法院批准，公司也可以在管理人的监督下自行管理财产和营业事务。

第二，对债权人的效力。公司重整前成立的债权，在裁定重整后成为"重整债务"，未经重整程序，不得随意处分。但是，为推动公司重整工作的开展，对于公司重整之后所产生的债务，不应视为"重整债务"。

第三，对公司股东的效力。裁定重整后，公司股东应当申报和确定权利，但是不得请求投资收益分配，公司的董事、监事、高级管理人员不得向第三人转让其持有的公司股权。

(三) 重整计划的制定与执行

（1）重整人应及时制定出重整计划草案，连同公司业务及财务报表交由关系人会议讨论。若重整人未及时提出重整计划草案，人民法院应当裁定终止重整程序，并宣告公司破产。重整计划草案的内容应包括债务人的经营方案、债权分类、债权调整方案、债权受偿方案、重整计划的执行期限、重整计划执行的监督期限、有利于债务人重整的其他方案。

（2）重整计划草案的表决。人民法院应当自收到重整计划草案之日起三十日内召开债权人会议，对重整计划草案进行表决。各类债权的债权人参加讨论重整计划草案的债权人会议，依照债权分类，分组对重整计划草案进行表决。❶

债务人或者管理人应当向债权人会议就重整计划草案作出说明，并回答询问。

出席会议的同一表决组的债权人过半数同意重整计划草案，并且其所代表的债权额占该组债权总额的三分之二以上的，即为该组通过重整计划草案。各表决组均通过重整计划草案的，重整计划即为通过。部分表决组未通过重整计划草案的，债务人或者管理人可以同未通过重整计划草案的表决组协商，可以在协商后再行表决一次。若再次表决后仍然未通过计划草案，人民法院可依债务人或者管理人申请，视具体情况，强制批准计划草案。❷

---

❶ 《企业破产法》第八十二条："下列各类债权的债权人参加讨论重整计划草案的债权人会议，依照下列债权分类，分组对重整计划草案进行表决：（一）对债务人的特定财产享有担保权的债权；（二）债务人所欠职工的工资和医疗、伤残补助、抚恤费用，所欠的应当划入职工个人账户的基本养老保险、基本医疗保险费用，以及法律、行政法规规定应当支付给职工的补偿金；（三）债务人所欠税款；（四）普通债权……"
❷ 根据《企业破产法》第八十七条第二款的规定，重整计划草案符合下列条件，人民法院可以依申请批准计划草案："（一）按照重整计划草案，本法第八十二条第一款第一项所列债权就该特定财产将获得全额清偿，其因延期清偿所受的损失将得到公平补偿，并且其担保权未受到实质性损害，或者该表决组已经通过重整计划草案；（二）按照重整计划草案，本法第八十二条第一款第二项、第三项所列债权将获得全额清偿，或者相应表决组已经通过重整计划草案；（三）按照重整计划草案，普通债权所获得的清偿比例，不低于其在重整计划草案被提请批准时依照破产清算程序所能获得的清偿比例，或者该表决组已经通过重整计划草案；（四）重整计划草案对出资人权益的调整公平、公正，或者出资人组已经通过重整计划草案；（五）重整计划草案公平对待同一表决组的成员，并且所规定的债权清偿顺序不违反本法第一百一十三条的规定；（六）债务人的经营方案具有可行性。"

四、破产清算

破产清算、破产重整和破产和解制度均是我国《企业破产法》规定的破产程序，共同构成我国现代企业破产制度的三大基石。法院在受理破产申请后，债务人并非一定遭受破产清理的命运，有可能经过重整或和解程序"起死回生"。但当债务人被宣告破产进入清算程序后，其全部财产将成为破产财产用以清偿，商事主体身份最终消亡。破产清算制度是通过宣告债务人破产后，由破产管理人对破产财产进行清算、评估、处理，并按照规定的程序和分配规则对破产财产进行分配，最终使债务人不复存在的一套制度。

（一）破产清算、破产重整与破产和解的区别

（1）适用条件不同。适用破产程序进行的债务清理必须是债务人出现了破产原因。这里的破产原因有两种情形：一是债务人不能清偿到期债务，且资产不足以清偿全部债务；二是债务人不能清偿到期债务，且明显缺乏清偿能力。❶换言之，无论是破产清算、破产重整抑或是破产和解，只要具备以上任意一个破产原因，均可适用。但需要重申的是，破产重整程序的适用条件相对宽松，不仅在破产原因已经发生时可以申请重整，在债务企业可能出现破产原因时，也可以申请重整。❷

（2）申请人不同。一般来讲，破产清算申请人是债务人和债权人。但是，对于企业已经解散但未清算或者未清算完毕，且资产不足以清偿债务的，依法负有清算责任的人也可能成为破产清算申请人。另外，具有破产原因的金融机构，国务院相应的金融监督管理机构亦可以提出破产清算。对于破产和解程序来说，申请人仅限于债务人。而破产重整程序的申请人则较为广泛，此两种程序的申请人因前文已述，在此不再赘述。

---

❶《企业破产法》第二条第一款："企业法人不能清偿到期债务，并且资产不足以清偿全部债务或者明显缺乏清偿能力的，依照本法规定清理债务。"

❷《企业破产法》第二条第二款："企业法人有前款规定情形，或者有明显丧失清偿能力可能的，可以依照本法规定进行重整。"

（3）适用的法律措施不同。破产清算制度仅通过法律程序对债务人财产进行清算，并将可分配财产在有关权利人（主要是债权人）间实现较为公平的清偿，无其他措施的采用空间。破产和解制度是通过债权人与面临被宣告破产的债务人之间就减免债务、债务的迟延履行等方面达成和解协议的方式予以实现，可以采取的措施也较为单调，主要依靠债权人与债务人相互妥协的方式以实现清偿。破产重整制度的适用目标是帮助企业摆脱经营困境，维持其正常经营秩序。因此，重整制度的措施较为丰富，只要法律没有明令禁止的，原则上都可以实施，如延期偿还、减免债务、无偿转让股份、核减或增加公司注册资本、债权转化、发行特定债券、转让营业或资产等方法。此外，重整制度具有灵活性，如当各个表决组不能以法定多数一致通过重整计划时，管理人可根据企业具体情况，决定将重整计划提交法院强制批准。

（二）破产清算流程

1.破产宣告

破产清算程序的启动取决于破产程序的开始，当企业发生严重亏损，无力清偿到期债务的情形时，由其债权人或债务人向公司所在地法院提交破产申请。人民法院经过审查，认为符合条件的，依法裁定并宣告企业破产，企业由此正式进入破产程序。法院对破产申请的受理，并不意味着债务人一定会遭受破产清理，唯有债务人被宣告破产时，其全部财产才最终成为债权人公平受偿的集合财产。[1]从破产宣告适用的条件和程序来看，破产宣告是指法院按照法定程序对已经具备破产宣告原因的债务人裁定宣告其破产并进行破产清算的一种司法行为。[2] 2020年新型冠状病毒肺炎疫情期间，北京 K 歌之王称因受疫情影响，与全部 200 多名员工解除劳动合同，K 歌之王的整体裁员方案还提到，如果 30% 的员工不接受，那么公司将进行破产清算。与自行清算不同，实践中企业裁员以破产清算为筹码向员工施压，实属一厢情愿，因为破产清算需要人民法院裁定并宣告破产，企业

---

[1] 沈志先:《破产案件审理实务》，法律出版社 2013 年版，第 347 页。
[2] 韩长印:《破产法学》，中国政法大学出版社 2007 年版，第 195 页。

才能正式进入破产清算程序。

破产宣告的法律效力，主要体现在两方面：一是对债务人身份和人格变化的效力，即债务人成为破产人；二是对债务人财产的效力，即债务人财产成为破产财产用以清偿。同时，破产宣告也会对债权人、管理人、债务人的股东、次债务人等人员发生法律效力，这种效力始终围绕对破产财产的管理与分配，最终公平清偿。

2. 成立清算人

企业进入破产程序后，由人民法院自宣告之日起 15 日内成立清算组，清算组独立于破产债权人和破产人，只对人民法院负责。清算组行使管理处分权并不是为了自身利益，而是为了全体债权人的利益。清算组是在破产宣告后依法设立的临时性特别机关，随破产清算程序的终结而解散。在清算过程中，清算组既非政府组织，亦非人民法院的下属机构，而是以其自己的名义执行破产清算事务，独立履行职责、开展工作。

清算组的主要职责有以下几方面：第一，清理企业财产，收取破产企业提供的财产改善说明书和债权、债务清理册，分别编制资产负债表和财产清单；第二，接管破产企业的全部财产，将企业财产纳入破产财产进行统一管理；第三，接管破产企业移交的相关账册、文书、资料和印章；第四，负责破产财产的保管、清理、估价、处理和分配；第五，依法进行其他必要的民事活动。

清算组对破产企业的债权进行清理时，对破产企业于法院受理案件前六个月至破产程序终结的期间实施的以下行为，清算组有权向法院申请追回财产：（1）隐匿、私分或无偿转让财产；（2）非正常压价出售财产；（3）对于原来没有财产担保的债务提供财产担保；（4）对未到期的债务提前清偿；（5）放弃自己的债权等行为。

3. 破产企业的财务审计

破产企业的财务审计主要从以下几个方面展开：一是破产企业的公司基本情况，如公司注册登记情况、股东情况及股权比例情况、破产企业注册资本情况及到位情况；二是破产企业的财务管理情况，如企业财务人员情况和变动情况、财务凭证及账册保存情况、账目记录情况、财务审批情况、财务账册及原始凭证情况；三是破产企业的负债情况；四是破产企业的涉诉情况，如企业分别作为原、被告涉诉的情况，企业不作为原、被告但为其他公司提供担保而涉诉的情况，企业败诉案件的执行情况。其中，企业主要资产流向，作为债权人非常关注的问题，一般应对其作专项说明。此外，企业历任法定代表人、主要负责人及财务人员的责任审计情况，企业现有职工、集资、保险、缴交税款的情况，企业有无在破产案件受理前六个月内存在无效行为的情况等，均需作出说明。

4. 破产财产的清理、清算

破产财产是指破产宣告时至破产程序终结期间，归破产管理人占有、支配并用于破产分配的破产人全部财产的总和。破产财产必须是破产企业能够进行分配的责任财产，即破产企业能够以其承担责任的财产。在成为破产财产后，该财产即脱离破产企业的管理和处分，转而由清算组进行管理和支配，并依破产程序清偿破产债权。

清算组接手之后，需要对破产企业的财产进行权属界定、范围界定、分类界定和登记造册等，例如核实破产企业财产状况、进行财产评估，为破产财产的处置作准备。对破产企业的非货币财产，清算组按照公平、公正、公开的原则，遵循估价→公开→债权人会议通过的程序，在债权调查完结后，以不公开变卖或公开拍卖的方式进行变现。

除此之外，清算组还需要对破产企业的对外投资和对外债权进行清算，包括对破产企业项目投资、证券投资、股权投资的清算以及对外债权的追索。

5. 破产财产分配方案

公平、全面地制定破产财产分配方案，关乎破产程序的顺利推进与债权利益的公平实现。制定破产财产分配方案，一般应当包括破产财产总额及构成、应优先拨付的破产费用总额及构成、欠付工资和社会保险费用总额及构成、欠付税款总额及构成、提留款（暂不分配的款项）总额及构成以及用于破产债权分配的财产总额及构成。

显而易见，破产财产一般并不足以清偿所有债权，有些债权关乎人民生活与国家稳定，因此需要给予优先考虑。破产财产在优先清偿破产费用后，按照下列顺序清偿：

（1）破产企业所在地欠职工的工资和劳动保险费用。这些费用，关系到劳动者的切身利益。在企业破产的情况下，维护劳动者的生计及其应当享有的待遇，是国家的责任，也是国家文明和社会进步的体现。

（2）破产企业所在地欠税款。税收是国家公共财政最主要的收入形式和来源，故破产企业所在地欠税款，在破产分配时应先于破产债权受偿。

（3）破产债权。破产财产在清偿完毕优先债权后仍有剩余的，即用于清偿破产债权。

6. 制定破产清算报告

清算组在完成清算工作后，需要对破产情况制作一份破产清算报告，提交债权人会议和法院。破产清算报告需要对清算组的成立情况、清算组完成的主要清算工作、破产企业大宗资金的走向及回收情况、破产企业法定代表人及经营管理人员的离职与在职审计情况、企业破产原因分析、破产清算中待研究和待完善的问题等事项进行说明。

7. 破产终结

破产程序的终结，是指在破产程序中发生终结破产程序的法定原因时，由法院裁定终结破产程序的活动。破产程序终结的情形有：

（1）债务人能够执行和解协议。破产程序中，债务人或者破产人申请和解，经与债权人会议达成和解协议，并经法院认可后，破产程序应当终结。此种终结是破产企业努力改善经营管理、提高经营效益，从而具备了偿债能力的结果，它是破产程序最理想的结局。对于企业能够按照和解协议清偿债务而终结破产程序的，人民法院予以公告。

（2）破产财产不足以支付破产费用。清算过程中，清算组发现债务人的财产或者破产财产不足清偿破产费用和共益债务的，应报告人民法院，申请宣告破产程序终结或者法院依职权裁定终结破产程序。

（3）破产财产分配完毕的，由人民法院裁定终结破产程序。启动破产程序的主要目的在于以破产财产清偿全体债权。破产财产分配完毕后，清算组应当提请人民法院裁定终结破产程序。人民法院终结破产程序的裁定一经作出，破产程序即告终结，未得到期清偿的债权不再清偿。但在破产终结后一定期限内，发现原破产企业尚有可分配的财产时，应赋予债权人追加分配权。

破产程序终结后，应当由清算组织向破产企业原登记机关办理注销登记，并发布公告，破产企业的法人资格彻底消灭。清算组提请法院终结破产程序，撤销清算组，至此，破产清算程序正式终止。

五、法律风险案例及评析

案例一：江阴市某优针织品有限公司破产和解案

案情介绍：某优公司于2013年4月17日登记设立，后因结欠货款未能全额履行，被债权人申请破产。

2017年7月31日，江阴法院裁定受理某优公司破产清算，并指定管理人江苏辰庚律师事务所接管某优公司。

管理人对某优公司的资产、负债及净资产状况进行审计。审计结论为：某优公司的资产总额为890.53元，负债总额为352785.34元，净资产额为-351874.81元。发现某优公司仅有一名债权人，且无可用于清偿债务的有效资产，但某优公司有关股东及经营人员在经营过程中涉嫌违反相关财务制度。通过管理人反复协调，释明相关法律规定，促使债权人与某优公司有关股东和经营人员充分沟通，并于2017年8月13日达成共识、签订和解协议，约定某优公司结欠货款由股东曹某代替某优公司分期归还，所涉破产案件各项审计、诉讼费用等由双方各半承担。

2017年10月19日，双方依约将各项费用付至管理人账户，2017年10月30日，江阴法院裁定认可上述和解方案并裁定终结破产程序。

案例索引：(2017) 苏0281民破6号

裁判要点：人民法院裁定受理破产申请后，债务人可以直接向人民法院申请和解；也可以在人民法院受理破产申请后、宣告债务人破产前，向人民法院申请和解。人民法院受理破产申请后，债务人与全体债权人就债权债务的处理自行达成协议的，可以请求人民法院裁定认可，并终结破产程序。债权人与债务人及相关民事主体已经达成和解协议，且经审查上述协议内容不违反法律、行政法规的强制性规定，应予以认可并终结破产程序。

裁判结果：认可江阴市某优针织品有限公司的破产和解协议；终结江阴市某优针织品有限公司的破产程序。

笔者点评：本案是一起典型的破产和解案例，其中有两点成功经验可资借鉴。

第一，通过债权人启动破产程序，实施破产"体检"。借力管理人于破产受理后至破产宣告前接管调查债务人企业、行使破产撤销权、加速未到期债权（包括未到期出资）到期等，鉴别债务人企业是否具备破产原因以及是否存在施救可能等。本案债权人经诉讼、执行未获清偿后申请某优公司破产，及时开启对某优公司的破产"鉴别"，有效防止扩大债权受损或错过施救良机。

第二，通过管理人调查和披露工作，倒逼企业股东依法担责。《企业破产法》确立了管理人对债务人企业，包括债务人营业、债务人财产、债务人账簿资料等的接管调查制度和管理人对债权人等相关主体的信息披露制度，将之衔接《公司法》规定的股东等直索责任制度，便形成了债权人追索股东、董事、监事、高级管理人员、实际控制人等前期不当行为的制度配置。本案充分运用该制度配置，促使企业股东、董事、监事、高级管理人员、实际控制人等自愿与企业债权人协商，主动承担企业债务，从而打破无产可破的窘境，更好地保护债权人利益。

案例二：北京理工某兴科技股份有限公司破产重整案

案情介绍：北京理工某兴科技股份有限公司（以下简称京某兴公司）成立于1992年12月1日，注册资本为人民币2.5亿余元。该公司于1993年4月经海南省证券管理办公室批准，定向募集12000万股在中国证券交易系统（"NET系统"）上市交易，是在全国中小企业股转系统登记代办转让的非上市公众公司（即"两网"公司），股份总数 25672 万股，已上市流通股 17090 万股，股东总数达 1.4 万余名。

2017 年 3 月 14 日，北京某虹投资管理有限公司（以下简称某虹公司）分别与京某兴公司债权人曹某海、某中公司签订《债权转让协议》，约定某虹公司收购曹某海及某中公司持有的对京某兴公司的债权。后某虹公司致函京某兴公司告知债权转让事宜，并催促还款。京某兴公司回函称，认可曹某海及某中公司将债权转让给某虹公司，某虹公司对其享有已到期债权共计 586.85 万元及利息，但鉴于京某兴公司处于持续亏损、资不抵债的状态，无法清偿到期债权。

2017 年 7 月 10 日，债权人某虹公司以不能清偿到期债务为由，向北京市第一中级人民法院申请对债务人京某兴公司破产重整。同时，本案的意向投资方向法院提交了重整承诺书，承诺将投入评估值不低于 8 亿元的优质资产和（或）现金，推进京某兴公司的重整工作。2017 年 8 月 21 日，北京市高级人民法院作出（2017）京民辖 55 号民事裁定书，裁定本案由北京市第一中级人民法院审理。法院采用预重整方式，在本案正式受理前选任管理人进驻债务人公司并主持债务人、部分债权人签署了《预重整工作备忘录》。2017 年 9 月 15 日，法院作出（2017）京 01 破申 22 号民事裁定：受理北京某虹投资管理有限公司对北京理工某兴科技股份有限公司的重整申请。2017 年 12 月 8 日，法院召开债权人会议和出资人组会议，普通债权人组与出资人组分别表决通过重整计划草案，重整计划通过。

案例索引：（2017）京 01 破 9 号之一

裁判要点： 关于重整申请的受理，法院生效裁定认为：根据《中华人民共和国企业破产法》第二条的规定，企业法人不能清偿到期债务，并且资产不足以清偿全部债务或者明显缺乏清偿能力的，或者有明显丧失清偿能力可能的，可以依照破产法的规定进行重整。本案中，在管辖权方面，根据北京市高级人民法院（2017）京民辖 55 号民事裁定书，本院对本案享有管辖权。在主体方面，被申请人京某兴公司为依法设立的股份有限公司，具有破产能力，属于适格的重整主体；申请人某虹公司通过受让的方式取得对京某兴公司的债权，京某兴公司对此亦予以确认且不能清偿到期债务，故某虹公司属于适格的申请主体，有权提出破产重整申请。在重整原因方面,京某兴公司虽然已不能清偿到期债务,且具有明显缺乏清偿能力的情形,但意向投资方已出具了重整承诺书,承诺注入优质资产推进重整工作,并已与债务人、部分债权人签署了《预重整工作备忘录》,债务人亦同意进入重整程序,在此情况下,债务人京某兴公司具备重整价值和重建希望。本案符合《中华人民共和国企业破产法》规定的破产重整受理条件,本院依法予以受理。

关于重整计划的批准,法院生效裁定认为:《中华人民共和国企业破产法》第八十四条第二款规定,出席会议的同一表决组的债权人过半数同意重整计划草案,并且其所代表的债权额占该组债权总额的三分之二以上的,即为该组通过重整计划草案。第八十五条第二款规定,重整计划草案涉及出资人权益调整事项的,应当设出资人组,对该事项进行表决。本案中,债权人申报的均为普通债权,且无设立小额债权组的必要,但因重整计划草案涉及出资人权益调整事项,故在2017年12月8日召开的第二次债权人会议中设普通债权人组、出资人组分别对重整计划草案和出资人权益调整事项进行了表决。其中,普通债权人组申报债权的18名债权人均出席了会议并全部同意重整计划草案,普通债权人组表决通过;出资人组参与表决的股东持股共计29733055股,同意出资人权益调整事项的股东持股共计26080055股,超过参与表决股东所持表决权的三分之二以上,出资人组亦表决通过。经审查,重整计划草案的表决程序合法,重整计划通过,且重整计划内容符合法律规定,故京某兴公司的申请符合法律规定,重整计划应予批准。

裁判结果: 北京市第一中级人民法院于2017年9月15日作出(2017)京01破申22号民事裁定:受理北京某虹投资管理有限公司对北京理工某兴科技股份有限公司的重整申请;于2017年12月21日裁定批准北京理工某兴科技股份有限公司重整计划、终止北京理工某兴科技股份有限公司重整程序。

笔者点评: 本案在重整过程中采用了预重整审理方式。破产预重整,是指为了提高重整的成功率、降低成本,在进入法定破产重整程序前,债务人与债权人、投资人等通过协商制定重整计划草案,在获得多数债权人同意后,借助破产重整程序使重整计划草案发生效力的企业拯救机制。[1]破产预重整在挽救危机企业的众多手段中兼具灵活性与效率的特点，对促使重整成功具有重要作用。

案例三：成都某粮集团有限公司申请某九集团成都粮油食品有限公司破产清算案

案情介绍：2013年4月3日，经成都市青白江区市场和质量监督管理局登记，成都某粮集团有限公司（简称成都某粮公司）与九三某某工业集团有限公司、九三集团天津某某科技有限公司共同出资成立某九集团成都粮油食品有限公司（简称某九成粮公司），注册资本6000万元，其中成都某粮公司出资960万元、持股16%，九三某某工业集团有限公司出资3000万、持股50%，九三集团天津某某科技有限公司出资2040万、持股34%。

2018年11月16日，成都某粮公司以出现股东长期对抗、经营管理困难的公司僵局情形为由，向本院提起强制解散某九成粮公司的诉讼。2019年2月1日，成都市青白江区人民法院作出（2018）川0113民初3457号民事判决，解散某九成粮公司。该判决已于2019年3月5日发生法律效力，而某九成粮公司未在法定期间内成立清算组进行清算。四川中联会计师事务所有限公司于2017年3月13日出具《2014年至2016年度经营成果专项审计报告》，显示某九成粮公司2014年至2016年均为亏损状态。此外，因某九成粮公司先后涉及多起诉讼，法院在执行过程中未查控到某九成粮公司可供执行的财产。

2019年4月18日，成都某粮公司以某九成粮公司解散逾期不成立清算组进行清算且资产不足以清偿债务为由，向成都市青白江区人民法院申请对某九成粮公司进行破产清算。

案例索引：（2019）川0113破申6号

裁判要点：某九成粮公司系成都市青白江区工商行政管理机关核准登记的企业法人，属于破产适格主体，成都市青白江区人民法院亦具有管辖权。成都某粮

---

[1] 胡利玲：《困境企业拯救的法律机制研究——制度改进的视角》，中国政法大学出版社2009年版，第188页。

公司系某九成粮公司的股东，依法负有清算责任，具有申请某九成粮公司破产清算的资格。某九成粮公司持续亏损且经人民法院强制执行，无法清偿债务，应当认定其明显缺乏清偿能力，已具备破产原因。现某九成粮公司已被强制解散但至今未清算，成都某粮公司提出某九成粮公司破产清算的申请符合法律规定，应当依法予以受理。

裁判结果：四川省成都市青白江区人民法院于2019年5月5日作出（2019）川0113破申6号裁定：受理成都某粮公司的破产清算申请。

笔者点评：本案中，申请破产清算的并非某九成粮公司的债权人，而是其股东成都某粮公司。实务中，很少出现股东直接申请破产的情形。案件中，股东成都某粮公司已经提起强制解散的诉讼，但某九成粮公司长期未成立清算组。《企业破产法》第七条第三款规定："企业法人已解散但未清算或者未清算完毕，资产不足以清偿债务的，依法负有清算责任的人应当向人民法院申请破产清算。"股东作为法定的清算组成员，当然可以在符合条件的情况下向法院申请破产清算。

参考文献

[1] 张谷.商法，这只寄居蟹：兼论商法的独立性及其特点.清华法治论衡，2005（2）.

[2] 谢怀栻.外国民商法精要.北京：法律出版社，2002.

[3] 范健.德国商法.传统框架与新规则.北京：法律出版社，2003.

[4] 卡纳里斯.德国商法.杨继，译，北京：法律出版社，2006.

[5] 商波.商法.刘庆余，译.北京：商务印书馆，1998.

[6] 近藤光男.日本商法总则·商行为法.梁爽，译.北京：法律出版社 2016.

[7] 居荣.法国商法.罗结珍，赵海峰，译.北京：法律出版社，2004.

[8] 何勤华，魏琼.西方商法史.北京：北京大学出版社，2007.

[9] 赵旭东.公司法学.4 版.北京：高等教育出版社，2015.

[10] 施天涛.公司法论.4 版.北京：法律出版社，2018.

[11] 李建伟.公司法学.4 版.北京：中国人民大学出版社，2018.

[12] 王军.中国公司法.北京：高等教育出版社，2017.

[13] 克拉克曼，汉斯曼.公司法剖析.比较与功能的视角.2 版.罗培新，译.北京：法律出版社，2012.

[14] 伊斯特布鲁克，等.公司法的逻辑.黄辉，等译.北京：法律出版社，2016.

[15] 罗曼诺，等.公司法基础.罗培新，译.北京：北京大学出版社，2013.

[16] 邓峰.普通公司法.北京：中国人民大学出版社，2009.

[17] 神田秀树.公司法的理念.朱大明，译.北京：法律出版社，2013.

[18] 李永军.破产重整制度研究.北京：中国人民公安大学出版社，1996.

[19] 石川明.日本破产法.何勤华,周桂秋,译.北京:中国法制出版社,2000.

[20] 张东亮.商事法论.台湾:台湾优台印刷有限公司,1984.

[21] 武艺舟.公司法论.台湾:台北三民书局,1980.

[22] 王欣新.破产法.4版.北京:中国人民大学出版社,2019.

[23] 张文显.法理学.2版.北京:高等教育出版社,2003.

[24] 徐国栋.民法基本原则解释.北京:中国政法大学出版社,1999.

[25] 博登海默.法理学:法律哲学与法律方法.邓正来,姬敬武,译.北京:中国政法大学出版社,1998.

[26] 汤维建.破产程序与破产立法研究.北京:人民法院出版社,2001.

[27] 张世君.公司重整的法律构造:基于利益平衡的解析.北京:人民法院出版社,2006.

[28] 吴汉东.私法研究(第2卷).北京:中国政法大学出版社,2002.

[29] 范建,王建文.破产法.北京:法律出版社,2009.

[30] 潘琪.美国破产法.北京:法律出版社,1999.

[31] 申林平.上市公司破产重整原理与实务.北京:法律出版社,2020.

[32] 郭毅敏.破产重整困境上市公司复兴新视野:以审判实务研究为中心.北京:人民法院出版社,2010.

[33] 贺丹.上市公司重整:实证分析与理论研究.北京:北京师范大学出版社,2012.

[34] 李永军,王欣新,徐阳光.破产法.2版.北京:中国政法大学出版社,2017.

[35] 李曙光.上市公司重整专辑(第5卷).北京:法律出版社,2019.

[36] 许德风.破产法论:解释与功能比较的视角.北京:北京大学出版社,2015.

[37] 薄燕娜.破产法教程.北京:对外经济贸易大学出版社,2009.

[38] 查尔斯·J.泰步.美国破产法新论.韩长印,等译.北京:中国政法大学出版社,2017.

[39] 李震东.公司重整中债权人利益衡平制度研究.北京:中国政法大学出版社,2015.

[40] 丁燕.上市公司破产重整计划法律问题研究.北京:法律出版社,2014.

[41] 潘琪.美国破产法.北京:法律出版社,1999.

[42] 山本和彦.日本倒产处理法入门.金春,等译.北京:法律出版社,2016.

[43] 杨忠孝.破产法上的利益平衡问题研究.北京:北京大学出版社,2008.

[44] 贺小电. 破产法的原理与适用. 北京：人民法院出版社，2011.

[45] 周淳. 上市公司破产重整中的股东权异化. 证券法苑，2014，13（4）.

[46] 郑志斌，张婷. 公司重整制度中的股东权益问题. 北京：北京大学出版社，2012.

[47] 寻佳睿. 上市公司重整中出资人权益调整法律问题研究. 破产法论坛（第20辑），2021.

[48] 范健，王建文. 破产法. 北京：法律出版社，2009.

[49] 韩长印. 商法教程. 北京：高等教育出版社，2007.

[50]《中华人民共和国企业破产法》起草组.《中华人民共和国企业破产法》释义. 北京：人民出版社，2006.

[51] 大卫·G.爱泼斯坦，史蒂夫·H.尼克勒斯，詹姆斯·J.怀特. 美国破产法. 韩长印，殷慧芬，叶名怡，等译. 北京：中国政法大学出版社，2003.

[52] 伊藤真. 破产法. 刘荣军，鲍荣振，译. 北京：中国社会科学出版社，1995.

[53] 刘健，栗保东. 上市公司重整程序中出资人权益调整问题初探. 破产法论坛（第2辑），2009.

[54] 贺丹. 破产重整控制权的法律配置. 北京：中国检察出版社，2010.

[55] 莱因哈德·波克. 德国破产法导论. 6版. 王艳柯，译. 北京：北京大学出版社，2014.

[56] 王卫国. 破产法精义. 北京：法律出版社，2007.

[57] 伯利，米恩斯. 现代公司与私有财产. 甘华鸣，罗锐韧，蔡如海，译. 北京：商务印书馆，2005.

[58] 钱德勒. 看得见的手：美国企业的管理革命. 重武，译. 北京：商务印书馆，2001.

[59] 朱锦清. 公司法学. 2版. 北京：清华大学出版社，2019.

[60] 托马斯·莱赛尔，吕迪格·法伊尔. 德国资合公司法. 高旭军，等译. 上海：上海人民出版社，2019.

[61] 前田庸. 公司法入门. 王作全，译. 北京：北京大学出版社，2012.

[62] 林少伟. 英国现代公司法. 北京：中国法制出版社，2015.

[63] 黄辉. 现代公司法比较研究. 国际经验及对中国的启示. 2版. 北京：清华大学出版社，2020.

[64] Kraakman R R, Davies P, Hansmann H, et al. The Anatomy of Corporate Law: A Comparative and Functional Approach. 3rd ed. London: Oxford University Press, 2017.

[65] Gevurtz F A. Corporation Law. 2nd ed. West Group, 2010.

[66] Bainbridge. Corporate Law. 3rd ed. Foundation Press, 2015.

[67] Davies P L, Worthington S. Gower & Davies: Principles of Modern Company Law. 10th ed. Hong Kong: Sweet & Maxwell, 2016.

[68] Gerner-Beuerle C, Schillig M. Comparative Company Law. London: Oxford University Press, 2019.

[69] Milhaupt C J, Pistor K. Law & Capitalism：What Corporate Crises Reveal about Legal Systems and Economic Development around the World. Chicago: University of Chicago Press, 2010.